クリシュナムルティ・トーク・セレクション①

境界を超える英知

人間であることの核心

J・クリシュナムルティ［著］
吉田利子＋正田大観［共訳］

To Be Human

by J. Krishnamurti

コスモス・ライブラリー

この話し手が言うことは何によらず、鵜呑みにしないでください。あなた自身で確かめてください。

［出典1］【訳注】

みなさんは、自由でなければなりません。わたし故にではなく、わたしにかかわることなく。［出典2］

みなさんが、ほんとうにあるがままの世界と直面し、それと取り組むなら、どんな哲学よりも限りなく偉大で、世界中のどんな本よりも偉大で、どんな教えよりも偉大で、どんな教師よりも偉大な何かを発見するでしょう。［出典3］

J・クリシュナムルティ

【訳注】出典は、巻末「出典リスト」（三〇九頁〜三二四頁）参照（以下、同）

目次

編集者による序文：境界のない哲学

「哲学の復興」について語るとすれば、それは、何を意味するだろう？　まず、哲学があなたやわたしの日々の生き方に大いにかかわりがあることを再確認する、という意味でなければならないはずだ。さらに、哲学がわたしたちに充分に理解できる言葉で語られることが前提でなければならず、そのためには、哲学者が自分の洞察をできる限り明確に広く伝えようとする情熱が要求されるだろう。

このような条件を満たしていない候補者は取り上げる必要がない。

また、哲学の復興というのであれば、「哲学（philosophy）」という言葉がその本来の意味、真の意味で受け止められる必要があるはずだ——つまり、智への愛として。そう考えると、わたしたちは、この言葉をほとんど使っていないことに気づかざるを得ない。たとえ、いまもコンサイス・オックスフォード辞典に採用されてはいても、である（それが風前の灯でないとよいのだが）。では、「智（wisdom）」は、どのように定義されているだろう？　一九九五年版には、「経験と知識、そして、それらを批判的に適用する力」と記されている。前の版では「知識を応用する知性」となっていた。

これらの定義は、クリシュナムルティが語っていることの真髄——いまのところは、これを彼の「哲学」と呼ぶことにしよう——に驚くほど近い。彼は何度も繰り返して、知識と経験を適用すべき場に適用することが、そうでない場には適用しないことが、何よりも重要である、と指摘している。適用すべき場とは、わたしたちがまったく新しいやり方で見て行動することを人生が求める場所のことだ。そして、これは、ちょっと聞いて思うほど単純ではない。つまり、個人的にであれ、社会的あるいは政治的にであれ、わたしたちが見たり行動したりする、そのやり方と深くかかわっているのである。これらのかかわり合いこそが、そして、既知と未知の両者の領域において人類の精神が優れて調和的に機能することを何が妨げているのか、という、この問題こそが、クリシュナムルティが飽くことなく探究し続けたものだった。

クリシュナムルティは、「真理の性質についての長年の議論を刷新する」という本来の意味においても、哲学者である。なかにはきっと、そんなことはどうしようもなく時代遅れで、幼稚だと思う人々もいるだろう。そんな話はとっくに賞味期限切れだ、と感じる人々も。だが、一般的には、「真理とは何か?」というポンティウス・ピラトの皮肉きわまる言葉にもかかわらず、わたしたちの誰もが、個人的な人間関係であれ、国家間の紛争であれ、現実的な事柄のあらゆる領域において、何が真実で何が真実でないかに関心をもたざるを得ないはずだ。好むと好まざるとにかかわらず、真理という問題は、わたしたちの人生に否応なく侵入してくる。さらに、何年か前に、ある大手出版社が、一般読者が最も関心をもっている基本的な事柄は何かを調査したところ、リストの第一にあがったのが真理だった、ということも大きな意味をもっている。

また、アメリカのテレビで報道されたO・J・シンプソン裁判に一般大衆が熱狂した理由の少なくとも一部は、視聴者たちが自分で証拠についてあれこれ考え、何が真実かを判断する機会があったからではないか。そして、最も衝撃的な出来事の一つは、鑑識によって歩道から採取された血痕には充分な科学的証拠能力があることを示すために、検察側がビデオを上映したときに起こった。ビデオが終わると、弁護側はただちにビデオを再上映すべきだと述べ、このビデオはまったく逆のことを――科学捜査の無能さを――証明していると主張したのだ。どんな陪審員でも困惑せざるを得ないこの出来事は、人間の認識にかかわる決定的な問題を、疑いの余地なく明らかにした――わたしたちは必ずしも「真実」を同じように見ているとは限らない、ということである。これは、問題にならないこともあるし、だからこそ面白いという場合もある。いっぽうで、当惑し、不安にならざるを得ない場合もある。さらには、同じ種である人間の大量虐殺につながることさえあり得るのだ。

そこで、ここでもまた、真理の問題を探究することでクリシュナムルティは哲学の根源へと戻っているのだ、と主張することができる。しかし、その道筋で、彼は、わたしたちの時代に引かれた強固な境界線――哲学、心理学、科学、そして宗教などの学術的境界線――を力強く打ち破る。クリシュナムルティは、わたしたちが自分自身を、他者を、人生を、さらには宇宙を見る、その見方にかかわりがあると考えれば、人間活動のあらゆる領域からあらゆる問題を取り上げるだろう。彼と同じ見解を分かち合っていなくても、これには新鮮な自由の感覚を覚えるはずだ［xi頁、原注1］。

クリシュナムルティはよく、自分は哲学者ではない、と明確に否定したが、同時に、「現在の日々の生における真理と智慧への愛」としての、すなわち本来の意味での「哲学」への敬意を表明している――これは、この序文のタイトルで使っている哲学の意味である。彼は、なぜ、現代風の使い方を拒否したのだろう？　思うに、その手がかりは一九八六年の死の数年前に行なった講話のなかにある。彼は聴衆に問いかけた。「すべての時を超えたものとは、根源とは、すべての創造の源とは何でしょうか？」と。わたしたちの多くは、これを印象的な問いかけだと感じる。なかには、抽象的だとして即座に拒否する人々もあるだろう。彼の答えは何か？　聴衆は期待をこめて待った。だが、彼は答えを与えなかった。かわりに、彼は、このような問いを行なうことができる精神の性質について議論した。

いまのような専門家の時代にあって、わたしたちはこのようなことに慣れていない。リアリティとは何か、という哲学の講演に赴くなら、あるいは、コンピュータとしての精神に関するテレビ討論を聞くなら、わたしたちは説明と答えを期待する。これらの問題を探究するのに必要な精神の資質についての講話を聞くとは、予想もしない。とりわけ正規の、そして、たぶん費用のかかる教育を多く受けてきた場合には。そこで、わたしたちは失望し、ごまかされたと感じるかもしれない。

そこまで要求されないとして、現代の哲学者たちは通常、言語の分析や自らの理論、新しい概念について説明することを自分の役割と考えている。彼らは学生たちに、これらの主題に近づくために必要な精神の状態が、まず最初にあるのではないか、と示唆したりはしない。しかし、クリシュナムルティは、まさに、そのとおりのことを繰り返し示唆している〔原注2〕。そこで、第一印象としては、人を見下しているのではないかとか、傲慢だとすら感じるかもしれない。だが、もう一度、冒頭の引用を読み直してみよう。最初の言葉は、聞き手にはクリシュナムルティが言うことに挑戦し、その妥当性を検証する力がある、と断言している。二つめの言葉は、彼という人間にどんな権威も、あるいは意味も与えるな、と警告し、三つめは、わたしたちすべてにとって人生こそが最高の師である、と宣言している。この三つの言葉はどれも、エリートに限らず人間一般の実際の能力、そして能力の可能性への深い敬意を表していることに着目していただきたい。

❖

クリシュナムルティの哲学の重要な特徴は、それが「検証され」「疑われ」「問いかけられ」、さらには「ばらばらにされるべき」ものだと、彼が主張していることだ。これは本質的に、彼が提示する命題の真実性

原注

1 この点で、一九七四年版のマクミラン哲学百科事典にある哲学の記述の末尾は興味深い。ジョン・パスモアは書いている。「哲学のなかには、あるものは細かく、あるものはきわめて普遍的な、じつに多様なタイプの調査の余地がある。さらに、哲学者が具体的な問題の解決を試みるなかで、哲学の境界そのものを乗り越えたとしても、そのことは重要ではない。結局、肝心なのは主題間の区分ではなく、問題なのである」と。

2 このことは、哲学についての現代の学術的定義と真っ向から矛盾するものではない。一九九四年版オックスフォード哲学辞典には、一般原則として「哲学においては、われわれが世界に取り組む際の概念そのものが探究のテーマとなる」と記されている。しかし、そのあとに、こう付け加えられている。「異なる時代には、多かれ少なかれ、純粋な哲学の、あるいは『第一哲学』といったものの可能性に対する楽観主義があり、他の知的な実践を公平に評価し論理的に検討して訂正できる立脚点があることを、アプリオリに自明のものとしてきた。二〇世紀末の思潮は、そのような可能性についてはいかなるものであれ敵対的で、それよりも哲学的な反省的考察を、あらゆる領域における知的探究の最善の実践と地続きにあるものと見る傾向がある」。

をわたしたちの日常の経験に照らして検証することを意味している。クリシュナムルティは言う。それをしないなら、わたしたちには「言葉の燃えかす」が残されるだけだ、と。しかし、そのような検証には、相当の困難があるかもしれない。人間には、誰かを崇拝し、政治指導者や宗教的な救世主を偶像化し、信条に感情的にしがみつき、「信念をもつ」傾向があることは明らかだし、それが広く混乱や争いをもたらすことも同じく明白だからである。とりわけ、心理学者のエーリッヒ・フロムは、神、高位の宗教者たち、さらには政治的独裁者までが容易に親的な存在に――実際にはわたしたちがもったことのない、無条件に愛し権威をふるう母親や父親に――なる、と説得力ある議論を展開している。さらに、フロムは、この傾向のなかに、権威に対する自虐的な服従を見た。この見方は最近、一人のロシア人がBBCラジオで語った証言によっても裏付けられる。彼は、反ソビエト的な言辞があったとして、シベリアの強制収容所に十五年間投獄されていたが、スターリンの死を聞いたとき、ドアの柱にしがみついて泣いたという。彼によれば、自分が強制収容所にいたのはスターリンのせいではないかと気づいたのは、それから数年たってからだった。

したがって、一部の人々の目には、クリシュナムルティに常に「世界教師」や「救世主」のオーラがまとわりついているとしても、意外ではない。彼自身は、人々の精神からそのようなイメージを消そうと言葉を尽くしているのだが。

みなさんが、ほんとうにあるがままの世界と直面し、それと取り組むなら、どんな哲学よりも限りなく偉大で、世界中のどんな本よりも偉大で、どんな教えよりも偉大で、どんな教師よりも偉大な何かを

発見するでしょう。［出典4］

わたしが「世界教師」や「救世主」であるかどうかは、あるいはその他の何であるかは、まったく重要ではありません。それがあなたにとって重要なら、あなたは、わたしが言っていることの真理を見逃すでしょう。なぜなら、そのレッテルで判断するからです――そして、そのレッテルはじつにくだらないのです。誰かがわたしは救世主だと言い、別の誰かはそうではないと言う。そうしたら、あなたはいったいどうするのですか？　重要なのは、わたしが言うことを吟味して、それが真実であるかどうかを見出すこと、それが日常の暮らしのなかで有効であり得るかどうかを見出すことです。［出典5］

この話し手は、他の誰のためでもなく、自分自身のために話しています。彼は自分自身を欺いているかもしれず、何かの振りをしようとしているかもしれません。そうであるとして、みなさんにはわからないでしょう。ですから、大いに懐疑し、疑い、問いかけてください。［出典6］

それでも、多くの人々にとっては神秘性が消えないし、一部の人たちには非常に重要に感じられるらしい。実際、彼という人間、そして人生のどちらも、普通の意味では、どこから見ても尋常ではなかった。彼の存在は多くの人にとって深い静寂とエネルギー、活力を伝えるものであり、また、彼に近しい人たち全員ではないにしても、多くの人々に無条件の愛を感じさせるものだった。それでは、当人が意図しないこのカリスマへの反応を、人々はどう処理し、どう解釈したのだろう？　どこまでが非凡な人物のそばにいることからくる自己暗示、あるいは興奮だったのか？　人は、クリシュナムルティが言うことを聞きつつ、たぶんその内容に反して、一種の自己誘導的な「恍惚状態」になっていたのだろうか？　誰かを、あらゆる感情的な輝きとともに、「世界教師」と思っていたなら、人は、その輝きを失うことを恐れ、たとえ、当の本人が常に熱心に勧めていても、疑ったり問いかけたりすることは、それをすることで不忠実になるのでは、と恐れを抱くかもしれない。クリシュナムルティは晩年、身近な人たちのほとんどが彼の語っていることを理解していない、と言った——むしろ、個人崇拝に、身近にいるという個人的な想いになっている、と。畏敬の念を抱く相手のそばにいると、批判的な能力が破壊されかねない、という証拠はいくらでもある。

この問題は、クリシュナムルティに会ったことも、直接話を聞いたこともない人々にも起こり得る。彼自身が言っているとおり、彼のスタイルは「強烈」だ。まったく明らかではないと思われる命題が提示されたあとに、「明らかに」という言葉が使われることもしばしばある。これは意図的に挑発して、聞き手を通常の自己満足から揺り覚ますためなのかもしれない。たしかに、クリシュナムルティは強圧的な、受け入れるか拒否するかは勝手にせよ、という響きをもった言辞をたびたび発している。そして、確実性を希求すればするほど、人は無批判に、その言辞を呑みこむかもしれない——あとになって、精神的な消化不良を起こすだろうが。次の事例が示しているように、常に文脈を注意深く見る必要があるのだ。

「新しい精神が生まれ、爆発します」——このような言葉は、人をうっとりさせ、ほとんど蠱惑的で、限りない広がりと満足を感じさせる可能性がある。そうなったら、どんなにすばらしいだろう、と考えてしまう。しかし、それでは、次に来る言葉「そして、それは、厳しく大変な作業です。常に観察し続けることが求められるのです」を軽く聞き流してしまうかもしれない。このあと、そのような観察とはどのようなものなのか、という、非常に濃密で過酷な要求が明示されるのである（一九六一年三月十二日、ボンベイでの講話を参照）。

言い換えれば、クリシュナムルティを読むときには、どうしても「最終結果」の心地良いイメージに流されたくなる——しかし、それは、実際には、現在の限られた経験の狭い投影にすぎない、と彼は警告するだろう。だが、そのほうが、そこから学ぶ必要のあるすべてを求めて、経験の深みにまで客観的に掘り下げていく——「観察する」——よりも、はるかに気分がいいかもしれないのだ。

もう一つの困難は、誰もが意義深いと見ている言葉が、じつは内容を正確に伝えられない、という言葉の不備から生じる。「知性・英知（intelligence）」や「自己・自分（self）」という概念は、すぐに精神に思い浮かぶ。クリシュナムルティの言葉づかいはシンプルだが、一見して、あるいは読み直してみても、理解することは決して容易ではない。「みなさんは、わたしの言葉づかいを、言葉の裏にある意味を学ぶ必要があります」と、彼自身が言っているように。このことは、ある程度までは、わたしたちの精神がどう働くか、あるいは働かないか、という複雑かつ微妙なさまを記述しようとする、すべての心理学者と哲学者につきものの困難でもある。何か新しいことを言いたいと感じる人々は、ふつう、一連の新しい概念を作り上げ、定義する。クリシュナムルティは意図的にそれを拒否したが、一九三〇年代に、自分は特別なやり方で言葉を使うだろう、ということを明らかにした。さらに、聞き手に対しては、言葉に固有の限界に気をつけるように、と促した。

言葉は、言葉の裏にある考えの真の意義を伝えるときにだけ、価値をもちます……言葉では、記述不能な何かを記述しようとしても、それはできません。ですが、言葉は、画家が自分のビジョンの意義を伝えるために絵具を使ってカンバスに絵を描くように、これを使わずにはいられません。しかし、単に絵画のテクニックだけに囚われているなら、画家が伝えたいと思う観念の充分な意義を受け止めることはできないでしょう。すべての講話のなかで、わたしは言葉に新しい解釈を与えています。もし、みなさんがただ言葉だけに囚われているなら、理解することは非常に難しいでしょう。みなさんは言葉を超えて、自分に都合のよい意味を与えるだけでなく、わたしが言葉に与えている意義をつかもうと努力しなければなりません。［出典7］

多くの人たちは習慣的思考が固く身についていて、自分の前に差し出される新しい観念をすべて習慣的思考で翻訳します。ですから、わたしが古い言葉で新しい何かを説明しようとしても、それは、当然ながら、非常に難しいのです。とはいえ、わたしは普通の言葉を使うしかなく、新しい言語を発明することはできません。ただし、使っている言葉に新しい解釈を与えることはできます。あなたが言葉を橋として使い、それで理解が確かなものになるなら、言葉はきわめて明確な価値をもちます。ですが、言葉にひっかかって自閉状態に陥るなら、言葉には価値はありません。［出典8］

さらに、クリシュナムルティは、「言葉はものごとそのものではない」と、繰り返し指摘している。言葉は、それが指し示すものではない。このことは、外部の対象物についてなら、いかにもシンプルに思われる。テーブルという言葉は、テーブルそのものではない。そして、日常的な言葉の使い方においては、誰もが「テーブルとは何か」は問題にならないと思っているし、それでかまわない。しかし、心理的な状態やプロセスとなると、状況はもっと複雑だ。たとえば、「退屈」という言葉に辞書的な定義を与え、この言葉を議論のなかで流暢に使うとしても、それと、「退屈とは何か」を真に理解することは明確に区別しなくてはならない。後者は、その状態を実際に経験して、その心理的意味合いを充分に探究することによってのみ、引き出されるのである。

わたしたちは、同じ言葉が——愛がいちばんいい例だ——いいかげんに表面的に使われることもあれば、その状態そのものを深く指し示すために使われることもある、と知っている。そして、コミュニケーションの大きな問題の一つとしてクリシュナムルティが強調しているのは、「コミュニケーションの当事者」が——たとえば、話し合っている二人の人物が——自分たちの議論の内容への深い関心を共有しているかどうか、ということなのだ。どちらも何かに深い関心をもち、それを伝えることに深い関心をもっているなら、正しい言葉が出てくるだろう。だが、一方によって言葉が感情的に使われ、そのように受け取られるなら、コミュニケーションの障害が生じる。その言葉は強く精神をかき乱し、神経的な影響を与える。そのとき、言葉は指し示す働きを停止して本来の役割から離れ、一種の呪術的な作用によって指し示すものそれ自体になったかのように見える。政治的には「国家主権」や「自由」は、こんなふうに簡単に歪められ、支配と人心操作のために使われる言葉のよい例だ。しかし、言葉をこのように使うのは政治家だけではない。わたしたちの誰もが言葉に注意深くなり、その背後を掘り下げる必要がある、とクリシュナムルティは主張する。

そこで、「言葉と意味」と名づけられた本書の第二部では、当人が言ったように、「古い」言葉にクリシュナムルティが「新しい」意味を与えた多くの例を取り上げる。経験の浅い読者は、この新しさに気づかない限り、クリシュナムルティの話の多くに首をかしげ、明確さに欠けると感じるだろう。さらに、普通とは違ったクリシュナムルティの言葉の使い方は、言葉に関する多くの文章全般にもよく現われている。

❖

クリシュナムルティの見解によれば、問いかけに答えること——あるいは、自らに真に重要な問いかけをする、と言ったほうがあたっているだろうか——そして、問題を解くことは、内部と外部に対するわたしたちの観察の質に左右される。簡単に言えば、科学者が原子より小さい粒子を観測する装置の質に注意しなければならないのと同様に、わたしたちはみな、精神の質と明晰さに——常時——関心をもつ必要があるのだ。このような関心は、精神的な毎日三十分のジョギングと同じようなもの、というだけではない。それが可能な限り常態となり、どんな目標からも自由であることが必要であり、さらには、明晰さそのもののための、明晰さをともなった情熱的な関心が求められる。

それは可能だろうか？　わたしたちは、野心をもっているときには、そこに限りないエネルギーを注ぎ込めることを知っている。フランソワ・ミッテランが、どのようにしてフランス大統領になったかを説明したことがある――「大統領になるには二十年かかる。そのためには、すべてをあきらめ、朝、靴下をはくときからベッドに入るまで、そこに関心を向けていなければならない」。つまり、あなたがどこにエネルギーを注ぐかで決まるのだ。ミッテランの言葉は、クリシュナムルティの次のような観察と――刺激的な――好対照となっている。「断片的な活動に全エネルギーを注ぐのではなく、生のプロセス全体の理解のために深い情熱を注ぎ込む人は、明らかにきわめて少ない」。

❖

クリシュナムルティはよく、自分は「ドアを指し示す」ことができるだけだ、と言った。わたしたちは、望むなら立ち上がって、そのドアを開けなくてはならない。そして、そうするかしないかはまったく自由だと感じなくてはならない。では、ドアを大きく開けるには、何をしなければならないのだろう？　また、クリシュナムルティは、彼自身の言葉どおり、どんなシステムもメソッドも、あるいは実践方法も提示していないし、自分を権威として祭り上げることも決してない、とどうして言えるのか？

この不可避の質問に答える方法の一つは、まず自分の周囲の世界を眺めることから始まる。現代の心理学者や神経科学者は、視覚的刺激の知覚は感覚的情報についての最善の解釈を探すことだと考えられるし、認識という観点からは、知覚された対象は感覚データによって示唆された仮説である、と主張している。

つまり、知覚は感覚データの受動的な感知のプロセスではなく、観察し、そして、感覚データと最も整合性のある仮説を見つけるためにデータが示唆する仮説を検証する、能動的なプロセスである、と言うのである。

この種の観察と仮説‐検証は、科学では常に行なわれており、それに続く結果の確認は、何が科学的真実かを決定するための基盤となる。科学の厳密性や結果の再現性への関心はないが、わたしたちはみな、日々の状況のなかで、もっと単純なかたちで同じ基本的なプロセスを活用している。「列車より車で行くほうが、仕事場に早く着くかどうかを調べよう」「プラグを変えたら、照明がつくかもしれない」「いま、時間外業務をすると言ったら、七月に休暇が取れるだろうか」「一杯、奢ったら、非協力的な同僚と関係がよくなるかもしれない」。これは自然で基本的なプロセスであり、わたしたちの誰もが毎日の暮らしをそれなりに効率的に送るために活用しなくてはならない。そこで、クリシュナムルティに近づく方法の一つは、彼が人間の精神の働きについての仮説を提供し、その検証をわたしたち一人ひとりに任せている、と見ることである。

ここで提案されているのは、科学と同じく国や文化を超え、普遍的にあてはまるが、しかし、非常に異なる分野での営為だ——つまり、わたしたちが日々の人生をどう生きるか、ということである。それは「科学と友好関係にある」と見ることはできるが、だからと言って、科学的裏付けが必要になると考えるべきではない。人間は、どんな社会、どんな文化のなかで暮らしていても、自分のいる場でどんな宗教的信念や政治的信念が一般的であっても、誰もが現実についての仮説あるいは想定を作り上げ、検証しなくてはならない。クリシュナムルティは、この本来の能力こそが決定的に重要な最高のものであると見て、その能力を活用し深めなさい、そして、どの想定が最も重要で探究し検証すべきかを検討しなさい、とわたしたちに呼びかけているのである。

❖

クリシュナムルティは、人間が自分のなかや周囲で進行していることを観察するにあたって、何か具体的な問題があると見ているのか？　わたしたちが葛藤や妄想に無駄に多くの生を費やしたくないとしたら、生が求める明晰さや客観性を妨げているのは、何なのか？　この分野で、クリシュナムルティが検証を促している具体的な提案があるのだろうか？

ほとんどすべての講話で、クリシュナムルティは、「観察者は観察されるものである」という言い方をし、「観察者のいない観察」について語っている。この言葉やその他の彼の言葉をしっかりと理解するには、少なくともある種の心理的な実験なしでは不可能かもしれない。これらの言葉が充分に意味のあるものとなるには検証が必要であり、本書の第三部には、クリシュナムルティがこのような検証の実施方法を指示している文章が収められている。ここで、その提案を要約してみるのも有意義かもしれない。

強い怒りや大いなる喜びなどの経験のピーク――これを、第一フェーズと呼ぼう――では、わたしたちは経験していることと自分が分離している感覚がまったくない。怒りを推し量って、これからは怒りに負けないぞと決意したり、怒りを正当化する理由を見つけたりはしない。喜びの場合なら、次にその喜びを経験する機会について考え始めたりしない。どちらの場合も、わたしは感覚と「一つ」なのだ。だが、この経験のピークが過ぎて第二フェーズに入ると、二元性や分離などの分裂が生じ、「癇癪を起こすのではなかった」とか「あいつには、それが似合いなのだ」などの思考が表われる。孤独感などの不快な経験なら、ラジオをつけたり、一杯飲んだり、誰かに電話するなど、そこから逃れる戦術も可能で、不快さを抑え込み、その再体験に耐える能力を強化する。快感の経験のピークなら、普通は「喜びを反芻し」、快感を繰り返すことに「耽溺する」。

ここで——つまり、第二フェーズで——起こるのは、クリシュナムルティが見るには、葛藤する心理の分裂、つまりは、経験と呼ぶものと自らを分離する想像上の「観察者」の出現となる。この亀裂を、クリシュナムルティは、自分自身内部の、そして他者との、また集団的には、国家間の、際限ない葛藤の根源と見る。では、何ができるのか？　クリシュナムルティは答える。「何も」と。彼は、このような分離の思考とイメージが生じたときには、それらと「ともにある」べきだ、とだけ言う。これは、逃げないこと、非難したり正当化したりしないこと、変えようとか追い払おうとせず、赤ん坊を抱くように、気づかいと愛情、そして好奇心とともにあることを意味する。この判断なしの観察、あるいは、クリシュナムルティの言葉によれば、「無選択の気づき」は、経験している感覚に頭のなかで名前をつけるのをやめる、という意味でもある。そのような命名は過去の経験に甚大な影響を受けており、それが現在の経験を条件づけるからだ。

この無選択の気づき、あるいは「観察者のいない観察」のなかで、かき回された泥水がやがて澄んだ静かな水に戻っていくように、思考とイメージは減退していく。しかし、この静謐さはエネルギーをはらんでいる。そこに、経験された思考とイメージの真の意義、根源、働き、限界への洞察が生まれ得る。「精神が非難や正当化することなく、自らの限界に気づいているなら、純粋に自らの限界に気づいているなら、その限界から自由が生まれることがわかるでしょう。その自由のなかで、真理が自覚されるのです」。

筆者は、これだけの要約で、クリシュナムルティの仕事全体を通じて流れている、そして、自分自身だけでなく他者や人生一般へのわたしたちの見方に意味をもつ、きわめて重要なテーマを正しく評価できた、という幻想を抱いてはいない。しかし、これによって読者が、このテーマに関するクリシュナムルティの多くの言葉と向き合う気になるなら、そして、日々の経験に照らして検証しようとするなら、その目的は達せられたと考える。

ここで、クリシュナムルティがこの種の探究について、「望ましく、そして独自のユーモアをともなう真剣さ」が必要である、と述べていることに触れておくほうがいいかもしれない。観察者のいない観察について、彼はこう言った。「これは他者に教わることはできず、自分自身の観察を通じて、常に見つめ続けることから生まれます。ご存じでしょうが、非難したり正当化したりしなければ、『あるがまま』を見つめることは、とても愉快なことなのです」と。そして、このような学びについて、次のように説明している。「学ぶのは愉快なことです。新しいことを見るのは、とても愉快です。そして、誰かがそれを発見して教えてくれるのではなく、自分自身で偉大な発見をすれば、とてつもないエネルギーが与えられます――誰かの発見は中古品ですから。学んでいるときに、新しい昆虫や新しい種の発見のように、まったく新しい何かを見つけるのは愉快です。自分の精神がどのように働くのか、その細かなニュアンスや微妙なところまですべて見ること、それについて学ぶのは愉快なことです」。

❖

クリシュナムルティは、何か新しいことを語っているのだろうか?

東洋の情報を見る限りでは、ダライ・ラマや、ブリタニカ百科事典のブッダの項目を執筆したワルポラ・ラーフラなどの仏教の権威は、クリシュナムルティの仕事の重要性をはっきりと認めている。また、ヴェーダーンタの学者ヴェンカテシャーナンダも、同じような評価を表明している。

西欧の反応は、それよりも賛否入り混じっている。クリシュナムルティの作品は、アメリカの二百以上の大学やカレッジの講義要目にあり、イギリスやフランスやドイツでは博士論文のテーマになってきた。教育分野の理論は別として――メリーランド大学哲学教授レイモンド・マーティン編集による『クリシュナムルティ:自己に関する考察』が示しているように――とりわけ個人のアイデンティティの領域で、クリシュナムルティの業績と西洋の古典哲学や現代哲学とが重なり合うことは明らかだ。さらに、マーティン教授が指摘しているように、クリシュナムルティは、ソクラテス的問答の活用を復活させたとも言える。そして、純粋に英国的な伝統には、バークレーやヒュームから、F・H・ブラッドリー、バーナード・ウィリアム、そして、デレク・パーフィットにつながる、自己という問題に関する議論があり、これも、クリシュナムルティの関心事である。
だが、両者の表現とアプローチには、きわめて根源的な違いがある。クリシュナムルティは何冊かの本を著しているものの、形式的な構造をもつ本という表現方法よりも、話し言葉による表現を好んだ。これは、写真ではなく動画のように、決められた終わりなしに次々に展開していく人生を反映している。もっと根源的なところでは、クリシュナムルティは、自分自身と他者、それに人生を観察するときには、自分自身の体験をも含めたすべての権威を捨てなさい、と聞き手に促した。「あなたの教えには、何か新しいものがあるのですか？」という問いに対する彼の答えに、このことは明白に表わされている。

わたしが「イエス」とか「ノー」と言うよりも、あなた自身で見出すことのほうがずっと重要でしょう。それは、わたしの問題ではなく、あなたの問題なのです。わたしにとっては、このすべてがまったく新しい。なぜなら、瞬間瞬間に発見されなければならないからです。発見後に保存しておくことはできません。経験して、それから記憶としてとっておくようなものではないのです——それでは、新しいワインを古いボトルに入れるようなものでしょう。それは、日々生きつつ発見しなければならず、発見する人にとっては新しいのです。ですが、みなさんは、いま言われていることを、ある聖人、シャンカラやブッダ、あるいはキリストが言ったことと常に比較します。そして言うのです。「このことは、これらの人々すべてが以前に語ったことだ。あなたはそれをひねって、現代的な表現をしているだけだ」と。そこで、当然ながら、みなさんにとっては、何も新しくはありません。みなさんが比較をやめるときにだけ、そして、みなさんの精神がただ独りになり、明晰になって、現代の心理学や古い指令や命令に影響されず、コントロールされず、強制されないときにだけ、新しい何かが、永続するものがあるかどうかを見出せるでしょう。ですが、それには怠惰ではなく、たくましい活力が要求されます。真理や神について読んできたこと、聞いてきたことのすべてを思い切って捨てることが求められるのです。［出典9］

この言葉に対する学術界の哲学者や心理学者の基本的な異論は、内的な観察と「私的な」感覚に依存し過ぎている、というものだ。このような観察と感覚に他者は近づき得ないから、この領域全体が本質的に主観的で、客観的あるいは科学的と呼び得るどのような検証プロセスにも耐えない、したがって、正統な研究分野ではない、というわけだ。

だが、このような判定には、問答無用で議論を打ち切るようなところがある。たとえ主観的と批判されても、それでも反論は存在する。まず、常識的に見ればいい。わたしたち全員にとって、わたしたちの感覚の多様さとその質、自分自身や他者を見る見方は、人生をどう経験するか、という点で非常に重要になってくる。基本的に、それこそが生きていることの意味なのだ。それに、自己探究についてのある程度の自信がないと、少なくとも、わたしたちがぶつかるある種の状況下において真理を見る能力がないのであれば、生きていくのは非常に難しくなるだろう。何が真理なのかについて、ある種の共通理解がなければ、人間関係と社会は崩壊してしまうのではないか。

そこで、問題はこうなる。人間は自分の経験をもとに、わたしたちすべてに必要な精神の資質――たとえば明晰さ――に清新な光を投げかけ、何がそれに基本的な制限を加えているのかを指摘できるだろうか？　クリシュナムルティは、自分の場合には二つある、と答えている。「第一は、わたしが言っていることを疑い、問い、チャレンジすること。そして第二は、実践のなかでわたしの言葉を調べること」。こうして、課題全体がわたしたちそれぞれに投げ返される。クリシュナムルティは言う。わたしたちは懐疑的でなければならない、そして、自分自身で答えを見出さなければならない、と。

❖

諸々の講話や議論、そして文書のかたちで残されたクリシュナムルティの言語表現の遺産は、平均的なサイズ〔訳注：A5判ぐらいだと思われる〕の四百册分の内容に匹敵する、と推定されている。そのすべてのなかから、五十冊ほどの本が出版され、世界の多くの言語に翻訳されてきた。さらに、彼は長い人生のなかで個人的なインタビューを受けて、たぶん誰よりも多くの人々と真剣な議論を交わしている。このような会話の多くは記録されずに終わった。

この既知と未知を含めた膨大な知的生産活動を考えると、彼の仕事を紹介するために文書のいくつかを選んでまとめることは、愚かとは言わないまでも、とてつもないことである。それに、どの文書を選んでも必ず、これでは導入的な紹介にはならない、と言われるだろう。だが、絶望しそうな編集志願者の前に、ある種の手がかりが与えられている。一九八〇年、クリシュナムルティは依頼に応えて自分の仕事を一ページで要約しており、彼自身がこれを「教えの真髄（core）」と呼んだ。

そこで、本書はこの要約から始まり、そのあとに、これを敷衍するさまざまな彼の言葉が続く。それはそれでよろしい、と思われるかもしれない。それなら、簡潔でまとまった内容が提示されるはずだ、と。ある意味ではそうなのだ——だが、同時にそれなりに内容を保証する説明が求められるだろう。

内容の保証云々という問題が生じるのは、クリシュナムルティの「教え」——あるいは、彼自身があるとき言ったように、「それが何であれ」——をある程度研究すると、常に展開し、深まっていき、いつも動的で、決して静止することのない、そのような性質の精神に取り組むことになるからである。精神のこの性質は、一つには、生のなかの新しさ、未知こそが不可欠であり、人間経験の各様相を増進向上させるものだ、とクリシュナムルティが大いに強調していることからくる。「生は未知です。死が未知であるように。真理が未知であるように」——したがって、存在のすべての瞬間に、何か新しいものがある。それを見ることが挑戦なのだ。

クリシュナムルティにとって、新しく未知のもの、生における予想外のものには、過去の経験に条件づけられていない全的な注意の運動とともに向かい合う必要があった——ただし、その注意のなかで働いている（と彼が見る）英知は、過去の経験にいつ頼るべきかを知っているのだろうが。

創造的な学びでもあれば、純粋に新しいものでもある、生へのこの見方の結果として、そこに、まとまった結論を、偉大なピラミッドのように心安らぐ安定した何かを見出したい、と願う読者は失望するだろう。そのような読者がそこに見出すのは、わたしたちが人生を、そして自分自身や他者を知覚するやり方についての数多くの言明だからだ。そこで、もし、わたしたちがそれらを調べて、真理であるとわかったなら、生の「無限性」への絶えざる気づきのドアが開かれるだろう、と彼は言う。しかし、ここでもまた、初めて彼の言葉に接する読者たちには注意しておいたほうがいいだろう。このような検証すべきだという言明をするとき、クリシュナムルティのスタイルは、決して独断ではないが、きわめて強烈であるのは確かだからだ。

別の面でも、入門的な紹介の書物はクリシュナムルティの語っていることとそぐわない、と言われるかもしれない。検証すべきだ、という彼の言葉は、自分自身について、他者について、人生について全体的に学ぶことと不可分であるのは明らかだ。さて、わたしたちがそうするとすれば、そのやり方はふつう、印刷された文書を精読するより、はるかに偶発的であるはずだろう。生はわたしたちに驚きを投げかけ、わたしたちのそれではなく生自身の速さと頻度で教訓を与える。書物の魅力の多くは、その構造からして、気まぐれな世界を秩序立てて安心させてくれそうなところにある。それに本の場合、主導権をもつのは、ある意味では、意図のままに手にしたり、置いたり、没頭したりするわたしたちだ。「わたしたち」がコントロールしている。本の場合は、そのとおり――だが、人生となると、そうはいかない。とはいえ、少なくとも一部の読者たちにとって、クリシュナムルティの言葉の予想のつかなさは、窮屈な書物的秩序感を吹き飛ばしてしまうかもしれない。

本書の最後の部分に抜粋し掲載されているのは、三つのシンプルな行動を説明する言葉だ。「『あるがまま』とともにとどまる」「基本的な問いかけをするが、答えない」そして「知らないことの美しさ」である。これは「そこから行動が生じる無行動」と言うことができるかもしれない。これらは権威ある指針としてではなく、ただの事例として与えられている。三つはどれも、新たに創出されたメソッドあるいはテクニックと呼ばれるようなものではなく、人間本来の能力と見ることができる。わたしたちはいつも、ある程度まではこれらの能力を活用しているし、そうせずにはいられない。人と死別したとき、悲しみから逃げ出し抑圧するのではなく、悲しみを抱きとめてともにいるほうが健康で正しいと知っている。「知らないことを知らないと知っている」ことの重要性について、わたしたちの多くが学校や大学で聞かされてきたはずだ。そして、問題を保留して「眠った」あとに解決策が見つかることも、多かれ少なかれ誰もが経験している。

そこで、クリシュナムルティがここで示唆しているのは、ある意味では非常にシンプルだと言える——精神の本来の能力をより広くより深く適用することである。しかし、クリシュナムルティにとって、これは鍛えておけば役に立つというようなものではなく、緊急で深い必要性をもった、生がわたしたちに要求してくる何かなのだ。これらの能力を無視することから、葛藤と苦悩が生まれる。葛藤や苦悩が花開く前に、わたしたちは、これらを無視する理由に気づき、理解する必要がある。

本書の結論となるページには、クリシュナムルティの仕事に関する議論でたびたび登場する多くの引用が掲載されている。

クリシュナムルティの言葉をどこまで検証するつもりがあるかは、つまるところ、「アルベルト・シュペーアの問題『自分が見たいものだけを見て、知りたいことだけを知る』は、第三帝国の閣僚だけではなく、わたしたちすべてが陥りがちな問題なのだ」と感じているかどうかによるだろう。狭窄された認識のすべてが、シュペーアのそれのような恐るべき非人道性をもつわけではない。だが、わたしたちの多くは、同じものを同じように見ないことで（もしくは、見たくないために）、他者との葛藤と混乱を経験している。そして、個人的な関係であれ、国家間の関係であれ、人間の生とエネルギーの非常に多くの部分が、破壊的で苦痛に満ちた摩擦のなかで失われている。結局、クリシュナムルティが提起した課題を探究することは、「自分自身と他者、そして人生全体を理解し、そのことに情熱的であることが、何はさておき、生がわたしたちに求めていることであり、人間であることの核心なのだ」と感じられるかどうかにかかっている。

デヴィッド・スキット

第一部：教えの真髄

このあとは特記されない限り、すべてクリシュナムルティの言葉である。

聞くこと

みなさんに、この話を忍耐強く聞いてほしいと思います。とにかく、コミュニケーションは非常に難しいのです。なぜなら、言葉には決まった意味があり、わたしたちは意識的にある種の定義を受け入れ、聞いていることをその定義に従って置き換えようとするからです。ですが、もし、一つ一つの言葉を定義し始めたら……そして、それだけですますなら、コミュニケーションは意識レベルのものになるでしょう。わたしたちが議論していることは、単に意識レベルで理解されるだけでなく、同時に――こう言ってよければ――無意識にも、深く、定義という公式化なしに吸収されなければならない、とわたしは思います。表面的な説明だけで喜んでいるのではなく、自らの存在全体の深さとともに聞くことが、はるかに重要なのです。そのように、自らの存在の全体性とともに聞くなら、聞くことそのものが、まさに、瞑想の行為なのです。

みなさんは、どんな努力もなしに、どんな苦闘もなしに聞かなければなりません。自らの存在の全体性とともに聞くことは、とても難しい問題です――そのとき、精神（mind）は言葉を聞くだけでなく、言葉の向こうまで行くことが可能になります。意識的な精神による単なる判断は、真理の発見でも理解でもありません。意識的な精神は、何が現実であるかを見出すことが決してできないのです。できるのはただ選択し、判断し、量り、比較することだけです。しかし、比較や判断、あるいは識別は、真理を見出すこととは違います。だからこそ、どのように聞くかを知ることが、とても大切なのです。本を読むとき、みなさんは自分の性格や知識、あるいは性癖に応じて読んだ内容を置き換え、そのために、著者が伝えたかった内容全体をとらえ損なっているかもしれません。しかし、理解するため、発見するためには、議論したり、審議したり、分析したがる意識的な精神の抵抗なしに聞かなければならないのです。議論し、審議し、分析することは、ただの言語的な定義や表面的な理解だけでなく、もっともっと深い、もっと基本的なレベルでの理解を要する問題と向かい合うときには、障害になります。そのような理解は、真理の理解もですが、どのように聞くか、ということにかかっているのです。〔出典10〕

❖

人は、どんな結論もなしに、どんな比較や判断もなしに、音楽を聞くように、ほんとうに愛を感じる何かを聞くように、ただ聞くことができるでしょうか？　そのとき、あなたは、精神や知性で聞くだけでなく、心（heart）とともに、ていねいに、客観的に、健全に聞いています。見出すべく注意を向けて聞いているのです。〔出典11〕

❖

聞く術（art）というものがあると思います。それはどんな動機もまったくなしに聞くことです。なぜなら、聞くときには、動機は妨げだからです。完全な注意とともに聞くことができれば、そのときには自分自身の思考に対しても、あるいは言われていることに対しても、抵抗はいっさいありません――これは、言葉に魅了されるという意味ではありません。しかし、あるがままの真実を見出すのは、せわしなくて活動的な、思考し、抵抗する精神ではなく、まったく沈黙した静かな精神だけなのです。［出典12］

❖

みなさんがこんなことを試したことがあるかどうか、わたしは知りません。それは、この話し手が何を言うにしても、その言葉を聞いて、そこに真理を見出すことです。知的にだけでなく、また、それなりの疑いを抱きつつ、というだけでもなく、同時に、いかなる抵抗もなしに聞くのです――それは、受け入れるという意味ではなく、非常に深く、大いなる注意とともに聞くことを意味しており、そのときには、聞くという行為そのものが、脳のパターンを全面的に解体するのです。［出典13］

教えの真髄〔原注3〕

クリシュナムルティの教えの真髄は、一九二九年の彼の言葉のなかに含まれている。このとき、彼は「真理は道なき地である（Truth is a pathless land）」と言った。人はそこに、どんな組織を通じても、信条、教義、聖職者を通じても、あるいは儀式を通じても、また、いかなる哲学的知識や心理学的技術を通じても到達できない。人は関係性という鏡を通じて、彼自身の精神の中身の理解を通じて、それを見出さねばならず、知的分析や内省的な精査を通じてではなく、観察を通じて見出さねばならない。人は自分自身のなかに安全柵としての――宗教的、政治的、個人的な――イメージを作り上げている。これらはシンボル、理想、信条として現われる。これらのイメージの重みが人の思考を、関係性を、日常生活を支配している。これらのイメージはわたしたちの問題の原因である。人と人とを分断するからだ。人の人生観は、すでに精神のなかに確立された概念によって形作られる。意識の中身が彼の全存在なのだ。この中身はすべての人類に共通している。個（individuality）とは、名前であり、かたちであり、そして、伝統や環境から取り入れている表面的な文化である。人の独自性は、表面的なもののなかではなく、彼の意識の中身からの完全な自由のなかにある。これは、全人類に共通している。だから、彼は個人（individual）ではない。

自由とは反応ではない。自由は選択ではない。人は選択肢があるから自由だという振りをしている。自由とは、方向がなく、賞罰の恐怖もない、純粋な観察である。自由には動機はない。自由は人の進化の終点にあるのではなく、その存在の第一歩にある。観察するなかで、人は自由の欠落に気づき始める。自由は、わたしたちの日々の存在と活動に関する無選択の気づきのなかに見出される。思考は時間である。思考は経験と知識から生まれ、時間と、そして過去と不可分である。時間は人間の心理学的な敵である。わたしたちの行動は知識に、したがって時間に基づいており、それゆえに、人は常に過去の奴隷である。思考は常に限られており、そして、それゆえに、わたしたちは絶え間ない葛藤と苦闘のなかで生きている。心理的な進化などというものはない。人が自らの思考の運動に気づき始めると、思考者と思考の、観察者と観察対象の、経験者と経験の分断が見えてくるだろう。そして、この分断が幻想であることを発見するだろう。そのときはじめて、純粋な観察が、過去や時間の影をともなわない洞察が存在する。この時間のない洞察は、精神に深い根源的な変容をもたらす。

全的な否定は、肯定の核心である（Total negation is the essence of the positive）。思考が心理的にもたらすものごとのすべてが否定されるとき、そのときにだけ、愛が、慈悲と英知としての愛がある。

原注

3　この要約の原文は、一九八三年にジョン・ミュレィ社が出版したメアリー・ルティエンス著『クリシュナムルティ・実践の時代』（高橋重敏訳　めるくまーる社）のために、一九八〇年十月二十一日に、クリシュナムルティ自身によって書かれた。のちにこれを読み直したクリシュナムルティは数行を付け加えており、それもここには含まれている。

※ 訳者による補足：この要約について、ルティエンスは『クリシュナムルティ・実践の時代』三八四ページで、以下のように語っている。

教えとは何だろう？　この本を書くにあたって私自身同じ質問をKにしようと思い、私は「クリシュナムルティの教えの革命的な真髄は……」という短い文章を書いて、同意を求めるために彼の手元に送り届けた。彼はただ「真髄」と言う言葉だけを残して、私が望んだようにその文章をすっかり書き換えた。

真理は道なき地である

わたしにとって、真理への道は存在しません。真理はどんなシステムを通じても、どんな道を通じても理解されません。道は目標を、静止した目的を意味しており、したがって、精神と心は、その目的によって条件づけられ、必然的に規律やコントロールを求め、欲張りになります。この規律、このコントロールが重荷となるのです。それは、あなたから自由を奪い、あなたの日常生活の行動を条件づけます。[出典14]

❖

真理とは、すべての行動、すべての思考、すべての感情のなかに——それがどのように些細なものであれ、どのように一過性の儚いものであれ——理解されるべき何か、発見されるべき何かです。真理とは、見られるべき何か、聞かれるべき何かなのです——あなたの夫が言うこと、妻が言うこと、あるいは、庭師が言うこと、友人が言うこと、さらには、あなた自身が考えていることも。あなたが考えていることを——なぜなら、あなたの思考は偽りかもしれないし、条件づけられているかもしれないからです——その真理を発見する。あなたの思考は条件づけられている、という、このことを発見する。それが真理です。あなたの思考は限定されている、という、このことを発見する。それが真理です。まさにその発見が、あなたの精神を限定から解き放つのです。

わたしが自分は貪欲であると発見するなら――あなたに貪欲だと言われるのではなく、自分で発見するなら――その発見こそが真理であり、その真理こそが貪欲さに働きかける行動となるのです。真理は、収集し、積み重ね、保存し、指標として依存できるものではありません。そんなことをすれば、かたちは違っても結局は同じことで、別のかたちの所有となるだけです。精神にとっては獲得しないこと、溜め込まないことは、きわめて難しいのです。それを自覚するとき、あなたは見出すでしょう。真理とは、なんととてつもないものか、と。[出典15]

真理とは生であり、生にはまったく永久性はない、というのが事実です。生は瞬間瞬間、一日一日、発見されるべきものです。発見されねばならないのです。そんなことは当然わかっていると思ってはいけません。生については知っている、当然だと思うなら、あなたは生きていないのです。三食、衣服、住まい、セックス、仕事、娯楽、そして、あなたの思考のプロセス――そんな鈍重な反復のプロセスは生ではありません。生とは、発見されるべき何かです。そして、失ったことがなければ、いままで見つけてきたものを棚上げしなければ、生を発見することはできません。わたしが言っていることを実験してみてください。あなたの哲学を、宗教を、習慣を、民族的タブーを、その他すべてを棚上げしてください。それらは生ではないからです。それらに囚われていれば、あなたは決して生を発見できないでしょう。

自分は知っている、と言う人は、すでに死んでいます。ですが、「わたしは知らない」と思う人、発見し、見出し、目的を探し求めず、到達するとか何かになるといった考え方をしない人——そんな人が生きているのであり、生きていることが、それが真理なのです。〔出典16〕

個人的な見解とは別の真理というものがあるのだろうか？

質問者：最近では、すべてが相対的であり個人的な見解であって、個人的な知覚から独立した真理あるいは事実などというものは存在しない、という見方が広がっています。この信念に対する知性的な応答とはどのようなものか、お尋ねします。

クリシュナムルティ（以下K）：わたしたちはそんなに恐ろしいほどに、個人的なのでしょうか？　わたしが見ること、あなたが見ること、それが唯一の真理ですか？　わたしの見解やあなたの見解が、わたしたちにとっての唯一の事実ですか？　いまの質問は、そういう意味ですね。すべてが相対的だということです。したがって、善は相対的で、悪も相対的で、愛も相対的です。そして、すべてが相対的なら――つまり、全的で完全な真理でないなら――わたしたちの行動や個人的な関係における愛情も相対的で、いつでも好きなときに、喜びでなくなったとき等々に、終わらせることができますね。それが、いまの質問が意味していることです。

そこで――わたしたちはご一緒に探究しているのであって、わたしが一方的にお話ししているのではありませんよ――個人的な見解、個人的な信念、個人的な知覚とは別の真理というものがあるのでしょうか？

これは古代のギリシャ人やヒンドゥー教徒、仏教徒らが問いかけてきた質問です。そして、この疑問が奨励されてきたことは、東洋の宗教にまつわる奇妙な事実の一つです。疑うこと、問うこと。西洋の宗教では、それは、どちらかと言うと否定されます。疑いをもてば、異端と呼ばれるのです。そこで、常に相対的な個人的見解や知覚、経験とは別に、相対的な真理でない絶対的な知覚や「見ること（seeing）」があるかどうかを、人は自分自身で見出さなければなりません。

それでは、みなさんはどうやってそれを見出すのでしょう？　個人的な見解や個人的な知覚は相対的であり、絶対的な真理などない、と言うなら、真理は相対的です。そして、わたしたちのふるまい、行動、生き方は、当然、相対的で、いきあたりばったりで、完全でも全体的でもなく、したがって、断片的になります。そして、わたしたちは、単なる個人的な見解や個人的な知覚でない真理というものがあるかどうかを見出そうとしているのです。

みなさんがこの質問をされたら、絶対的で完全な真理があるかどうか、とにかく相対的で個人的な見解の都合次第でいつも変化するものとは違った真理があるかどうかを、みなさんはどのように見出しますか？みなさんの精神、知性、あるいは思考は、どのように見出すのでしょう？　このことに、みなさんは興味がおありですか？　なぜなら、いま、みなさんが追求しようとしていることには、多大の調査が、日々の暮らしのなかの行動が、偽りを押しのける感覚が求められるからです。それだけが、前進する唯一の道です。もし、わたしたちが真理について、あるいは愛について、その他何についてであれ、幻想や空想やイメージを、ロマンティックな概念を抱いているなら、それこそが、先へ進むことを妨げる障害だからです。

人は、正直に幻想を調べることができるでしょうか？　精神は幻想のなかに生きているのではありませんか？　あるいは、わたしたちはすべてについて、人々について、国家について、宗教について、神について、幻想をもっているのではありませんか？　幻想はどのようにして現われたのでしょう？　わたしたちはどのようにして幻想を抱くのでしょう？　その根源は何なのでしょう？　「幻想（illusion）」という言葉によって、わたしたちは何を意味しているのでしょう？　幻想の語源は、ラテン語の「ludere」で、意味は「遊ぶこと」です。つまり、本来の意味は、遊ぶこと、実際のものではない何かで遊ぶことなのです。実際のものとは、善と呼ばれようが、悪と呼ばれようが、あるいは何であれ、起こっているとおりのこと、実際に起こっていることです。そして、人は自分自身のなかで実際に起こっていることに直面できないとき、そこから逃れるために幻想を創り出すのです。

どうか、そうだそうだと、うなずかないでください。わたしはただ探究しているのであり、わたしたちはご一緒に探究しているのですから。

そこで、人が実際に進行していることを望まなかったり、直面するのを恐れたり、避けたいと思うとき、その回避が幻想や空想を、「あるがまま」から遠ざかるロマンティックな動きを創り出します。幻想とは「あるがまま」から遠ざかること、そこから離れることを意味する、という、このことを、わたしたちは受け入れられるでしょうか？　どうか、わたしに同意するのではなく、これを事実として見てください。

次の疑問はこういうことです。わたしたちはこの動きを、実際にあるものからの逃避を、避けることができるでしょうか？　そこで、わたしたちは問いかけます。その実際のものとは、何なのでしょう？　実際のものとは、起こっているとおりのこと、実際の応答や観念、実際の信念、そして、あなたが実際にもっている見解です。そして、それと直面することは、幻想を創り出すことではありません。ここまでの探究には納得なさいましたか？　そうでないと、みなさんは前へは進めないからです。

そこで、「あるがまま」の回避に根差す幻想、見解、知覚がある限り、それらは必ず相対的です――必ず、相対性が存在します。事実から、起こっているとおりのことから、「あるがまま」から遠ざかる動きがある限り、そうならざるを得ません。「あるがまま」を理解すること、それは個人的な見解でもなければ、「あるがまま」とは何かを判断する個人的な知覚でもなく、「あるがまま」を実際に観察することです。わたしの信念が観察の方向を決めるとか、わたしの条件が観察の方向を決めるなどと言っていたら、実際に進行していることを観察できません。それは、「あるがまま」の理解の回避です。

みなさん、得心なされましたか？　わたしたちは実際にそうしているでしょうか？　実際にそうしていますか？――実際のままを、実際の信念を、実際の依存心を、実際の競争心を見ていますか、知覚していますか？　そこから遠ざかるのではなく、観察していますか？　その観察は、個人的ではありませんか、知覚していますか？　そこから遠ざかるのではなく、観察していますか？　その観察は、個人的ではありませんか？　しかし、みなさんが「わたしはしなければならない」とか「してはならない」あるいは「自分はもっとよくならねば」と言うなら、それは個人的になり、したがって相対的です。いっぽう、実際に起こっていることを見ることができれば、そのときには、どのようなかたちの幻想にせよ、完全に避けられるのです。

わたしたちは、それができるでしょうか？　みなさんは言葉のうえでは同意なさるかもしれません。ですが、自分の依存を――人間であれ、信念であれ、理想であれ、あるいは、非常な興奮を与えてくれた何らかの経験であれ、そうしたものへの依存を——実際に知覚できるでしょうか？　その依存は不可避的に幻想を創り出します。わたしたちは、自分が依存している事実を観察できるでしょうか？

さて、絶対的な真理などというものがあるかどうかを、同じように探究してみましょう——みなさんに興味がおありなら、ですが。なぜなら、この問題は、さきほどの質問者だけでなく、僧侶たちが人生を費やして取り組み、哲学者たちや宗教者たちが——制度に従属せず、生について、現実（reality）と真理（truth）について深く思いを巡らせた、あらゆる宗教者たちが——問いかけてきたことだからです。そこで、真理とは何かにほんとうに関心があるなら、そこへきわめて深く、深く入って行かなくてはならないのです。

まず、現実とは何かを理解しなくてはなりません。現実とは何でしょうか？　みなさんが知覚する、触れる、味わう、痛いと感じるもの等々です。つまり、現実とは感覚（sensation）であり、その感覚への反応、観念（idea）としての感覚への応答であり、その観念は思考によって創り出されます。したがって、思考が現実を創り出しているのです——すばらしい建築、世界の壮大な大聖堂、寺院、モスク、そこに置かれる偶像、イメージ、すべては思考によって創り出されます。そして、わたしたちは、それが現実だと言います。なぜなら、触れることができ、味わうことができ、嗅ぐことができるからです。

質問者：幻覚についてはどうでしょうか？　それは生理的な脳の混乱だという可能性がありますね。

K：もちろんです。幻覚、幻想、妄想は、脳がダメージを受けているとき、「あるがまま」からの逃避があるときに起こります。幻想、幻覚、妄想、こういう言葉はすべて、同類です。

さて、わたしたちは、思考が創り出したものはすべて——知識、科学や数学を通じた知識の獲得等々は——現実のものだと言います。しかし、自然は思考が創り出したのではありません。あの木、山々や川、水、シカ、ヘビは思考によって創り出されたのではなく、そこにあるのです。いっぽう、わたしたちは木から椅子を作る。それは思考が創り出したものです。思考はわたしたちが住んでいる実際の世界を創り出しています。しかし、環境を含めた自然は明らかに思考によって創り出されたのではありません。

そこで、わたしたちは尋ねます。真理（truth）は現実（reality）でしょうか？　人は、わたしたちが住んでいる世界を思考が創り出したと感じますが、宇宙は思考が創り出したのでありません。思考は宇宙を探究することができます。宇宙学者、宇宙物理学者は、思考を通じて探究し、ある種の結論に、ある種の仮説に達して、常に思考を通じてそれらの仮説を実証しようと試みます。ですから、思考は相対的であり、したがって、何を創出しようとも、どんな方向に動こうとも、必ず相対的で、限りがあるのです。

ご注意申し上げたいのですが、これは講義ではないし、わたしは教授ではありません——ありがたいことに！　わたしたちは、真理とは何かを見出したい——もし、そのようなものがあれば、ですが——と願う二人の人間として、探究しているだけなのです。

そこで、その精神は、もはや、幻想のなかにはいません。それが第一です。そこには、仮説も、幻覚も、妄想もないし、何かをつかみたいと思ってもいないし、真理と呼ばれる経験を創り出したいとも思っていません——たいていの人は、そう思っていますが。したがって、その精神は、自らのなかに秩序をもたらしています。そこには秩序があり、幻想や妄想や幻覚や経験に起因する混乱はありません。つまり、精神と脳は、幻想を創出する能力を失っています。そうですね？　それでは、真理とは何でしょうか？　つまり、現実（reality）と――さきほど説明した意味での現実ですが――思考によって創り出されないものとは、どのような関係にあるのでしょう？　思考の産物ではない何かがあるのでしょうか？　この調子で先に進んでよろしいですか？

この、どちらかと言えば涼しい日に、わたしたちは木々の下に座っていますが、わたしたちの精神は、あらゆるかたちの幻想から自由でしょうか？　そうでないと、みなさんはそれとは別のものを見出せないでしょう。ということは――みなさんの精神は、あらゆる混乱から完全に自由でしょうか？　したがって、絶対的な秩序があるでしょうか？　なぜなら、混乱し秩序が乱れた精神に、波立っている精神に、真理が見つかるはずもないからです。そうではありませんか？　でっちあげることはできます。真理はあるとか、真理はないなどと言うことはできます。ですが、絶対的な秩序の感覚をもつ精神だけが、あらゆるかたちの幻想から完全に自由である精神だけが、先へ進んで見出すことができるのです。

ここで、みなさんに興味がおありなら、ちょっとおもしろいことがあります。思考を使って見出す宇宙物理学者、科学者は外へ向かいます。彼らは周囲の世界を、物質（matter）を調べます。常に外へ向かって動いているのです。しかし、もし、みなさんが内面から始めるなら、「わたし（me）」もまた物質ですから――思考は物質です――もし、内面に向かうことができるなら、みなさんは事実から事実へと移動しているのです。そこで、物質を超えたものを発見し始めるのです。そうなるかどうか、それは、みなさん次第です。

これは、非常に重大な事柄です。午前の一時間ですませるようなことではありません。これには、生から遠ざかるのではなく、一生をかけなければなりません。生とは、わたしの苦闘であり、不安、恐怖、退屈、孤独、悲しみ——おわかりでしょうか？——不幸、あらゆる後悔、そのすべてが、わたしの生なのです。そこから遠ざかるのではなく、それを理解し、それをやり遂げるのです。そして、もし、それをやり遂げたなら、そこには絶対的な真理が、そのようなものがあるでしょう。［出典17］

終わりのない観察があるだけである

メアリ・ジンバリスト（以下MZ）：あなたは、探究は続かねばならない、とおっしゃっているのですか？　探究を終わらせるところには到達しない、というか、答えというようなものがあるところには到達せず、持続的な探究精神があるだけだ、とおっしゃっているのでしょうか？

クリシュナムルティ（以下K）：それは、ちょっと答えが難しい質問ですね。空間も時間もない何かに達したら、あなたはその先も探究を続けますか？　探究について語っているとき、探究者とは誰なのでしょう？　また、おなじみの事柄に戻りましたね。探究者は探究される対象です。わたしがこの点を明確にできたかどうか、わからないのですが。物質を探究するときには望遠鏡を使い、さまざまな実験を行なって探究します。ですが、そこでは、探究している人物は探究の対象とは別物です。それははっきりしています。しかし、ここでは、主観的な世界、心理（psyche）の世界では、探究者は心理の一部です。彼はその心理から離れていないのです。そこが明確であれば、探究者はまったく別の意味をもちます。

MZ：そのときには探究だけがあり、探究されるもの、あるいは探究者はない、とおっしゃるのですか？

K：いや、むしろ、終わりのない観察があるだけだ、と言いましょう。観察のなかに観察者はいませんが、観察のなかにはとてつもない活力とエネルギーがあります。なぜなら、あなたは心理的、主観的世界の全体を観察しているからです。そして、あなたが観察しているとき、観察している背景はまったくありません。ただ「あるがまま」の観察があるだけです。おわかりですか。それはきわめて卓越した注意（attention）を意味するのであり、その注意のなかには注意している主体は存在せず、ただ空間をもった、そして完全に静かで沈黙している注意が、とてつもないエネルギーが集まっている注意があるだけです。したがって、そこには、自己への関心（self-interest）はまったくありません。さて、それが人間に可能でしょうか？

人間はこのことが恐ろしく難しいと気づきます。それで、あなたはやってきて、こう言うのです。「さあ、友人よ、これをしなさい。これを、これをするのです。そうすれば達成するでしょう。わたしはあなたのグルになりましょう」と。そこで、わたしはあなたを精神的権威と呼び、そして、道を見失い、再び囚われます。ようするに、そういうプロセスなのです。聖人や、聖人を認定する霊的序列があるところには、必ずそれがあります。このプロセスはいつでもあります。ですから、人は自分の足で立つことができません。何かに依存したい――妻であれ、仕事であれ、信念であれ、あるいは、あったかもしれないとんでもない経験であれ、何かに依存したい――と思うのです。

そこで、わたしは、完全な自由がなければならない、と言っているのです。その自由は、そう複雑なものではありません。自己への関心がまったくないとき、その自由はあります。なぜなら、自己への関心は、非常に小さくてつまらない、非常に狭いもので、そこからの完全な自由がない限り、真理はあり得ないからです。そして、真理は、どのような道を通じても到達できない。それは、道なき地です。どんなシステム、どんなメソッド、どんなかたちの瞑想を通じても到達できません。そもそも、到達ということがないのです――それはあるのですから。〔出典18〕

知識依存症の人は真理を発見できない

究極の現実・リアリティに導くさまざまな道はあるのか、というこの問題に、ほんとうに深く分け入ってみましょう。道は既知のものにつながり得るだけで、既知のものは真理ではありません。あなたが何かを知っているとき、それは真理であることをやめます。なぜなら、それは過去であり、完全に停止しているからです。既知のものである過去は、時間の網に捕捉され、したがって、それは真理ではなく、現実ではないのです。つまり、既知につながる道があなたを真理に導くことは不可能で、道はただ既知につながり得るだけであり、未知にはつながりません。あなたは村で一軒の家への道をたどる。なぜなら、その家がどこにあるかを知っており、あなたの家や村へ行くにはたくさんの道があるからです。しかし、現実は測定不能で、未知です。測定できるなら、それは真理ではないでしょう。そして、本や他者の言葉を通じて学んだことは、現実のものではありません。単なる繰り返しであり、繰り返しはもはや真理ではないのです。

それでは、真理への道はあるのでしょうか？　これまで、わたしたちは、すべての道は真理につながる、と考えてきました。そうでしょうか？　無知の道は、悪意ある人の道は、真理につながるのでしょうか？　彼はすべての道を捨てなければならない。そうではありませんか？　国家の名における殺人にかかわっている人がいます。彼は、その仕事を捨てない限り、真理を発見できないのではありませんか？　つまり、すべての道が真理につながってはいないのです。知識獲得に依存している人は真理を発見できない。なぜなら、彼がかかわっているのは知識で、真理ではないからです。分断を受け入れる人、彼は真理を発見するでしょうか？　もちろん、しないでしょう。なぜなら、彼は特定の道を選んだのであり、全体を選んでいないからです。行動の人はリアリティを発見するでしょうか？　もちろん、しないでしょう。一部に従うことでは全体は発見できない、という単純な理由からです。

このことは、知識、分断、そして行動は、単独では、破壊、幻想、不安以外のどこにも到達できないことを意味しています。いままで起こってきたことがそれです。知識のために知識を追求している人、それがリアリティに導いてくれるだろうと信じている人は科学者になりますが、しかし、科学は世界に何をしたでしょう？　わたしは科学を非難しているのではありません。科学者はあなたやわたしと似たようなもので、違うのはただ、研究室にいるときだけです。それ以外では、科学者も、あなたやわたしと同じように、狭量さ、恐怖、国家主義を抱いているのです。

「マスター（霊的導師）」が「弟子」に教える道がある、と信じるのも、どちらかと言えば、幻想です。違いますか？　なぜなら、弟子を通じても、マスターを通じても、智慧は発見できないからです。わたしたちは選ばれた少数で、特別の道をたどるのだ、という考えを捨てる以外に、幸福は発見できません。この考え方は安心感を、尊大さをもたらすだけです。あなたたちの道は近道で、わたしたちの道はより時間がかかる、という考え方は未熟な思考の結果です。それが人類をシステム化された道へと分断しているのではありませんか？

成熟した人は真理を発見するでしょう。成熟した人は、決して、「マスターたち」の道も、知識の道も、科学や信仰、行動の道も追求しません。どんな道であれ、特定の道にこだわる人は未熟で、そんな人は、決して、永遠を、時間なきものを発見しないでしょう。なぜなら、彼が選んだ特定の道は時間に属しているからです。時間を通じて時間なきものは発見できません。惨めさを通じて幸せを発見することは決してできないのです。幸せが存在するためには、惨めさは取り除かれていなければなりません。愛するなら、その愛のなかには争いも葛藤もあり得ません。闇のなかには光はなく、闇を捨て去ったときに、光があるのです。同じように、愛が存在するのは所有がまったくないとき、非難がまったくないとき、自己達成がまったくないときです。

わたしたちのなかで道に身を捧げている人たちには、既定の精神的、感情的、物質的関心があり、それゆえに成熟することがとても困難であることを、わたしたちは見出します。わたしたちが過去五十年、六十年、しがみついてきたものを、どうすれば捨てられるでしょう？　自分の家を離れて、ほんとうに求めていたときにそうだったように、もう一度物乞いになることが、どうすればできるでしょう？　いま、あなたは自分が会長や書記になっている、もしくは会員になっている組織に身を捧げています。求めている人にとっては、探し求めることそれ自体が愛であり、それ自体が献身で、知識です。特定の道、あるいは行動に身を捧げている人は、システムに捕捉されていて、真理を発見しないでしょう。部分を通じて、全体を発見することは決してないのです。窓の小さな隙間から大空を、見事に晴れあがったすばらしい大空を見ることはできません。晴れあがった大空を見ることができるのは、開かれた場所にいて、あらゆる道から、

あらゆる伝統から離れた人だけです。［出典20］

どんな技術もありません

クリシュナムルティ：わたしたちは対話を行なっています。つまり、人間たちのある種の問題について関心があり、どんなかたちの主張や議論でもなく、配慮と愛情をもってその問題に深く分け入りたいと考えている人々どうしが会話をしているのです。弁証法的なやり方なら、意見を通じて真理を見出そうとしますが、わたしたちは弁証法的な探索をしているのではありません。むしろ、人間の問題を解決したい、真理を発見したい、と願ってともに語り合う、二人の友人どうしのようなものです。

さて、わたしは心配しています。わたしたちは真理への技術を見つけようとしているのではないか、そのような大きな誤解があるのではないか、と。つまり、真理に到達するのに役立ちそうな方法を学習し実践する、という意味です。わたしたちは否定します。そのような技術はない、と。どうか、そこは明確にしてください。技術とは方法を学ぶことです。もちろん、火星に宇宙船を送る、そのような偉業には、多大の技術や積み重ねられた知識が、「ノウハウ」が必要です。ですが、真理とは道なき地であり、道なき地であれば、線を引き、方向づけ、道を作ることはできず、それを実践することも、自分自身を教練することも、技術を学ぶことも不可能なのです。

したがって、わたしたちは技術や方法を、もしくはシステムを提供したり、それについて語ろうとしているのではありません。すでにわたしたちの精神は非常に機械的になっていますから、技術や言語の反復、沈黙を実践すれば、精神のあらゆる機械的な活動が緩み、それから自由になるのではないかと考えます。残念ながら、そうはならないでしょう。わたしたちが言っているのは、あなたは方法を教えてもらうのではなく——自分自身で見出すのだ、という——関心を、原動力を、強い思いをもたなければならない、ということです。そのときには、あなたの発見はあなたのものであり、そして、あなたは、すべてのグル（霊的指導者）から、すべての技術から、すべての権威から自由になるでしょう。こうしたことについて対話をしているあいだ、どうか、それを忘れずにいてください。

（このあと、聴衆から一連の質問があり、クリシュナムルティがそれらの質問を要約した）

クリシュナムルティ（以下K）：みなさんは、理解について、発言と言葉と思考と、そして、沈黙とのあいだの関係性について、それから、関係性のなかでイメージを作らないという責任について、対話したいとお思いのようです。これらが、いま出された質問ですね。それから、感じやすい繊細さについてや、わたしたちは動機なしに生きることができるのか、という質問もありました。それでは、どの質問を取り上げれば、ほかの方向にそれることなく考え、あるいは観察し、また最後までたどれるでしょう。ほかのすべての質問が含まれる一つの質問を最後までたどるには、どの質問がいいでしょうね？

質問者：理解。

K：理解ですね、よろしい。それがいいでしょう。わたしでも、それを選んだと思いますよ。わたしたちは、「理解（understanding）」という言葉によって、何を意味しているのでしょうか？　どうかあわてず、ゆっくりと考えてください。何かを理解するとは、どのようなことでしょう？　言語的な理解、言葉による描写を通じた了解、愛情を通じた了解でしょうか？——わたしはあなたが好きだ、わたしはあなたの友だちだ、わたしがあなたに何かを言う、そこで、あなたはわたしが何を言っているかを理解する、そういうことでしょうか？　それとも、むしろ、複雑で混乱している何かに分け入って、洞察することですか？　また、理解はどのようにして起こるのでしょう？　理解は言語的なコミュニケーションを通じて、つまり、描写を通じて起こるのですか？　あなたとわたしが英語で、あるいはフランス語、イタリア語などで話しているなら、その言語によるコミュニケーションと描写を通じて、理解や洞察が生まれるのですか？　それとも、理解は、単に言葉や描写を通じてだけでなく、言葉を超え行くことで、つまり、あなたと相手が言語的な構造（これは思考の性質です）から自由になり、その奥まで貫いて洞察を得ることで生じるのでしょうか？

自動車について話しているときは、とても単純です。わたしは自動車を観察する。いじってみて、どのように機能するかを知ります。あの山へどうやって登るかを理解し、知ります。ですが、わたしたちが話しているのは、単なる世間的な理解ではなく、心理的な理解、もっともっと深い、洞察をもたらす理解のことです。洞察とは、何かの奥まで見通すことであり、そのとき、それは、真理になります。そこからは、決して、もとへは戻れません。何かを理解するとき、わたしはその奥まで洞察し、したがって、その洞察そのものが、どんな誤解もどんな複雑さも一掃してしまい、わたしはそれについて明晰になります。

そこで、理解とは、精神と脳が、精神の構造全体が、言葉を聞くだけでなく、言葉を超えて聞き、その発言の深い意味を見る、ということではないでしょうか？　そのとき洞察が生じ、あなたは「それを理解した、わかった」と言います。ですから、洞察とは、静かで聞く意志をもった精神を――言葉を超え行く意志、何かの真理を観察する意志をもった精神を意味するのです。

たとえば、この話し手がこう言います。「悲しみの終わりは智慧の始まりである」と。彼は、そう述べます。さて、あなたは、どう受け止めますか？　どうか、聞いてください。どのように受け止めますか？　あなたの反応は？　そこから何かのものを抽出し、観念的なその抽出物とともに相手が言ったことを理解しようとしますか？　それとも、あなたは聞きますか？――つまり、その言葉を聞き、その言葉の意味を聞き、そして、言葉を超えて、その発言の真偽を見ますか？　どうやって悲しみを終わらせるか、どうやって智慧を得るか、ではなく、その言葉が真実を伝えているか、虚偽を伝えているか、ということです。真偽を観察するには、精神が静かでなければなりません。そうすれば、奥まで見通す洞察が得られ、あなたは「なるほど、ほんとうにそのとおりだ」と言うでしょう。同じように、理解とは、問題の奥まで洞察することを意味します。そうではありませんか？　そのために、あなたはあらゆる議論やあらゆる弁証法的アプローチを超える――そういうことであり、それは動かないのです。

たとえば、この話し手が「真理への技術はない。真理は道なき地である」と言います。彼は、そう言明します。彼は、五十年前にそう言いました。あなたは、どのように受け止めますか？　さあ、やってみてください。この言葉を、どのように受け止めますか？　これは対話です。あなたは見解とともに受け止め、「それは真理ではあり得ない。なぜなら、誰もが、テクニックについて、メソッドについて、システムについて語るから」と言います。そして、この人物がやってきて言います。「道はない。真理への技術はない」と。あなたは「さて、誰が正しいのだろう――この人物が正しいのか、それとも、別の者が正しいのか？」と言います。そこで、あなたは議論し、比較し、判断しますか？　それとも、何が正しくて何が間違っているかを知らないままに、さきほどの言葉を聞きますか？　なぜなら、実際に、あなたは知らないからです。そうですよね？　十人が、あるいは百万人が、「技術はある」と言い、誰かがやってきて、「技術はない」と言います。この人物は完全に間違っているかもしれません！

　ですが、彼は、自分の言葉の意味を説明します。技術とは、実践、時間、機械的プロセスを意味している。わたしたちの精神はすでに充分に機械的で、技術は精神をさらに機械的にする、と。そこで、彼は、こうしたすべてを説明し、それでも、あなたは「千人が技術をもっている」と言います。あなたはこの二つを秤にかけて、「わたしはこっちよりこっちがいいな」と言いますか？　それとも、彼が言ったことを完全に、客観的な沈黙と静けさのなかで、何が真理かを知らないままに受け止めますか？　そして、あなたが静かに聞くとき、それは、完全な注意とともに聞くことを意味し、そのとき、あなたは発見し、言われたことへの洞察を得て、それは、わたしのものではなく、あなたのものになります。さて、このことが、あなたにはおわかりでしょうか？――つまり、何が真実で何が虚偽かを見出すことは、虚偽のなかに真理を見出すことです。ですから、あなたの精神は、とてつもなく開かれていて、感じやすく繊細でなければなりません。さて、わたしたちは、お互いに理解しあっているでしょうか？ [出典20]

関係性という鏡を通じて真理を見出さなければならない

クリシュナムルティ（以下K）：昨日、わたしが妻に何かを言われた、小言やきついことを言われたとします。あるいは、妻がご機嫌で、気分の良くなるようなことを言ってくれたとします。すると、思考が彼女についてイメージを作ります。わたしは、そのイメージに従って生き、彼女もまた、わたしに関するイメージに従って生きるのです。そこで、わたしは自問します。なぜ、思考はこんなことをするのだろう、と。どうか、まだ質問には答えないで、答えるまでに二分はかけてください。それができるのは、あなたがそれについて何の考えももっていないとき、これはこうだ、あれはああだ、と言わず、すぐに言葉に飛びつかないときだけです。そこで、なぜ思考はそんなことをするのかを見出さなくてはなりません。思考がそうするのは、イメージのなかに安心を見出すからです。わたしは妻のイメージに安心します。ちょっと待って、どうか、聞いてください。わたしの国――そうですね？――安心。わたしのグループ、安心。グループや国について、わたしが創り出したイメージ、そして、宗教的教化を通じて――キリストであれ、ヒンドゥー教の神々であれ――創り出したイメージ。思考がこのようなイメージを創り出すのは、そこに安心を見出すからです。その安心が神経症や神経症的な信念に見出されようと、あるいは、美しい空想的なイメージに見出されようと、プロセスは同じです。このように、思考は安心を見出し、安心を求めます。なぜでしょう？

質問者：わたしには、思考はそれ自身を維持したがっているように、思考は非永続的で、だから、安心を求めているように思えます。

K：そう、先を続けてください。そこで止まらずに。あなたは何かを言いました。それを調べ、それとともに動いてください。あなたはご自分が言ったことを確信していますか？　理論化しないでください。事実から言っているのでない限り、すべては無意味ですから。

質問者：安全、安心、確実。

K：それは何を意味するのでしょう？　確実である、安全である。これらはみな、完全で脅かされることのない安心を求めていることを意味しています。ちょっと待ってください。なぜなのでしょう？　なぜ、思考はそれを求めるのでしょう？　たとえば、わたしの妻の場合、わたしは彼女を所有している、彼女はわたしのものだ、等々。そこには多大の確実さが、多大の安心があります。わたしは、彼女に自分を同一化(identify)しています。彼女は、わたしが望むことを実現してくれました。そして、彼女も、わたしに対して同じことをします。お互いさまで、利用しあっています。醜い言葉を使って申し訳ありませんが、それは事実です。そこで、わたしは自分に言います。思考は安心を求めているが、しかし、イメージのなかに安心はあるだろうか？　わたしは妻に、女友だちに安心を求め、彼女に関するイメージを作り、そのイメージのなかに、わたしにとっての安心があります。しかし、それはイメージです。おわかりですか？　それは言葉、記憶、そんな脆いものですが、わたしはそれにしがみつくのです。

質問者：わたしは時間が過ぎ去るのに気づき、終わりになるのではないかと不安になり、そこで、自分が創り出したイメージに永続性を求めるのです。

K：永続性は何にでも求められます。そこで、わたしは、思考はなぜそれを求めるのか、と自問するのです。さあ、よく観察してください。わたしは伝統的なシンボルに、十字架に安心を求めます。そこに安心を求めるのです。十字架、構造全体、その奥にあるすべて、儀式、教義、そのすべてに、わたしは安心を見出します――なぜでしょう？　そして、わたしは論理的には――そもそも気づいているとすれば――論理的には、それが思考の産物であると知っています。それでも、思考はそれにしがみつく――なぜでしょう？

質問者：条件づけです。

K：それは、わたしたちの条件づけの一部ですか？　子どものころからの条件づけの一部として、シンボルを――ラーマ、クリシュナ、あるいはキリストを――信じている。なぜでしょう？　思考はそこに安心を見出しますが、しかし、思考がそれを見つめるとき、なんだ、じつは何の安心もないじゃないか、と言うわけです。ただの観念――思考がでっちあげたものです。思考がイメージにしがみつくとき、それは、まさに神経症そのものです。それは危険だと知っているが、それでも、わたしはしがみつきます。これがどれほどばかばかしいか、おわかりでしょうか？

質問者：はい、わかります。

K：いや、待ってください。あなたは、ほんとうに、そのばかばかしさがおわかりですか？

質問者：はい、わかります。

K：それなら、もう終わりです。あなたはイメージを創り出さない。ですが、待ってください。妻がわたしを愚か者と呼んだら、わたしはイメージを作らずに彼女の言葉を聞くでしょうか？　あるいは、古い伝統、習慣、条件づけが、つまり、イメージを作る、という思考の応答があるのでしょうか？　話についてきていらっしゃいますか？　彼女はわたしを愚か者と呼ぶが、まったくイメージを作らない。そんなことが可能ですか？　彼女におだてられたときも同じで、コインの裏面にすぎません。これについて、掘り下げてみませんか？　わたしが何か気に入らないことを言ったか、したために、妻がわたしを愚か者と呼びます。思考は条件づけられているので、即座の応答としてイメージが生まれます。わたしは愚か者ではない、と。

そこにイメージがあります。さて、わたしは彼女の言うことを、そのような応答なしに聞くことができるでしょうか？　どうか、それを見出してください。それは無関心とは違います。彼女が「ダーリン、あなたはすばらしい」と言うとき――これも別のイメージです――わたしはただ聞くことができるでしょうか？　わたしを愚か者と言っても、すばらしいと言っても、それを溜め込まず、記録せずに聞くことができるでしょうか？　わたしの質問がおわかりですか？　大変重要なことですから、もう少し見てみましょう。脳には記録するメカニズムがあります。そうですね？　脳は記録しています。そのように条件づけられているので、ただちに「愚か者」を記録します。あるいは、わたしをすばらしい人だと言えば、「すばらしい」が記録されます。さて、彼女が愚か者と言うとき、あるいは、すばらしいと言うとき、何の記録もないということがあり得るでしょうか？　それは、無関心や鈍感、無神経とは違います。いま、わたしにできることは――どうか、聞いてください――記録しないことだけです。そして、それが可能なのは、彼女が言うことに完全な注意を注いでいるときだけです。彼女が愚か者と言っても、すばらしいと言っても、わたしが完全な注意を注いでいるときには、記録はありません。

どうか、やってみてください。ここに座っているいま、やってみてください。あなたは、妻もしくはガールフレンドの、あるいはボーイフレンドのイメージをもっている――この少年、この少女、男性、女性。まったくうんざりします！　死ぬまでそれが続くのです。ほんとうに馬鹿げています。わたしは指摘します。イメージ作りは思考のプロセスである、と。思考はイメージを作り、そして、そこには葛藤があります。わたしは葛藤のなかに、それがインドとパキスタンのものであれ、ロシアとアメリカのものであれ、とてつもない危険を見ます。とてつもない危険があるのは、人々が殺し合うからです。そこで、お尋ねします。イメージ作りはやめられるでしょうか？　やめられます。では、なぜ、思考は、そのようなイメージを生み出すのでしょう？　思考は、それらのイメージに安心や安全を見出します——それがどんなに馬鹿げたことか、知っているにもかかわらず。そして、思考が非合理なことにしがみつくとき、それは神経症なのです。〔出典21〕

人間は自分自身のなかに安全柵としてのイメージを作り上げている

わたしたちはご一緒に、関係性の問題を探究しようとしています。人は関係性なしには存在できません。人生は関係性と行動です。この二つは人間にとっての基本です。わたしたちの他者との関係は、いま、どのようなものですか？　あなたの妻との関係は？　あるいは夫との関係は？　仏教徒やヒンドゥー教徒、キリスト教の聖職者との関係は？　みなさんの関係性は、どのようなものですか？

よくよく検討してみると、関係性はイメージがベースになっています――神について、ブッダについて、妻について、あなたが築いてきたイメージ、あるいは、あなたについて、あなたの妻が築いてきたイメージです。それが事実です。違いますか？　結婚におけるイメージ、これはとても親密な関係で、日々、起こっています。男性は妻について、妻は夫について、イメージを創っており、関係性とは、これら二つのイメージのあいだの関係なのです。どうでしょう、同意なさいますか？

これらのイメージは、日々の接触、セックス、苛立ち、慰め等々を通じて築かれます。それぞれが他者について自分なりのイメージを築き、また、自分自身についてのイメージも築きます。さらに、神について、宗教神についてのイメージももっています。なぜなら、イメージを創造すると、そのイメージのなかには、たとえ偽りであれ、非現実であれ、狂気の沙汰であれ、安心があるからです。精神が創り出したイメージのなかには、安心があるのです。あなたが妻について、あるいは、妻があなたについて、一つのイメージを創り出すとき、そのイメージは実際のものではありません。ですが、実際のものとともに生きるのははるかに難しく、イメージとともに生きるほうがはるかに易しいのです。

関係性はイメージどうしのあいだにあり、したがって、そこに関係性はありません。みなさんがこうしたすべてをおわかりくださるように願っています。これは事実です。キリスト教徒はイメージを崇拝します。そのイメージは何世紀もかけて聖職者たちによって、崇拝者たちによって創られてきたものです。彼らは言います。わたしには安らぎが、安心が、面倒を見てくれる誰かが必要なのだ、と。わたしは滅茶苦茶で、混乱していて、不安で、そのイメージに安心を見出すのだ、と。わたしたちは、真理の崇拝者ではなく、イメージの崇拝者に、徳のある生の崇拝者ではなく、イメージの崇拝者になりました。国旗つきの国家のイメージ、科学者たちや政府に抱いているイメージ等々です。イメージ作りは人間の弱点の一つです。それでは、何についても何のイメージももたずに、事実とともに、それだけとともに生きることは可能でしょうか？　事実とは実際に起こっていることです。わたしたちはお互いに出会っていますか？

なぜ、精神はイメージを創り出すのでしょう？　生はイメージではありません。残念ながら、生は衝突です。生は絶えざる葛藤です。葛藤はイメージではありません。事実であり、まさに起こっていることです。それでは、なぜ、精神はイメージを創り出すのでしょう？　この話し手がイメージと言っているのは、シンボル、概念、結論、理想のことです。これらはすべてイメージです――わたしはこうあるべきだとか、そうではないがそうありたいとか。これは、精神によって時間のなかへ投影されたイメージ、未来へ投影されたイメージです。ですから、現実ではありません。現実とは、いま、あなたの精神のなかで実際に起こっていることです。先へ進んでもよろしいですか？

わたしたちは問いかけています。なぜ、精神はイメージを創造するのだろう、と。それは、イメージのなかに安心があるからでしょうか？ わたしに妻がいれば、妻に関するイメージを創り出します。「妻」という言葉そのものがイメージです。しかし、妻は生きていて、変化する、活き活きした人間そのものです。彼女を理解するためには、もっともっと多くの注意が、多大のエネルギーが必要です。しかし、わたしは思うのですが、彼女のイメージがあれば、そのイメージとともに生きるほうがはるかに易しいのです。

そもそも、あなたは、自分自身についてイメージをもってはいませんか？ 自分は偉大な人間だとか、偉大ではないとか、自分はこうだ、ああだ、あれこれだ、等々と。そのイメージとともに生きているとき、あなたは幻想とともに生きているのであり、現実とともに生きているのではありません。では、イメージを作るメカニズムとは、どのようなものでしょう？ 組織化され、受容され、尊敬されているすべての宗教は、常に何らかのイメージをもっていました。そして、人類は、聖職者の助けによって常にシンボルを、観念や概念等々を崇拝してきたのです。その崇拝のなかに、安らぎ、安全、安心を見出します。ですが、イメージは思考の投影です。そこで、イメージの性質とイメージ作りを理解するには、思考のプロセス全体を理解しなければなりません。そちらへ進んでよろしいでしょうか？ みなさんもご一緒に来られますか？ けっこう！

それでは、思考とは何でしょう？ それは、みなさんが一日中していることです。都市は思考によって建設されました。兵器は思考をベースにしています。政治家は思考をベースにしているし、宗教指導者も、世界のすべてが思考をベースにしています。詩人は美しい詩を書くかもしれませんが、思考のプロセスが続いています。だからこそ、人は、真剣であるなら、探究するべきなのです。そして、思考とは何かという問題に分け入るべきなのです。みなさんはいま、思考しています。

わたしたちは、人は習慣的にイメージを作る、とくに宗教世界ではそうだし、また自分自身についてのイメージももっている、と言いました。そして、わたしたちは問いかけています。なぜ、精神は、あなたの精神は、イメージを作るのか、と。イメージがどれほど偽りであり、そこに何の現実もないとして、イメージのなかには安心があるからでしょうか? 人は、どうやら、幻想に安心を求めているようです。そこで、全人類に共通のものであるイメージ作りを理解するには、考えるという行為、そして、思考の性質に分け入って行く必要があります。すべての思考です。思考は自然を創り出しはしませんでした。トラ、川、見事な樹木、森や山々、影、渓谷、地球の美しさ、人はこれらを創り出しはしませんでした。ですが、人は、思考を通じて、戦争用の破壊機械を創り出し、さらには、偉大な医学的、外科学的進歩を達成し、瞬時のコミュニケーションを可能にする、等々のことをしてきました。思考は、非常に多くの善と非常に多くの害毒に責任があります。それが事実です。そして、人は、真剣であるなら、わたしたちのいかなる問題であれ思考が和らげることははたして可能なのかどうか、探究することを求めます。さて、みなさんは、思考とは何かを自分自身で見出せるほどに真剣でしょうか?

思考とは、知識として脳に蓄えられた記憶の応答です。知識は経験から生まれます。人類はおびただしい経験をし、それによって、膨大な知識を積み重ねてきました。その一部は事実に基づき、一部は幻想あるいは神経症的です。そして、何かを問われると、記憶が思考として応答します。それが事実です。わたしたちはこの問題について、大勢の科学者と議論してきました。一部の方々はわたしたちに同意し、その他の方々は同意しませんでした。しかし、みなさんは、これを自分自身で見出すことができます。つまり、みなさんには経験があり、その経験が知識として記憶のなかに蓄えられ、その記憶された知識が思考を投影するのです。そこは明確になっていますか？　どうか、わたしに賛成なさらないでください。ご自分で検討してください。自分のなかを見つめてください。何の経験も、何の知識も、何の記憶もないなら、思考はできません。経験を通じた知識があって、記憶のなかに蓄えられ、何らかの挑戦にたいするその記憶の応答があり、それが思考なのです――その思考のうえに、わたしたちは生きています。

ですが、知識は常に限られています。何についてであれ、完全な知識はありません。それが事実です。ですから、どれほど美しくても、思考は常に限られています――思考は大聖堂を、見事な彫像を、偉大な詩を、すばらしい大作等々を作り出すかもしれません。ですが、知識から生まれた思考は常に限られています。なぜなら、知識は常に不完全で、知識は常に無知の影のなかにあるからです。そこで、思考はこれらのイメージを創り出します。思考はあなたとあなたの妻のあいだのイメージを創り出し、世界を破壊する技術をもった国家の観念等々を創り出すのです。

さて、わたしたちは問いかけています。ただの一つのイメージもなしに、日々の生を生きることは可能なのか、と。ここからご自宅に帰るには、思考が機能しなくてはなりません。自分の家がどこにあるかという知識が、どこの道を行くべきかという知識等々が必要です。その知識は存在しなければなりません。そうでないと、完全に迷ってしまうでしょう。言葉を話すのにも知識は必要です。この話し手が英語を話す場合のように。ですが、イメージを創り出すことは、はたして、必要なのでしょうか？　わたしの質問がおわかりですか？　わたしたちは一つのイメージもなしに生きることができるでしょうか？　それは、どんな信念もなしに、という意味です——だからと言って、混沌の人生を送るということではありませんよ——そうではなく、どんな信念もなしに、どんな理想もなく、どんな概念もなしに、という意味です。これらすべては思考の投影であり、ですから、すべてが限られています。ここで疑問が生まれます。行動とは何でしょう？　なぜなら、思考をベースにした行動は常に不完全だからです。したがって、人は問わねばなりません。どんな状況でも適正な行動はあるのだろうか、と。なぜなら、これは、極めて真剣な問題だからです。[出典22]

イメージの重荷が思考、関係性、そして日常生活を支配している

クリシュナムルティ（以下K）：わたしはまず、精神は怠惰で、型通りが好きだと考えます——型とは、信念、見解、結論です。たとえば、数人の人たちと話したとして、彼らは、誰かについて、ある見解を作り上げています。そして、その見解を揺るがすことはできません——それらについての事実を、論理を、真理を示しても、どうにもならない。なぜなら、彼らの見解は正しいからです。みなさんも、いままでに、そうした人たちと会ったことはありませんか？　キリストは存在する。話はそれで終わりです。マルクスは正しい。それで終わり。毛沢東語録はすばらしい。それで終わり。では、なぜ、精神はそのようなことをするのでしょう？　それは、毛沢東語録に、マルクスに、イエスに、完全な安心を見出すからです。それは、完全な怠惰を意味します——もう、考える必要がないのです。また、それ以上に学ぶことを恐れています。なぜなら、さらに何かを学ぶことは、「いまのまま」を、あなたの結論を、あなたのイメージを揺るがすことを意味するからです。そこで、わたしが見るところ、脳は安心のなかに、抽象概念のなかに生きることが好きなのです。そのほうが、事実よりももっと重要なのです。正しいか間違っているかは別として、わたしはあなたについての見解を作り上げていて、その見解は結論であり、それを変えるには、「まいったな、わたしが間違っていた、きみとはちがってて」と言うには、少々の思考が、少々のエネルギーが必要です——

つまり、わたしは間違っていたくない、それよりもきみが間違っているほうがいい、というわけです。

そこで、脳は言います。「わたしは安心が欲しい。わたしの安心は、信念に、結論にある。だから、それを揺さぶらないでくれ」と。そうではありませんか？　ですから、信念を見出して、それをイメージすることは、安心を見出し、それゆえに、怠惰になることなのです。揺さぶられたくないのです。わたしのではなく、自分自身の精神を見つめてください――わたしは、この厄介なことを経験してはいないのです。

質問者：何かを観察するとき、たとえば、すばらしい山を観察するとき、人は強い印象を受けると思うのです。その印象は何なのか、話していただけますか？　それは、必ずしもイメージを残すということではないでしょう。

K：もちろん、印象というものがあります。わたしには、山々の印象がある。あなたの印象がある――あなたを知らないが、印象を、漠然とした感じを抱きます。あなたに印象づけられ、あなたはわたしに心地良い、あるいは不快な痕跡を残します。次にあなたに会ったとき、その印象が強化されます。そして、わたしは言います。「なるほど、彼はとてもいい人だ」と。あるいは、いい人ではない、と思います。さらに、三度目になると、イメージが確立されます。どうか、よく見てください――脳は抽象概念のなかにいたい。そこに安心を見出します。それが非常に不穏なものであっても、それが脳にとっての唯一の安心なのです。

つまり、脳には安心が必要なのです。そこで、イメージが最も大切なものになります。わたしは、死後の生はないと、あるいは、死後の生はあると、結論づけます。それで、とてつもない安らぎを得ます。だから、これ以上、その話はしないでくれ、というわけです。わたしはその信念のなかで生きています。それがとてつもない安心を与えてくれます——その信念が神経症的だろうと、現実だろうと、幻想だろうと、それはどうでもいいのです。そこで、わたしは見出します。あなたについてのイメージでも、何についてのイメージでも、精神と脳に安心を与えてくれるので、そこにしがみついてしまうのです。みなさん全員がそうです。

質問者：わたしたちは安心というものがあるのかを、あるいは、ただの概念にすぎないのかを見出すべきではありませんか？

K：いまから、その話をするところです。先ほど言いましたように、脳には安心が必要です。そうでないと、みなさんは適切に機能できません。完全に安心している子どものようなもので、幸せで、より速く学びます。ですが、家庭が壊れ、お父さんとお母さんが争っているとき、かわいそうな子どもは途方にくれ、神経症的に、暴力的になり、発砲し、人を殺します。そういうことはご存じですね。それでは、みなさんは、イメージに安心を見出しますか？　そこを見据えて、気づいてください。良いイメージか悪いイメージかという話ではありません——みなさんは、そこから安心を得るイメージや結論をもっていますか？——どうでしょう？

質問者：一時的な安心ですね。あるいは、愛する人と離れ離れであれば、イメージを抱きます。

K：そう——愛する人と離れたときの一時的な安心。愛する誰かがアメリカにいて、あなたはここにおり、離れ離れだと感じる。そこで、彼のイメージを抱き、一時的にそのイメージがあなたに安らぎを与える。ですが、アメリカにいる愛する人は、別の女性を追いかけているかもしれませんよ！

質問者：しかし、科学はすべてイメージに基づいており、それが自然です。

K：話をシンプルにしましょう。それでなくても複雑なのですから。あなたはイメージをもっていて、脳、精神、感情は、そこに既得権を確立しており、それゆえに、そこにしがみつき、イメージを捨てようとしないのではありませんか？　それで、あなたの精神は怠惰なのです。それから、あなたはご自分に問いかけます。「どうすればイメージ作りをやめられるのか？」「どうすれば、いつも結論づけず、精神が常に完全に自由で、すべてと新しく出会えるのか？」「樹木が、あなたが、すべてが新しく、新鮮で、自由になるのか？」と。わたしは、思考という仕組みがどのようにイメージを作り上げるのかを見てきました。あなたはそれをご覧になりましたか？　ほんとうに、ご覧になりましたか？　あなたは観察し、イメージ作りについての洞察を得ていますか？　もし、洞察を得ているなら、あなたはもう、どんなイメージも作ろうとはしないでしょう。なぜなら、洞察は安心ですから。どうでしょう、洞察は得られましたか？

質問者：イメージに気づかせるのは、記憶ですか？

K：いや、あなたに会った最初から、わたしはある印象を、心地良い、あるいは不快な印象を、あなたについて抱きます。その印象は、砂の上の薄い足跡のように、ほんのかすかなものかもしれません。ですが、次にあなたと会うとき、その足跡は、もうちょっとはっきりします。そして、三度目になると、もっとくっきりします。その印象は、あなたとの接触を通じて、どんどん強くなっていきます。ですが、もし、わたしが何の印象ももっていなければ、あなたと会うたびに、あなたを見直し、観察し、耳を傾け、新たに感じなくてはならないでしょう——それは、はるかに厄介で、それよりも、「あなたについてのイメージがある。あなたはこうこうだ——終わり」と言うほうが簡単なのです。そのイメージを確立したことで、イメージはわたしに安心を与え、わたしはもう、それ以上、あなたについて学びたいとは思わなくなります。

ここまでは理解なさいましたか？　理解——それは、そこに分け入る洞察を得たことを、したがって、あなたの怠惰とイメージを捨てたことを意味します。いかがですか？　もし、違うのでしたら、なぜ、違うのでしょう？　何が問題なのでしょう？　みなさんは今日、お金とエネルギーを使ってここにやってきて、暑いテントのなかに座っていますが、自分のイメージは手つかずでお帰りになる。それでいいのですか？　その馬鹿らしさを、信じているもののなかに安心はないことを自分で見ていながら、どうして、今までと同じことを続けるのですか？　あなたが株をもっていて、株式市場でその株にリスクがあると思ったら、株を売りはしませんか？　もっと安心な株を買うのではありませんか？　なぜ、ここでは同じことをしないのでしょう?——ここは株式市場ではありませんが!

質問者:それらの実態を見たからといって、信念やイメージを捨てたら、あとには何も残りません。何もないのが、わたしは怖いのです。

K:なるほど、イメージを捨てたら、結論や怠惰を捨てたら、何も残らない、それが怖い、ということですね。ですが、どうして、それらを捨てるのですか? 誰かが捨てろと言ったから? それとも、洞察を得たから、理解を得たから、それらを捨てるのですか? それなら、あなたの理解が安心なのではありませんか? そのときには恐怖はありません。ひとたび、観察へのキーである洞察を得たなら、英知をもって理解し見抜く能力を得たなら、そのときは、その英知が安心なのです。そして、怠惰ゆえに、それがないのです。

観察とは非抽象化という意味です。観察があるだけで、観察者はありません。観察者とは抽象概念です。観察者は抽象概念、観念、結論であり、それは過去です。過去の目を通じて、みなさんは、木々を、山々を、妻を、子どもたちを、その他すべてを見ています。それが、みなさんの怠惰の一部です。それがわかったなら、洞察を得たなら、幻想の、つまりは抽象化のとてつもない構造に気づいているなら、その観察そのものが全的な安心なのです。おわかりですか?

では、みなさんは、今日、幸せな気持ちで、あらゆるイメージから解放され、したがって、洞察という光だけを抱いて、このテントから立ち去れるでしょうか？　いかがですか？

質問者は、山々や木々、川、緑の牧場は、人間、大衆とは違う、と指摘しました。それでは、わたしと大衆との関係性とは、何でしょうか？　この渦巻いている人類全体との、その惨めさすべてとの、その他すべてとの関係性とは、何でしょうか？　その関係性を見出すことを妨げているのは怠惰ですか？　無関心ですか？　それとも、まさにこの問いを問うことで、わたしは、それを見出すエネルギーを活性化させたのでしょうか？　わたしを見ないでください。みなさんはどう思うのですか？　あのご婦人は、丘陵について、木々や山々、花について語るのは簡単だが、人間関係となると、それが一人との関係性であれ多数との関係性であれ、人生は非常に難しくなる、とおっしゃいます。前に言ったように、それは難しい。なぜなら、わたしたちは何に対しても何の関係性ももっていないからです——わたしたちは抽象概念のなかで関係性をもっています。したがって、わたしたちは抽象概念のなかで生きている——大衆、「わたし（me）」、結論、イメージ——わたしたちは抽象概念のなかで生きています。それがどういう意味か、お気づきですか？　わたしたちはまったく生きていない、ということです——何の価値もないイメージのなか、結論のなかでしか、生きていないのです！

質問者：どうすれば、そのすべてを追い払えるのですか？

K：それはお話ししました。よろしいですか。できるだけシンプルに進めましょう。みなさんが物理的危険に気づいたら、反応しますね、そうではありませんか？　なぜでしょう？　危険を感じたら、瞬時に反応する。みなさんは危険に対して条件づけられているからです。それが野生の動物でも、バスでも、あるいは、殴りかかってくる誰かでも、みなさんは瞬時に反応します。つまり、瞬時の反応は条件づけに従っているのです。さて、いまや、みなさんは、脳細胞のなかで、心理的に、精神的に、知性的に条件づけられています。そして、推測のなかで、概念のなかで、方式のなかで生きるように条件づけられています――そのように条件づけられているのですが、みなさんは、その危険を見ません。野生動物の危険を見るように、もし、みなさんが、その危険を見たなら、瞬時にそれを捨てるはずです。そこで、みなさんは言います。「わたしは、その危険を見ません。ですから、捨てられません。わたしが、その危険を見るように、あなたは、どのように手助けしてくれるのですか？」と。仕事をしているのは、みなさんですか、それとも、わたしですか？わたしは仕事をしているのに、みなさんはただ聞いているだけです。みなさんは仕事をしていない！

みなさんは言います。「さあ、このイメージを壊す方法を教えてください」と。つまり、みなさんは見出すためのエネルギーを使っていない。それは、みなさんが怠惰で、指示されたがっている、ということです。そして、「はてさて、わたしは同意するのかしないのか、それは現実的ではないな」と言います。みなさんは弄んでいます。ですが――イメージとともに生きることはできない、なぜなら、破壊的な危険があるから――という、この真理を見て、「お願いです、わたしは見出したいのです」と言うなら、話は別です。そして、この真理を見るには、みなさんがエネルギーをもち、みなさんが仕事をする必要があります。ほかの人から言われることではないのです。わたしは、みなさんにお話ししていますが、みなさんは、そこに活力を注ぎ込んでいません。

さて、精神と脳は、古くて条件づけられていて、常に過去のなかで、あるいは、過去から投影された未来のなかで生きていて、生きているもの、そのものには直面できません。なぜなら、それは、用いること、動くこと、観察することを意味するからです。そこで、精神は言います。「お願いだ。わたしは怠け者なんだから、やめてくれ。それよりはイメージとともに生きているほうがいい。心地良いのが好きなんだ」と。それが、みなさんが望んでいるすべてです。ですが、真理を見出すためには、洞察を通じて得られる英知のなかの安心以外は何の安心もなしに、きわめてしっかりと生きなくてはなりません。そうすれば、みなさんは、同時に第一級の技術者になれます。なぜなら、技術的な仕事をするときは、そこにイメージを投影しないからです。そのときは、お互いにすばらしい関係性を築けます。〔出典23〕

過去の奴隷であることからの解放

第一に、この講話の意味とは、いったい何でしょうか？　みなさんは、この話し手を権威とみなして学ぼうとするかもしれませんが、いつであれ、どのレベルであれ、それは、まったく話し手の意図ではありません。それとも、わたしたちは穏やかに話し合い、自分自身を内面的にさらけ出すために集まっているのでしょうか？　なぜなら、これは、蓋を開け、発見し、さらに先へ進む機会だからです。これこそが、これらの講話の目的であり、この話し手は、規範を、教義を、権威を、信念を、道を示そうとしているのではありません。そうではなく、わたしたちはともに話し合うなかで、誰かほかの人ではなく、自分自身に耳を傾けるのです。そして、自分自身に耳を傾けるなかで、わたしたちは限りなく多くのことを、すべての言葉と意味の深奥を発見します。少なくとも、それが目指すことです。

これらの話し合いを、ただ知的に、言葉によって意見を闘わせるだけの場だと考えるなら、残念ですが、ろくに価値のないものになるでしょう。惨めで、自分自身についても世界についても困惑し、人と人とが絶え間なく争っているのを目にして、わたしたちが関心を抱いているのは、単に経済的分野や社会的分野ばかりではなく、もっとほかの生き方があるのではないか、ということです。わたしたちは、すべての分野で、まったく違った生き方をすることができますか？　そのために、わたしたちは集まっているのです。学ぶことは聞くことです。この話し手だけでなく、近くの川にも耳を傾けるのです。話しているあいだも、川の音や少年の叫び声、そして、みなさん自身の思考に、みなさん自身の感情に、耳を傾けてください。それらと完全に親しくなれるように。親しくなるとは理解することであり、理解するためには耳を傾ける優しさがなければなりません。耳を傾ける対象は自分の意見だけではありません。自分の意見なら、充分にご存じですから。みなさんの意見はみなさんの偏見であり、快楽であり、育ってきた環境の条件です。人は、もし、できるなら、外部から受けた影響とそれらへの自分の反応に、その衝撃のすべてに、耳を傾けなければなりません。そのように耳を傾け、見ることを通じて、学びがやってくるのです。それもまた、これらの話し合いの目的です。

問われているのは、一日中瞑想することが可能だろうか、ということです。瞑想を十分あるいは一時間、二時間のくだらない行事にするのではなく、一日中瞑想を継続し、その瞑想を通じて死ぬことの性質を、そして、新しく生き直すとはどういう意味なのかを、理解することは可能でしょうか?

さらに問われているのは、無意識であれ意識的であれ、すべてのトラウマ、欲動、衝動に終止符を打つことは可能か、ということです。さしあたりは、これらの問いに限定することにしましょう。そして、瞑想について意見を出し合って話し合うなかで、あらゆることに対して死に、その死によって精神が新しくなることについて取り上げ、人類を駆り立てている衝動について理解することになるでしょう。

「瞑想」という言葉はきわめて慎重に、大いなるためらいとともに使う必要があります。なぜなら、西欧世界では――世界を西欧と東洋に分けるのも、きわめて残念なことですが――「瞑想（meditation）」という言葉はあまり意味をもっていません。西欧では、「沈思黙考（contemplation）」という言葉のほうがなじみがあります。わたしは、瞑想と沈思黙考とは別のことだと考えています。東洋では、瞑想とは、古代あるいは現代の権威者が決めた、ある種の方法とパターンに従って日々行なう実践で、そのパターンに従っていると、思考を征服し、コントロールして、その先に進める、とされています。瞑想という言葉は、一般には、そのような意味で使われています。西欧では、この意味の瞑想はあまり知られていません。

そこで、東洋も西欧もひとまず脇において、どのように瞑想するのかという方法ではなく、目覚めている精神、気づいている精神、活発な精神、何のトラウマも抑圧もなく、また無節制でもなく、いついかなるときも自らをコントロールしていない精神、自由でそれゆえに昨日の影のなかで生きることが決してない精神の性質を見出すべく探ってみましょう。それが、これから検討することです。わたしたちは、まず、そもそもの出発点で、そこを理解することから始めなくてはなりません。なぜなら、最初の一歩は、最後の一歩より、はるかに大切だからです。自由は、最後にあるのではなく、最初にあります。そして、それが、最も理解が難しいことの一つなのです。自由がなければ、ごくごく限られた領域以外には何の運動もなく、その制約は、構造化された快楽についてのイメージや思考がベースになっています。

わたしは、みなさんに規範を示したり、みなさんが何をすべきで何をすべきないかを話そうとしているのではありません。みなさんもまた、同意したり反対したりする必要はありません。そうではなく、わたしたちは、すべての思考が始まるところ、すべての反応が起こるところである、観念や原則を、そして、イメージを見つめなくてはならないのです。そこを理解しない限り、現在の精神の限界から、あるいは、わたしたちが育ってきた社会や文化の限界から自由になって、その先へ進むことは不可能です。そこで、もし、よろしければ、みなさんそれぞれに、講話を聞きながら、話し手の言葉だけでなく自分自身にも耳を傾ける、という、二つの仕事をしていただきたいのです。

わたしたちはみな、もっと広くてもっと深い経験をしたい、もっと強烈な、もっとわくわくする、ただの繰り返しでない経験をしたいと願い、それで、ドラッグを通じて、瞑想を通じて、あるいはビジョンを通じて、もっともっと鋭敏になることを通じて、そのような経験を手に入れようとします。このようなドラッグは、しばらくのあいだは、とてつもなく鋭敏になるのに役立ちます。心身全体が高揚します。つまらない日常的な経験から神経も存在全体も解放され、強烈な状態がもたらされます。その強烈さのなかでは、経験者も経験もなく、ただ、ものごとだけが存在する、ということが起こり得ます。花を見ているときには、花だけがあります。花を見ている観察者はありません。これらさまざまなドラッグは身体を、心身全体を、したがって脳をとてつもなく鋭敏にします。その状態では、あなたが詩人や芸術家であれば、あるいは、その他のあれこれであれば、その気質に従った経験をするのです。

ただし、わたしは、どんなドラッグも使ってはおりません。わたしの場合、どんなかたちの刺激物も――みなさんがこの話し手によって刺激されるというかたちも含め、どんなかたちでも――アルコールであれ、セックスであれ、ドラッグであれ、あるいは、ミサに列席してある種の感情的な緊張状態になることであれ、きわめて有害だからです。なぜなら、どんなかたちの刺激物も、どれほど微妙なものであっても、その刺激に対する依存を通じて精神を鈍重にするからです。刺激物は、ある種の習慣性を植えつけ、精神を鈍重にします。

わたしたちのほとんどは、ドラッグは使いませんが、しかし、もっと広くてもっと深い経験を欲していま す。そこで、わたしたちは瞑想します。瞑想によって思考をコントロールすることで、学ぶことで、特異な感情や心理をもった神秘的な状態になることで、ビジョンをもち経験をすることで、超常的な状態に到達できると期待します。みなさんが何かを得る手段として瞑想するのであれば、瞑想は、もう一つのドラッグになります。習慣性がつき、そのために、自由な精神の質である、精妙さや鋭敏さが失われるのです。

わたしたちのほとんどはシステムに従うことを好み、アジアにはとてもたくさんのシステムがあって、なぜか、わたしにはわかりませんが、それらが西欧に輸入されてきました。誰もがこれらのシステムの罠にはまります。マントラなどがありますね。ラテン語やサンスクリットで、あるいは、その他の言語でも、ある言葉をくりかえし唱えていると、精神は静まりますが、しかし、鈍重で愚かになります。キリスト教の祈りを繰り返しても、狭小な精神は、あいかわらず狭小な精神なのです。一日に一千万回繰り返しても、それは、あいかわらず狭くて浅はかで愚かな精神なのです。

瞑想は、まったく違ったものです。瞑想を理解するには、ドラッグを投げ捨て、特定の沈黙状態に到達するための言葉の反復を含めたすべての方法を拒否しなければなりません。そのような沈黙状態は、じつは停滞です。また、さらなる経験を求める欲望も、そのすべてのかたちを捨てなくてはなりません。これは、非常に難しいことです。なぜなら、わたしたちのほとんどは、醜さや野蛮さや暴力性でいっぱいになっていて、人生に絶望しており、もっとほかに何かないかと求めているからです。わたしたちは、火星に行くというような外的な経験であれ、もしくは、内面的な深い経験であれ、新しい経験を切望しています。人は、これらすべてを捨てなくてはなりません。そのときはじめて、自由があるのです。これらをどのように捨てるか、それは、とても重要なことです。あれこれへの欲求をわたしは捨てられる、なぜなら、それは、あまりにも馬鹿げているから。とはいえ、内面的には、あいかわらず経験を求めているかもしれません。

わたしはキリストやブッダに、あるいは、あれこれの人物に会いたいとは思わない。それは、明らかに馬鹿げている。なぜなら、それは、自分自身の背景の投影であるから。このように、わたしは理性的に否定し、論理的に否定するかもしれません。しかし、内面的には、わたし独自の経験を、過去に汚染されていない経験を求めます。ですが、わたしが望むすべての経験は、すべてのビジョンも、過去に汚染されているのです。

わたしは過去の深さを、高さを、意味を、質を理解しなくてはなりません。その理解のなかで、わたしは過去に対して死に、精神は過去に対して死にます。精神は過去です。脳の構造全体、その付属物すべてが、過去の産物です。それは時間によって、二百万年の時間によって築き上げられたものです。そのすべてを、ぽいと投げ捨てることはできません。反応が生じるたびに、それを理解しなくてはならないのです。わたしたちのほとんどは、いまもまだ大量の動物性を自分のなかにもっているので、そのすべてを理解する必要があります。そして、理解するためには、それに気づいている必要があります。気づいているとは、観察し、耳を傾けること――それを非難したり、正当化したりせずに――です。

外的にも内的にも気づいていることで、そして、引いてはまた満ちてくる潮に乗るように、外への動きへの気づきに乗ることで、それによって、精神は自らの反応、応答、要求、強迫を発見し始めます。これらの要求、衝動、応答を理解するには、非難してはいけません。非難すれば、そのときは、理解していないのです。それは、子どもの扱い方としていちばん簡単だから、子どもを叱るようなものです。わたしたちは非難し、それで理解したと考えます。しかし、理解していないのです。

なぜ、非難するのかを見出す必要があります。なぜ、あなたは非難するのでしょう？　なぜ、合理化するのでしょう？　なぜ、正当化するのでしょう？　非難、正当化、合理化は、事実からの逃避のかたちです。事実はそこにあり、事実はあるがままで、あるがままにあります。なぜ、それを合理化しなくてはならないのでしょう？　なぜ、非難しなくてはならないのでしょう？　なぜ、正当化しなくてはならないのでしょう？　わたしがそれをするとき、それは、エネルギーの浪費です。したがって、事実を理解するためには、完全にそれとともに生きる必要があります。精神と事実のあいだのいっさいの距離なしに。なぜなら、その事実が精神だからです。

みなさんはドラッグを拒否し、経験を求める衝動を拒否しました。なぜなら、この醜い怪物的な世界から何か特別なものへと逃げたいと思うとき、そのような経験は、事実からの逃避になることを理解したからです。精神と脳が過去の産物であるなら、人は、意識的な過去だけでなく、無意識の過去も理解する必要があります。人は、それを、即座に理解できます。何カ月、何年もの時間をかけて、精神分析医のところへ行ったり、自分自身を分析したりせずに、です。人は、どう見るかを知っているなら、ものごとの全体を即座に、一度見るだけで理解できます。では、どう見るかを見出しましょう。少しでも見るものへの非難の感覚があり、正当化の感覚があるなら、見ることはできません。そこは、完全に明らかにしておかねば。

子どもを理解しようと思うなら、非難してはいけません。観察しなくてはならないのです。遊んでいる子ども、泣いている子ども、笑っている子ども、眠っている子どもを観察するのです。重要なのは子どもよりも、子どもをどう観察するかです。いま、わたしたちは見る方法について検討しているのではありません。一目見ることで——ビジョンをもつのではなく、また、目だけで見るのではなく、内面を見ることで——構造全体を理解し、それから自由になることは可能なのか、それを理解しようとしているのです。それが、わたしたちの言う瞑想です——それ以外ではありません。

精神はこの地点まで到達しました。ドラッグや経験、権威、追従、言葉の反復、コントロール、自分を一方向へ強制することを拒否したからです。精神は見て、学んで、分け入り、観察しました。それが正しいとか間違っているとかは言いませんでした。そこで、何が起こったでしょう？　いまや、精神は、ドラッグを通じてではなく、どんな刺激物を通じてでもなく、自然に、敏捷になり、鋭敏になりました。精神は、きわめて鋭敏になったのです。

それでは、その「鋭敏（sensitive）」という言葉を考えてみましょう。質問がありますか？　みなさんは、話し手の言うことを聞いていますか？　あるいは、話のあいだ、自分自身に耳を傾けていますか？

質問者：あなたが話しているあいだ、わたしは自分自身を見られません。

クリシュナムルティ：それでは、いつ、あなたは自分自身を見るのですか？　ここではなく、このテントから出るとき、自分自身をあるがままに見るのですか？ 姿勢を、癖を、みせかけを、虚栄を、印象づけたいという欲求を、あなたは自分自身が何であるかを見ることがありますか？

わたしたちは、いま、鋭敏さとは何かを見つめようとしています。これは、とても重要なことです――身体の、生命体の、脳の鋭敏さ、まさに全的な鋭敏さです。鋭敏さのエッセンスとは、内面的に感じやすく繊細（vulnerable）であることで、それは、どんな抵抗ももたず、どんなイメージも方式ももたず、「これがわたしが引くラインだ」と言わず、かつまた、そのラインへの反応もしない、ということです。自分が引くラインとは、単なる抵抗です。そのような精神、そのような防御、抵抗、受容、従順、権威への従属がある内面の状態は、精神を無感覚にします。また、どんな種類の恐怖も――恐怖は、解放されるのが最も難しいものの一つですが――精神を感じにくく繊細でないものに、鈍くて無感覚のものにします。さらに、名声を求めているとき、教条的であるとき、暴力的であるとき、権威ある立場にあって、粗野でがさつで抑圧的になることで権威を濫用するとき、鋭敏さはありません。これらすべては、明らかに、精神を、存在全体を、無感覚にします。感じやすく繊細な精神だけに、優しさや愛が可能なのです――嫉妬深く、所有欲があり、支配的な精神に、それはあり得ません。そこで、わたしたちは、いま、あまり細部に立ち入ることなく、鋭敏さとは何かをだいたい理解しました。ですが、知的に同意したり、あるいは、「どうすれば、その状態に、つまり、自分が全面的に感じやすく繊細で、したがって、全的面に鋭敏である状態になれるのだろうか？」と尋ねるだけでなく、その状態になっているかどうかは、それはまた、別の話です。何かの仕掛けを使ってその状態になることはできません。ドラッグや経験、野心、貪欲、羨望について、これまで話してきたことのすべてを理解しているなら、自然に、穏やかに、たやすく、努力なしに、その状態になるでしょう。

自由があるときにのみ、鋭敏さがあります。自由とは自由そのものであり、何かからの自由という意味ではありません。過去を理解したわたしたちは、いまや、どうすれば一目でその構造全体から自由になれるかを検討しています。構造全体を瞬時に見る、観察する、気づくには、鋭敏さが必要です。どんなかたちであれ、自分や人がこうあるべきだというイメージがある場合には、そのイメージは快楽にもとづいているので、鋭敏さは否定されます。どんなかたちであれ、快楽を求める精神は、悲しみを招き寄せます。

鋭敏な精神――わたしたちが使っている意味での鋭敏さで、神経学的、生物学的にだけでなく、全面的に感じやすく繊細で内面的にどんな抵抗もない精神――は、とてつもない強さと活力とエネルギーをもっています。なぜなら、その精神は、生と闘っていないし、また、生を受け入れてもいなければ、拒否もしていないからです。この現象全体を理解したとき、そして、それが徹底したときには、一目見るだけで充分に構造全体を突き崩せます。このプロセス全体が瞑想です。瞑想を理解するには、コントロールと同一化を理解しなくてはなりません。思考のコントロールとは、ほかのすべてのかたちの思考への抵抗ということです。一つのことについて考えたいが、思考は、放浪する葉っぱのように、目的もなくさまよいだしていく。わたしは集中し、コントロールし、一つの思考以外のすべての思考をおしのけようと、必死に努力します。その一つの思考は、結局は快楽をベースにしています。集中とは、排除、狭さ、焦点を定めること、そして、ほかのすべてを闇に押し込めることです。ですが、注意深いとは何であるかを理解したとき、身体、神経、目、耳、脳、全体とともに、全存在をあげて注意深いとは何かを理解したとき……色に対し、思考に対し、言葉に対し注意深いとは何であるかを理解したとき、そのときには、注意深さのなかに、排除ではない集中が存在します。わたしは注意を向けることができます。見ることが、排除なしに何かに取り組むことができるのです。

また、同一化についても、理解する必要があります。子どもは玩具に熱中します。玩具はほかの何よりも魅力的で、子どもはその魅力に完全に我を忘れます。彼は静かになり、やんちゃもいたずらもしません。騒いだり、走り回ったりもしない。玩具は、子どもの精神、身体、すべてを吸い込むものになったのです。玩具は子どもを吸い込みます。わたしたちもまた、子どもと同じように、ある考えに、自分がもつイメージに、あるいは、ブッダやイエス・キリストのような提示されたイメージに吸い込まれたい、と願います。精神が吸い込まれているところでは、吸い込んだのがアルコールであれ、手や精神によって創り出されたイメージであれ、そこには鋭敏さはなく、したがって、愛もありません。

自由な精神は、じつは空っぽな精神です。わたしたちは、なかに対象物がある空間としてしか、空っぽということを知りません。わたしたちは、このテントが空っぽだと知る。なぜなら、テントという外側の構造があるからで、わたしたちは、それを空っぽと呼びます。わたしたちは、空間を――地球と火星のあいだの空間のことではありませんよ。そんな話をしているのではないのです――対象物のない空間を知らず、したがって、空っぽとは何かを知りません。精神は、完全に空っぽでないなら、対象なしでないなら、決して自由ではありません。人は知的に理解することができます。すなわち、すべての欲望、すべての関係性、すべての行動は、対象によって、あるいは中心によって、イメージによって創造された空間のなかで生じるのだ、と。その空間のなかには、決して自由はありません。それは、杭につながれたヤギのようなもので、綱の範囲でしか動き回れないのです。

自由の本質を理解するには、空っぽと空間の性質を理解しなければならず、そしてまた、そのすべてが瞑想なのです。精神が完全に空っぽで、空間を創り出す中心がいっさいないとき、したがって、空間だけがあるとき、精神は完全に沈黙します。そのとき、精神はとてつもなく静かになります。その静けさのなかでだけ——その静けさは、対象物のない空間である空っぽのなかで生じるのですが——その静けさのなかでだけ、まさに、すべてのエネルギーが運動なしに生まれてくるのです。

エネルギーがもはや消散されず、何の運動もなしに生まれるとき、そこには、行動がなければなりません。沸騰したヤカンは、出口がないなら、必ず爆発します。精神が完全に静かであるとき、停滞という静かさではなく、とてつもない活力とエネルギーを備えつつ静かなとき、そのときだけ、一つの出来事が、爆発が起こります——それが創造です。本を執筆する、詩を書く、有名になる。そんなことは創造ではありません。世界には本があふれています。毎週、四千冊以上の本が出版されているのではないでしょうか。自己表現は、決して創造ではありません。そして、さきほど言った創造の状態にない精神は、死んでいる精神です。人は、瞑想を理解しようとするなら、まさに、最初から始めなければなりません。そして、最初とは、自己を知ることです。自己を知ることが智慧の始まりであり、そして、悲しみの終わりが新しい生の始まりなのです。[出典24]

思考は常に限られている

「なぜ、思考は、これほどに執拗なのでしょうか？　あまりに落ち着きがなくて、うんざりするほど強引に思えます。何をしていても、サルのようにいつも動いていて、その活動そのものに疲労困憊させられます。どうしても思考から逃れられず、思考は容赦なくつきまといます。思考を抑えようとしても、数秒後には、またひょいと飛び出してきます。決して静まらず、決して休まず、いつもつきまとい、いつも分析し、いつも自分自身を苦しめています。眠っていようが、歩いていようが、思考は常に騒がしく、何の安らぎも休息もないように見えます」

いったい、思考が安らぐことがあり得るのでしょうか？　安らぎについて考え、安らいでいようと試み、動くなと強制することはできます。ですが、思考そのものが静まることは可能でしょうか？　思考とは、その性質からして落ち着かないものではありませんか？　思考とは、絶え間ない挑戦に対する、絶え間ない応答なのではありませんか？　挑戦に終わりはありません。なぜなら、人生の瞬間瞬間が挑戦だからです。そして、もし、その挑戦への気づきがなければ、そのときには、衰退があり、死があります。挑戦‐そして‐応答、それは、まさに、生のあり方そのものです。応答は、適切なものも不適切なものもあり得ます。そして、挑戦への不適切な応答が、思考を、その落ち着きのなさとともに引き起こすのです。挑戦は行動を求めており、言語化を求めてはいません。言語化が思考です。言葉、シンボルは行動を遅らせます。そして、観念は言葉です。記憶が言葉であるように。シンボルなしの、言葉なしの記憶はありません。記憶は言葉、思考です。では、思考は、挑戦への真の応答になり得るでしょうか？　挑戦は観念ですか？　挑戦は常に新しく、生まれたてです。思考、観念が新しいことがあり得ますか？　思考が挑戦と出会うとき、挑戦は常に新しいのですが、その応答は、古い過去の結果ではありませんか？

古いものが新しいものと出会うとき、その出会いは、不完全であることを避けられません。その不完全さが、落ち着きなく完全さを求め続けている思考なのです。ですが、思考、観念は、完全であり得るでしょうか？　思考、観念は記憶の応答です。そして、記憶は常に不完全です。経験は挑戦に対する応答です。この応答は過去によって、記憶によって条件づけられています。そのような応答は、条件づけを強化するだけです。経験は解放してくれません。経験は信念を、記憶を強化し、その記憶が挑戦に応答するのです。ですから、経験とは、条件づけの装置なのです。

「では、思考には、どんな場所があるのですか？」

あなたがおっしゃるのは、行動における思考の場所のことですか？　観念は行動のなかに何か機能もっているでしょうか？　観念は行動において、行動を修正し、コントロールし、形づくるための要素となりますが、しかし、観念は行動ではありません。観念、信念は、行動に対する安全装置なのです。コントロール装置としての場所をもち、行動を加減し、形づくります。観念は行動のパターンです。

「パターンのない行動があり得ますか？」

もし、結果を求めているなら、あり得ません。事前に決定された目標への行動は、まったく行動ではなく、信念への、観念への順応です。順応を求めているなら、思考、観念の場所はあります。思考の機能は、いわゆる行動のためにパターンを創り出すことであり、したがって、行動を殺します。わたしたちの大半の関心は、行動を殺すことにあります。そして、観念、信念、教義は、行動を破壊する助けになります。行動は、安心がないことを、未知のものへの感じやすい繊細さを意味します。思考、信念は既知のものであり、未知のものへの効果的な障壁となります。思考は、決して未知に突き進むことはできません。未知が存在するためには、思考は停止するしかないのです。未知の行動は、思考の行動を超えています。そして、思考は、それに気づいているので、意識的あるいは無意識的に既知にしがみつきます。既知は、未知に、挑戦に、いつも不適切に応答します。この不適切な応答から、葛藤、混乱、惨めさが生じます。既知のものが、そして、観念が停止したときにのみ、測り知れないものである、未知の行動が可能になるのです。［出典25］

意識の中身が人の全存在である

人間は遠い昔から、全体（whole）としてある生を、そして、どんな軋轢もなしに生きられる生を問題とし、その解決を試みてきました。軋轢はある種の活動性をもたらします。それは真実ですが、そのような活動性は非常に多くの害毒をもたらします。そして、軋轢なく生きるためには、人は、意識の問題全体に分け入って、非常に深く探究しなければなりません。意識の問題とは、精神、わたしたちの思考や知性の構造全体、倫理的でスピリチュアルな生命体としての生を意味します。そこで、人は、この問題に踏み込まなければなりません。意識とは――思考のすべての活動が起こっている意識とは、何なのでしょう？　思考の活動は、それにともなう、あらゆる困難さ、あらゆる複雑さ、記憶、未来への投影とともに、意識の場で起こっています。そうではありませんか？　この意識、それが「わたし（me）」です。わたしは普通の英語の単語を使っているのであって、みなさんが学ばなければならない新しい専門用語を使っているのではありません。

おわかりでしょうか？　意識の全部が断片化の結果であるなら、その意識は、全体とは何であるかに気づくことはできないでしょう。わたしの精神が、つまり、意識のベースですが、断片化されているなら、そのときは、世界を全体として見ろと言っても無意味です。断片化された意識が、生を全的なものとして、断片化されていない運動として見ることなど、どうしてできるでしょうか? ですから、意識の性質について探究することが重要なのです。意識的であること、気づいていること、その断片化を知覚すること——そして、あなたがそれを知覚するとき、それは、一つの断片がほかの断片を見ていることではありませんか? そのような知覚があるとき、それは、依然として断片化であり、そして、それが、わたしたちの意識のなかで常に進行しているのです。

さて、そのような精神に——そこにおいては、愛、死、生活、関係性、神の存在と非存をめぐる探究も、すべてが断片としてある、そのような精神に——生を観察しなさいと求めます。精神は、そのすべてを断片化なしに観察できるでしょうか? そこで再び、意識とは何かと自問することが重要になります。意識は、その中身があるからこそ存在します。その中身が意識を作り上げています。わたしの意識は、ヒンドゥー教徒として、バラモンとして、伝統、迷信、信条、教義、分裂、さまざまな神々とともに、さらには、最近獲得した国家主義と呼ばれる新しい毒等々とともにインドに生まれ、条件づけによって作り上げられています。意識的や無意識的な過去の残余、人種的な遺産と最近の経験、否認、犠牲、気質、個人的な欲求による活動、これらすべてが、わたしの意識の中身であり、かつまた、あなたの意識の中身でもあります。その中身が、わたしたちの意識を作り上げています。それがなければ、意識はありません。

これはとても大切なことですから、どうか理解してください。なぜなら、死とは何か、愛とは何か、という問題を取り上げるときには、このことを理解しなければならないからです。そうでないと、何の意味もなくなってしまうでしょう。人が死ぬとき、すべての記憶を蓄え、意識を作り上げていた脳細胞の中身は、すべての思い出や経験、知識とともに衰えて消えていきます。そのとき、この世界で生きて、闘い、苦労し、惨めになり、不安や際限ない悲しみでいっぱいだった「わたし（me）」としての意識には、何が起こったのでしょうか？

精神は、意識の性質と構造を理解する必要があります。つまり、あなたとは、あなたの意識とは何か、ということです。その意識と中身が、あなたが「わたし」と呼ぶ全部のものを、自我（ego）を、人格（person）を、あなたの気質という心理的な構造を、あなたの特質を、あなたの条件づけを作り上げているのです。人はそれを、非常に深く、非言語的に理解しなければなりません。たとえ言葉を使うとしても、です。二人の人間の交流は、この問題に両者が同時に深く強烈にかかわる、そのような関係性があるときにのみ生じます。そのときには、言語的なものだけでなく、非言語的なコミュニケーションが存在します。そして、それは、まさにいまここで、わたしたちがしなければならないことなのです。

さて、精神は、わたしという存在の中身全体、わたしの気づき、わたしの葛藤が、時間の場に、思考の、記憶の、経験の、知識の場にあり、そのすべてが意識の場のなかにある、と理解します。つまり、すべての宗教的なイメージや、二〇〇〇年、あるいは東洋では三〇〇〇年から五〇〇〇年にわたる聖職者たちの宣伝・布教活動が、書物を読むことやその他諸々と一緒になって、あなたに何かを信じさせており、そのすべては、時間と思考である意識の場のなかにある、ということです。前にも言ったように、中身が意識を作り上げています。それがなければ、意識はありません。そして、中身は断片化しているので、断片の一つが他のさまざまな断片を観察し、コントロールし、あるいは、形づくろうとします。それが、わたしたちがいつも行なっていることです。一つの断片がそれ自身を有徳だ、高貴だ、宗教的だ、科学的だ、現代的だなどと（何でもいいのですが）呼んで、時間の場にある他の断片を形づくり、支配し、抑圧しようと試みます。それが、わたしたちの意識です。ところで、わたしたちは話が通じ合っていますか？

そこで、わたしの問題――それは、みなさんの問題でもあります――わたしたちの問題です。どうすれば、精神は断片化なしに、生を全的な運動として観察することができるのでしょうか？　つまり、精神は意識の中身から自由になれるのか、ということです。

アプローチを変えてみましょう。愛とは何でしょうか？　愛は快楽ですか？　愛は欲望ですか？　愛は、昨日味わった性的な快楽を、あるいはその他の快楽を追求し、それを再度求めることでしょうか？　それが愛ですか？　愛は、恐怖、嫉妬、不安、愛着ですか？　わたしたちは、愛とはそういうものだと考えています。そうではありませんか？　違いますか？　わたしたちは、それが愛だと思っていませんか？

（聴衆から「ノー」という答え）

ああ、恥ずかしいですね。そうではありませんか？　それが、わたしたちが愛と呼ぶもので、そこには愛着があり、依存があります。孤独、自分自身への不満、独りでいられないこと、したがって、誰かによりかかり依存することからくる愛着の気持ちがあります。わたしたちは牛乳配達人、鉄道員、警察官を頼りにしますが――わたしはそういう依存の話をしているのではありません――そうではなく、心理的な依存とそれに付随するあらゆる問題、人間関係におけるイメージの問題について話しているのです――精神が他者について作り上げたイメージ、そして、そのイメージへの愛着、それからまた、一つのイメージの否定と別のイメージの創造。そのようなすべてを、わたしたちは愛と呼んでいるのです。さらに、聖職者たちは別のものを、神への愛を発明しました。なぜなら、神を愛し、イメージや観念やシンボルを愛し、精神や手が創造したものを愛するのは、関係性のなかで愛とは何かを見出すよりも、はるかに容易だからです。

それでは、愛とは何でしょうか？　それは、わたしたちの意識の一部です。愛と呼ばれるもの、そのなかに「わたし」と「あなた」がいます。「わたし」はあなたに愛着をもち、あなたを所有し、支配する。あるいは、「あなた」はわたしに愛着をもち、わたしを所有し、支配する。あなたはわたしの肉体的、性的な要求を充足し、わたしはあなたを経済的等々の面で充足する。そういうすべてが、わたしたちが愛と呼ぶものです。それは、わたしたちの意識の一部です。それは愛でしょうか？　ロマンティックな愛、肉体的な愛、国のために進んで他人を殺し、自分自身を損ない、破壊しようとする愛国心、それが愛ですか？　明らかに、愛は情緒主義でも感傷でもなければ、よくあるように、「わたしはあなたを愛しているし、あなたはわたしを愛している」などと軽薄に受け入れることでもありません。愛の美しさについて、美しい人々について語ることが、それが愛のすべてですか？

愛は、思考の産物ですか？　そして、わたしたちが知っているのは、あなたはわたしに肉体的、性的、心理的に快楽を与えてくれたから、そして、わたしはあなたなしでは暮らせないから、わたしはあなたを愛し、法的に、道徳的に、倫理的にあなたを所有し、あなたはわたしのものでなければならない、ということです。あなたが背を向けたら、わたしは途方に暮れ、不安になり、嫉妬し、怒り、苦々しく思い、憎悪を抱く。それが、わたしたちが愛と呼ぶものです。では、そうしたすべてについて、わたしたちは何をするのですか？

ただ座って、聞いていらっしゃるのですか？　みなさんは何世紀もそうやって、ただ座って聞いて、あるいは読んできました。また、一部の聖職者はそれについて語り、おびただしい説明をしてくれました。それが愛ですか？　精神は、断片化した意識とその中身である精神は、そうしたすべてを捨てることができるでしょうか？　そのすべてを、依存や快楽の追求を全部否定して、完全に独りで立ち、孤独であるとはどういう意味かを理解し、なおかつ、孤独から遠ざかったり逃げ出したりしないことですよ？　精神は、そのことを観察するなかで、非言語的に観察し、実際に見ることができるでしょうか？　まさにその、見る行為そのものが、ものごと全体を否定するのです。

さて、精神は、時間の運動なしに意識の中身を観察できるでしょうか？　おわかりになりますか？　もちろん、時間は思考だとわたしたちは言いました。その思考が記憶、経験、知識の結果であれ――明らかにそうなのですが――その思考が何らかの幻想や未来のイメージなどのファンタジーに自らを投影しているのであれ、それは、依然として時間の一部です。そこで、精神は、この愛と呼ばれるものをあるがままに、こうあるべきものとしてではなく――それもまた、愛として知られているものの場のなかにあります――観察できるでしょうか？　時間という思考の運動なしの観察はあり得るでしょうか？　その観察には、とてつもない注意が要求されます。そうでなければ、不可能なのです。

もう一度、このことを、異なる視点から見つめてみましょう。死は、わたしたち全員に、若者にも老人にも中年者にも訪れます。事故であれ老化であれ、死は不可避で、病気や不快感や痛み、苦しみをともない、医師たちはあなたを生かしておくために際限なく薬を与えます――その目的が何なのか、わたしにはわかりませんが。死は存在するのです。溜め込まれた記憶、経験、知識とともに脳が終わる死です。安心を、避難所を、「わたし（me）」のなかに（それは一連のシンボルや観念、言葉ですが）求めてきた脳です。脳は何らかの神経症的な行動のなかに安心を求めて、そのなかで安全だと感じます。脳は信念に――わたしはキリスト教徒で、神を、あるいは救世主を信じている、という信念に――安心を求めてきました。あるいは、コミュニスト等々のように、ありとあらゆる神経症的な活動をもたらす信念やイデオロギーに安心を求めてきました。その脳が、その意識すべてとともに死ぬ、終わるのです。

人間はこのことを恐れてきました。そして、キリスト教徒は復活という観念に、ヒンドゥー教徒と仏教徒は来世に慰めを得てきました。何の来世ですか？　復活、来世、これは何ですか？　意識とその中身すべては死んだのに、来世に慰めを求める希望、欲求がある。あいかわらず、意識の場のなかです。みなさん、いままでの話がおわかりですか？　わたしはなぜ、これにこれほどの情熱を注ぐのかわからないのですが、それがわたしの人生です――生きているあいだ、わたしは自分が死ぬことを知っていて、死を合理化し、見つめ、遺体が運ばれていくのを、埋葬されるのを、焼かれるのを、火葬されるのを見ます。そして、そのまわりにイメージが作り上げられます。わたしは周囲で起こっているすべてを見てきました。そして怯え、怯えているので慰めを、安心を、何らかの希望を求めずにはいられず、それは、依然として、わたしの意識の場に、生きている意識の場にあるのです。

さて、脳が病気か事故か老いによって終わりになるとき、何が起こるでしょうか？　精神は充分に気づいています。意識とはその中身であり、中身がないときは意識もない、という、このことに。そして、脳が死ぬとき、中身も明らかに死にます。「わたし」、思考によって作り上げられた「わたし」、思考が環境や恐怖、快楽、事故、さまざまなかたちの刺激や欲求を通じて作り上げたイメージである「わたし」、その「わたし」は中身で、その中身がわたしの意識です。その意識――記憶と知識と経験の運動全体――が、死ぬときに終わります。わたしはそれを合理化して、その合理化に慰めを得たかもしれないし、その慰めは、何らかのイデオロギー、信念、教義、迷信のなかにあるかもしれません。ですが、それは現実ではありません。現実とは何の関係もないのです。あらゆる宗教が、これがある、あれがある、と宣言しても、現実とは何の関係もありません。なぜなら、ただの意見で、誰かの意見の聞き伝えですから。精神は自分自身で見出すしかないのです。では、日々の関係性のなかで毎日生きている精神は、意識を作り上げている中身、つまり、本質的に「わたし」とその活動ということですが、それなしに生きることができるでしょうか？

そして、精神、脳、生命体が、理論的にではなく、実際に終わるとき、何が起こるでしょう？　これが人間の問題でした。人間はおびただしい蓄積を、たくさんの知識やたくさんの事柄についてのたくさんの情報の蓄積を行なってきたのですが、結局、最後にあるのは、この死と呼ばれるものだけです。そして、それを解決できないので――少なくとも、解決できずにいるので――人には、慰めとなるあらゆるイメージ、推測、信念があるわけです。わたしは生き続けるだろう、あるいは、生き続けはしないだろう、というように。このようなすべてとともに生きていれば、意識はその中身とともに継続し、それは人間がそのなかに囚われる流れとなります――これは別の話で、ここでは取り上げません。これはまた、別の探究になりますから。

そこで、いま生きているときに、今日、今朝、脳が実際に停止し、記憶もイメージも結論も終わりになったら、何が起こるでしょうか？　つまり、意識の中身ということです。わたしの脳、わたしの意識、「わたし」であるものとその中身のすべてが、生きているうちに終わることは可能でしょうか？　あと十年たって病気で終わるのではなく、いま生きているうちに、です。その精神は、その意識は、中身を空っぽにする、したがって、「わたし」を空っぽにすることができるでしょうか？　みなさん、おわかりになりますか？　そんなことが可能でしょうか？　わたしはここで話し終えたあと、立ち上がって自室に行きます。自室がどこにあるのかという知識は必要です。そうでないと、生きることがまったくできなくなります。それは明らかです。

さて、経験と記憶に基づく知識――そこからすべての思考が生じ、したがって、決して自由ではなく、決して新しくないのですが――その知識はなければなりません。それは意識の一部です。違いますか？　みなさんは、これらすべてと向き合っていますか？　誰かがわたしと同行する。自転車に乗る、自動車を運転する、異なる言語を話す。その知識はなければなりません。それもまた、意識の一部です。ですが、その知識は、別個の運動としての「わたし」に使われるのです。「わたし」は、心理的な快適さと権力、立場、評判、その他諸々のために、その知識を使います。そこで、わたしは自問します。その意識は、「わたし」という心理的な運動である中身のすべてとともに、いま、終わることが可能だろうか、と。そうすれば、精神は、死とは何を意味するかに気づき、何が起こるかを見るでしょう。

あなたが実際に死ぬとき――それがまもなくでないことを願っていますが――あなたが死ぬとき、起こるのはそういうことです。そうではありませんか？　心臓は鼓動を停止し、血液は脳に送られない。脳は新鮮な血液なしにはほんの二分か三分半くらいしか生き延びられず、したがって終わりになります。脳細胞には、あなたの過去の行動や意識、欲望、記憶、痛み、不安などのすべてが蓄えられています。すべてがそこにあり、それが終わりになるのです。それでは、そのすべてが、いま、今日、生きているうちに終わることは可能でしょうか？　もし、そうなったら、何が起こるでしょうか？　この質問は不必要かもしれません。あるいは、一度もそんなことを考えたことのない精神に問いかけたら、ただ終わりを恐れるだけかもしれません。ですが、恐れない精神、快楽を探したり追求したりしない精神――それは、陽光や木の葉の動き、枝ぶりの美しさを楽しんだり、ほんとうの楽しみである美しいあれこれを見たりできない、という意味ではありませんよ――その精神は、中身ごと「わたし」の全体を観察し、それを終わらせることができるのではありませんか？

そして、それが不死ではないでしょうか？　通常の場合ですと、死ぬべきもの（mortal）が不死（immortal）に作りなされます。死ぬべきものは死にます。不死は死ぬべきものの観念であり、死ぬべきものは意識の中身です。そこで、人は、書物に、詩に、絵に、自分の欲求と欲求の充足の表現に、不死を求めてきました。家族に、名声に、不死を求めてきたのです。そして、それもまた、依然として、中身が時間のなかにある意識の一部であり、したがって、時間なき精神、不死を見る精神ではありません。それでは、生きているあいだに意識の中身が死んだ精神、存在には、何が起こるのでしょう？　この疑問を真剣に自分に投げかけ、瞑想に時間をかけ、そのなかに入って行ってください。手っ取り早い、あるいは表面的で愚かな答えを探すのではなく。

人は、常に、観察されるものとは異なる観察者として観察してきました。観察者は意識の一部で、その中身とともにあり、意識の他の部分を観察しています。したがって、観察者と観察されるものとのあいだには分断があります。ですが、観察者は意識の場にいるのです。そして、観察者が観察されるものであることが、その事実が見えるとき、観察者のいない意識の中身は、観察されるものと異なるでしょうか？ これは、答えるべき、見出すべき、非常に重要な問いです。観察者は意識の中身です。そして、観察者は自らを、これも意識の一部である観察されるものから引き離します。したがって、その分断は、現実のものではなく、人為的です。そして、観察者が観察されるものであることが見えるとき、精神のすべての葛藤は終わります。

よろしいですか。非常にシンプルにしてみましょう。すべての関係性は、あなたが相手について築き上げたイメージと、相手があなたについて築いたイメージをベースにしています。この二つのイメージが関係をもつのですが、これらのイメージは、長年の記憶、経験、知識の結果であり、あなたが彼女について築き、彼女があなたについて築いたのです。それは、あなたの意識の一部です。それでは、あなたと彼女のあいだにまったくイメージがなく、彼女があなたについてまったくイメージをもっていないときの関係性とは、どのようなものでしょうか？ あなたは——お尋ねしてもよければ——あなたは、自分が彼についてイメージをもっていることに、それにひどく執着していることに気づいていますか？ あなたは、彼女についてイメージをもっていて、それにしがみついていることに気づいていますか？ あなたは、これに気づいて、意識的でいますか？ もし、意識的であるなら、彼女に対するあなたの関係性は、あるいは、あなたに対する彼女の関係性は、そのイメージをベースにしていることが見えますか？　それらのイメージですよ。それらのイメージを終わりにできますか？

そのとき、関係性とは何でしょう？　イメージが終わるとき、そのイメージは意識の中身であり、意識を作り上げているのですが、あなたが自分自身やすべてについて抱いているさまざまなイメージ、これらのイメージが終わりになるとき、あなたと彼女のあいだの関係性とは、何なのでしょう？　そのとき、観察されるものから離れた観察者がいますか？　あるいは、関係性のなかに愛の全的な運動がありますか？　観察者がいない関係性のなかの運動、それが愛です。

さて、精神は――ここでは「精神（mind）」という言葉を、脳、生命体、全体性として使っています――その精神は、断片化の場のなかで生きてきました。断片化が意識を作り上げていて、そして、その中身がないなら、観察者もいないのです。観察者がいないとき、関係性は、あなたが彼女について、彼女があなたについて抱いているイメージがあるときに生まれる時間の場にあるものではなくなります。そのイメージは、あなたが日々生きているうちに、終わることが可能でしょうか？　イメージが終わらないなら、愛もありません。そのときは、一つの断片に対する別の断片があるだけです。さて、ここまでお聞きになったみなさんは、そこから結論を引き出さないでください。その真実を見てください――そして、その真実は、言葉を通じて見ることはできません。言葉の意味を聞くことはできますが、しかし、その意義を見なければならず、見抜く洞察をもたなければならず、その真実を、実際の「あるがまま」を見なければならないのです。〔出典26〕

生の知覚は、すでに精神に確立されている概念によって形づくられる

わたしたちはスローガンや決まり文句、古びた理論を受け入れたり、新しい理論、新しいシステムを発明したりしますが、いつでも、人が何世紀にもわたって生み出してきた意識の場のなかでのことです。そして、意識とはその中身です。ご存じのとおり、中身がなければ、意識もありません。前にも言ったように、わたしたちはこれらの問題をともに探究しています。ですから、みなさんも参加し、一緒になって探究に取り組む必要があります。単にこの話し手に耳を傾け、その言葉を受け入れたり否定したりするのではなく、仲間として協力し、わたしたちのまわりの世界とは何なのか、また、わたしたちの内側の世界とはどのようなものなのかを——内部と外部に関係があるのかどうかを——見出すべく試みなければならないのです。それとも、両者は一つ、不可分なのでしょうか？　それが、わたしたちの関心事です。このことを理解するために、わたしたちは本気で取り組まなければなりません。だからこそ、わたしたちは導かれるのではなく、ともに探究しなければならないのであって、したがって、権威もなく、指導者もいないのです。探究するためには、一日は関心をもってもあとは忘れている、というのではなく、全面的に関心をもたなくてはなりません。来る日も来る日も、毎月毎月、毎年毎年、生涯にわたって関心をもつのです——なぜなら、これはみなさんの生なのですから。

それでは、わたしたちはすべての問題の答えを、論理的でまともで健全な答えを、どこに見出すのでしょう？　わたしたちの外にある問題、戦争や暴力、狡猾な政治家たち、平和を語りつつ行なわれている戦争準備だけでなく――みなさんは、まわりで何が起こっているかをご存じですね。不道徳で、邪悪で、ぞっとする世界です――その世界とわたしたちの関係も問題なのです。このすべてのなかで、どのような場所にわたしたちがいるのかを、わたしたちの責任を見出す必要があります。責任を取るとは、起こっていることに適切に、あるいは全的に応答することです。そして、応答するためには、生涯を通じて非常に真剣でなければなりません。ですから、みなさんがこの話し手の言葉を分かち合おうと思うなら、耳を傾け、見出さなければならないのです。見出す――単に、この話し手が何を言っているか、ではなく、みなさん自身で、正しい答えを見出すのです。見出すためには、ご自分の偏見や国民性、信念、経験、知識、希望など、すべてを捨てなければなりません。そして、そのためには、とてつもない真剣さが要求されます。

わたしたちのほとんどが世界で実際に何が起こっているかを自覚している、とは思えません。わたしたちは新聞を読み、テレビを見て、政治的あるいは宗教的な講演を聞きに出かけますが、すべて表面的な説明ばかりです。しかし、もし、その先まで行くことができれば、それらすべてを捨てて綿密に観察するなら、人間がどれほど荒廃し、堕落しているかがわかるでしょう。この堕落は、人が全面的に外部に依存するときに起こります。つまり、物質（matter）や物資（material）がこの上なく重要になったときです。このすべてを、つまり、意見の分裂やイデオロギー、右翼や左翼や中道の政治システムがあり、誰もが制度や政府に手を加えよう改革しようと語っていることを注視すれば、そのいずれもが、依然として時間の場のなかの、思考と物質の場のなかの行動であることがわかります。

わたしは、特別の専門用語や単語、微妙な、あるいは隠れた意味のある言葉ではなく、非常にシンプルな、辞書にあるとおりの言葉を使っています。コミュニケーションを取るには、シンプルで明晰な言葉を使わなくてはなりません。そして、コミュニケーションにおいては、言葉の意味だけでなく、その裏にある意味も見出さなければならないのです。そのときはじめて、この話し手とみなさんのコミュニケーションが成り立ちます。しかし、もし、言葉とその言語的、意味論的な意味だけに囚われていると、その裏にあるものを見逃してしまうでしょう。コミュニケーションには、両当事者の多大な関心が、非常に真剣な注意が求められるのです。

何が起こっているかを見るとき、政治家や宗教界の人々を、さまざまな派閥や宗派を観察するとき、彼らが関心をもっているのは思考の操作（operation）にすぎない、とわかります。思考が、この世界を、政治の世界、経済、ビジネス、社会的な倫理、そして、宗教構造の全体を――インドでも、ここでも、どこでも――創り出しています。そして、そのすべてが思考をベースにしています。それがユダヤの思考、アラブの思考、キリスト教徒の思考、ヒンドゥー教徒の思考であれ、本質的にそのすべてが、物質としての思考の操作なのです。

瞑想するとき、みなさんは依然として、その思考のパターンのなかに囚われています。思考によって作り上げられた意識の領域のなかにいるのです。政治的な答えを見つけようとするときも、依然として、その領域のなかです。わたしたちのすべての問題も、それらの問題の答えを見つけたいというすべての欲求も、その意識のなかにあります。インドやアメリカ、この地、あるいはどこであれ、みなさんも、わたしがしたように、真剣な政治家と話してみれば、彼らの全員が、思考が創り出した場のなかで政治哲学や制度の改革案や答えを見つけようと試みていることが、おわかりになるでしょう。

さて、思考は、それが創造したものへの答えを見つけようと試みています。個人的な関係、コミュニティとの関係、政府との関係のなかで作り上げた混乱への答えです。残念ですが、政治は、わたしたちの社会的、倫理的、環境的な条件づけのなかで非常に重要な役割をはたしており、政治家たちもまた——彼らがほんとうに真剣であるなら——思考の場で、あるいは思考の機能を通じて、これらの問題への答えを見つけようと試みています。そういうことなのです。わたしがでっちあげたのではありませんし、わたしがそう考えているのでもなく、それが事実です。思考は、世界を、アメリカ人、コミュニスト、社会主義者、ドイツ人、スイス人、ヒンドゥー教徒、仏教徒、その他すべての宗教的宗派に分断してきました。

それでは、これらすべての問題に対して、思考の操作を通じた答えがあるでしょうか？　みなさんの瞑想であれ、みなさんの神々であれ、キリストやブッダ、その他すべてが思考の創造物です。物質である思考、時間の場のなかでしか操作できない思考です。ですが、もし、思考が、これらすべての問題に答えを与えないとしたら、何が与えてくれるのでしょう？　それが、わたしたちがこれから探究しようとしていることです。

わたしたちは、思考や意志、野心、意欲、そして攻撃性を通じて、すべての問題を解決できる、と考えます。あなたと他者との個人的な関係の問題も、さらには、「新しい」宗教の導入による宗教的な問題も。

その「新しい」宗教は古い伝統に基づいていて、その伝統はインドではすでに死んでおり、自分自身が伝統を吸収したグルたちによって、ここやアメリカにもちこまれたのですが。

意識とは何でしょうか？　思考の操作とは何でしょう？　思考は、科学的知識を含む技術の分野のすべてや、わたしたちが暮らしている文化など、わたしたちのまわりのすべてを創造してきました。キリスト教圏の文化、西洋の文化、あるいは、東洋の文化——すべては、思考が作り上げたものです。神々、救世主——わたしたちの思考が創造したのです。神が自らをかたどってわたしたちを創造したのではなく、わたしたちが自分たちのイメージで神を創造しました。そして、思考が創造したイメージを追い求め、それを宗教行為と呼んでいるのです。

「わたしは意識している」と言うとき、それは、周囲に起こっているすべてを可能な限り意識していることを、さらには、その意識のなかで何が起こっているかにも気づいていることを意味しています。そして、意識の中身の探究とは、その先にある何かをもまた意味しています——いわゆる「意識」の、その先に何かがあるとすれば、ですが。みなさんの瞑想は、すべてその領域のなかにあり、快楽の追求や恐怖、貪欲、羨望、野蛮さ、暴力もみな、その場のなかにあります。そして、思考は、その先へ行こうと常に努力しながら、言葉にならないもの、名づけられないもの、未知のもの等々を主張するのです。

意識の中身は、意識です。あなたの意識、他者の意識は、その中身です。インドで生まれたなら、その国のすべての伝統、迷信、希望、恐怖、悲しみ、心配、暴力、性的欲求、攻撃性、信念、教義、信条が、意識の中身です。東洋で生まれようと、西洋で生まれようと、意識の中身は、とんでもなく似通っています。

できれば、ご自分の意識について考えて、見つめてください。あなたは、ある宗教文化のなかで、キリスト教徒として、救世主、儀式、信条、教義を信じて育ってきたのですが、他方では、社会的な不道徳や戦争の受容があり、国民性や国家間の分断があり、したがって、経済的発展と他者への配慮を制約しているのです。みなさんの個人的な不幸、野心、恐怖、貪欲、攻撃性、要求、孤独、悲しみ、他者との関係性の欠如、孤立、欲求不満、混乱、惨めさ、それらすべては、みなさんが東洋人であろうと西洋人であろうと、意識です。多種多様で、喜びがあったり、知識が多かったり少なかったりしても、それらすべては、みなさんの意識の中身です。

この中身がなければ意識もないのは、ご存じのとおりです。学校や短大、大学でのすべての教育は、より多くの知識や情報の獲得をベースにしつつも、常に、この領域のなかで機能しています。マルクス主義やその他の確立された何らかの哲学を放棄して、新しい政治哲学をベースにして行なわれるどんな政治改革も、依然として、この領域のなかでの発明です。そして、人間は苦しみ、不幸で、孤独で、死と生を恐怖し、誰か偉大な指導者が現われて自分をこの惨めさから連れ出してくれないかと願い続けています――新しい救世主、新しい政治家。この混乱のなかで、わたしたちはあまりにも無責任です。なぜなら、わたしたちは自らの無秩序から暴君たちを創り出し、彼らがこの領域のなかに秩序を創造してくれることを願っているからです。これが、わたしたちの外側で、そして、内側で起こっていることです。

それでは、わたしたちはどうすべきなのでしょうか? 政治家が何をするかではありません。なぜなら、彼らもわたしたちのように混乱し、不幸で、野心的で、羨望を抱いているからです。わたしたちが選んだどんな指導者も、わたしたちと同様でしょう。わたしたちは、自分たちとまったく違う指導者は選ばないでしょう。さあ、それが、わたしたちの生の実像です。内側でも、外側でも、葛藤、苦闘、他者との対立、恐るべき利己心――その全体像を、みなさんは知っています。

最初にするべきことは、もし、ほんとうに真剣であるなら――世界にこれほどの悲しみがあるとき、わたしたちは真剣でなければなりません――これらすべての問題を思考の操作を通さずに解決する方法があるかどうかを、注意深く、着実で、忍耐強く、慎重な探究を通じて、自分自身で見出すことです。思考にベースを置かない行動があるでしょうか？　思考の機能や結果でない英知――思考によって作り上げられたのではなく、ずる賢さから生まれたのでも、軋轢や苦闘から生まれたのでもない、まったく異なる知性・英知があるでしょうか？　わたしがお伝えしたいのは、それです。ですから、この話し手の言葉だけでなく――聞くという行為そのものに対して、耳を傾けなければなりません。どのように聞きますか？　ほんとうに聞いたことがありますか？　聞くために自由ですか？　あるいは、常に解釈や偏見とともに、狡猾な思考の働きとともに聞いていますか？　自由なら、自分の意識の中身に耳を傾けて聞かなければなりません。表面にあるシンプルなことだけでなく、もっと深層に耳を傾けてください。それは、意識の全体に耳を傾けて聞くことを意味します。

そこで、疑問が生まれます。人は、どうやって自らの意識に耳を傾け、見つめるのでしょうか？　この話し手はある国で生まれましたが、そこでは、バラモンの子として、あらゆる偏見、不合理と迷信、信念、階級の違いを吸収しました。若い精神はそのすべてを、集団が自らに押しつける伝統を、儀式を、とてつもない正統主義を、膨大な規律を吸収したのです。それから、西洋に移住します。ここで、彼は再びそこにあるすべてを吸収します。彼の意識の中身は、そこに押し込まれたもの、彼が学んだこと、彼が考えること、そして、自らの感情を認識する思考等々です。それが、この人物の中身であり、意識です。その領域のなかで、彼はあらゆる問題を――政治的、宗教的、個人的な問題や共同体の問題のいずれであれ――抱えています。あらゆる問題がそこにあります。それを自分自身では解決できないので、本や他者にすがり、「どうか、どうすればいいかを教えてください。瞑想のやり方を教えてください。妻との個人的な関係、あるいは、女友だちや誰彼との関係、両親との関係について、何をすればいいのでしょう？　イエスを、あるいはブッダを信じるべきですか？　それとも、ナンセンスたっぷりの新しいグルを信じるべきですか？」と尋ねます――新しい人生哲学や新しい政治哲学等々を、この領域のなかで探し求めながら。人間はこういうことを遥かな昔からしてきました。

この領域には、答えはまったくありません。何時間瞑想しようが、あるポーズで座ろうが、特別の呼吸法を実践しようが、それは、依然として、この領域のなかです。なぜなら、瞑想に何かを求めているからです。このすべてがみなさんにおわかりになっているかどうか、わたしは知りません。さて、この意識の中身は、鈍重で愚かな伝統的思考は、感情のすべてを認識しながら――そうでなければ、感情などないのです――常に思考の操作として、つまり、記憶や知識それに経験への応答として働いています。では、精神は、それを注視できるでしょうか。みなさんは、思考の操作を注視できますか？　注視しているとき、中身を注視している観察者とは誰でしょう？　その観察者は、中身とは別のものですか？　これは非常に重要な質問です。そして、答えを見つけることも。観察者は、中身とは別のものであり、したがって、中身を変えたり、改めたり、超え行くことができるのでしょうか？　それとも、観察者は、中身と同じなのでしょうか？

まず、注視してください。観察者が——見ている「わたし（I）」、見ている「わたし（me）」が——観察されるものと別なら、そのときは、観察者と観察されるもののあいだに分断があり、したがって、葛藤があります。わたしは、これをすべきではない、あれをすべきだ——おかしな見解は捨てて、新しいものを採用すべきだ——古い神々は捨てて、新しい神々に乗り換えるべきだ。そこで、観察者と観察されるものとのあいだに分断があるときは、必ず葛藤があります。これは原理であり、法則です。それでは、わたしは意識の中身を、外から覗く部外者のように観察して、断片を取り換えたり、違う場所に移動したりしているのでしょうか？　あるいは、観察者であり、思考者であり、経験者であるわたしは、観察されている思考と、見られている経験と同じなのでしょうか？

自分の意識の中身を部外者が観察するように注視するのであれば、そのときは、観察されるものと観察者のあいだには、必ず葛藤があります。では、観察者と観察されるものとのあいだに分断があるときは葛藤がある、という言葉を聞いたとき、何が起こるでしょう？　その分断のなかには必ず葛藤があり、その葛藤のなかで、わたしたちは生きてきました。「わたし（me）」と「わたしでないもの（not me）」、「わたしたち（we）」と「彼ら（they）」。もし、「わたし（I）」すなわち観察者が怒りと別であるなら、わたしはそれをコントロールし、抑圧し、支配し、克服する等々のあらゆることを試み、そこには、葛藤があります。しかし、いったい、観察者は別なのでしょうか？　それとも、本質的に観察されるものと同じなのでしょうか？　もし、同じなら、そこには、葛藤はありません。そうではありませんか？　このことを理解することが、すなわち、英知です。そのときは、葛藤ではなく、英知が操作し働いているのです。

このシンプルなことを理解なさらないなら、とても情けないことです。人間は葛藤のなかに生きてきて、平和を求めています。ですが、葛藤を通じた平和はあり得ません。どれほど大量の武器を、同じく強力な他者の武器に備えて蓄えようとも、決して平和はありません。英知が働くときにのみ、平和はあります。観察者と観察されるものとのあいだに分断はないと理解するときに現われる英知です。厳然たる事実、厳然たる真理への洞察が、この英知をもたらします。おわかりになりましたか？　これはとても真剣なことです。それがわかれば、国民性などなく――パスポートはもっているでしょうが、国民性はありません――神々もなく、外側の権威も内面の権威もないことが見えるでしょう。そのとき、唯一の権威は英知ですが、思考という狡猾な英知ではありません。そのようなものは、ある領域のなかで働いている単なる知識であり――それは、英知ではありません。

さて、これが、意識を見つめるときの最初の理解です。思考者と思考、観察者と観察されるもの、経験者と経験、その分断は間違っています。なぜなら、それらは一つだからです。思考していなければ、思考者はいません。思考が思考者を創り出したのです。そこで、それをまず理解すること、その真理への、その事実への洞察を得るのです。それも、ここにみなさんが座っているのと同じくらいに明白な事実として。ですから、観察者と観察されるものとのあいだには、葛藤がまったくないのです。

それでは、オープンなものも隠されたものも含めて、あなたの意識の中身は何でしょうか？　それを見つめることができますか？　しかし、努力はしないこと。それは、単にここに座っているときだけでなく、あなたの関係性においても見出すことができます。関係性は、みなさんが見る鏡です。目を閉じるのではなく、また、森に入って何かを夢見るのでもなく、男と女のあいだの、隣人や政治家、神々、グルたちとのあいだの関係性、その実際の事実のなかに、自分の反応、態度、偏見、イメージ、絶え間ない手探り、その他すべてを、みなさんは観察するでしょう――それは、そのなかにあります。いま、みなさんがしているのは、鋤で耕すことだけです。そして、わたしたちは、種蒔きをまったくせずに、耕して、耕して、耕し続けることもできるのです。種蒔きができるのは、自らの関係性を観察して、実際にそこで何が起こっているかを見るときだけです。

みなさんは、聞くことから見ることへと移動します。そして、好きなだけ見つめて、さまざまな資質や傾向等々を区別し始めることもできますが、観察されるものとは違う観察者として見ている限りは、どうしても葛藤を創り出してしまい、したがって、さらに苦しむことになります。観察者は観察されるものである、という真理、その洞察を得るとき、葛藤は完全に止みます。そのとき、まったく違った種類のエネルギーが働き始めます。種類の異なるエネルギーがあるのです。良い食物から得られる身体的なエネルギーがあり、感情や感傷によって創り出されるエネルギーもあるでしょう。さまざまな葛藤や緊張を通じて思考によって創られるエネルギーもあります。そのエネルギーの場のなかで、わたしたちは生きてきました。そして、依然としてその場のなかで、もっと大きなエネルギーを発見しようと試みています。問題を解決するためですが、そのためには、とてつもないエネルギーを必要とします。しかし、精神が完全に働いているときは、思考の場のなかでなく、英知として働いているときは、違う種類のエネルギーが――あるいは、このエネルギーのまったく違うかたちでの継続があるのです。

精神は、その中身について、どんな選択もなしに観察することができるでしょうか？　中身のどの部分もどの断片も選択せず、全的に観察するのです。さて、どうすれば、全的な観察が可能でしょう？　イギリスから英仏海峡を渡ってきたわたしがフランスの地図を見るとき、グシュタードへの道を探して、その距離や方向を調べることができます。これはとても簡単なことで、それは地図に記されていて、それに従うからです。そうしているとき、わたしは地図のほかの部分をまったく見ません。なぜなら、自分が行きたい方向がわかっているので、その方向がほかのすべてを排除するからです。

同じように、与えられた方向を探し求めている精神は全体を見ません。何かあるものを、何か自分が現実だと思うものを見つけたいと思っていれば、そのときは、方向が設定され、その方向に従うので、精神は全体を見ることができなくなります。さて、わたしが自分の意識の中身を見て――それはみなさんのも同じです――それを超え行く方向を設定します。それは、特定の方向への運動、ある快楽を求めること、これやあれはしたくないということであり、そうなると、人は全体を見ることはできません。わたしが科学者なら、ある方向のみを見ます。芸術家であっても、やはり同じです。わたしがある種の才能や天賦の資質をもっていたら、ある方向だけを見ます。ですが、特定の方向への運動があるなら、精神は、全体を、全体の壮大さを見ることはできません。

それでは、精神は、まったく方向をもたないことができるでしょうか？　これは難しい問いです——どうか、よく聞いてください。もちろん、わたしがここから自宅へ戻るとき、あるいは、自動車を運転するとき、何か技術的な機能を果たさなければならないときには——これらはすべて方向です——精神は、方向をもたなければなりません。そうではなく、わたしが話しているのは、方向の性質を理解していて、したがって、全体を見ることができる、そのような精神なのです。全体を見るとき、そのとき、精神は、同時に方向のなかで働くことができるのです。

おわかりでしょうか？　わたしが精神のなかに全体像をもっていれば、細部も把握できます。ですが、精神が細部でのみ働くなら、全体を把握することはできません。自分の見解や心配、何をしたいか、何をすべきかに関心があるなら、全体を見ることはできません——明白なことです。わたしが偏見や迷信や伝統を携えてインドから来たなら、全体を見ることはできません。そこで、わたしの質問はこういうことです。精神は、方向から自由になれるだろうか？——これは、方向がなくなるということではありません。精神が全体から操作し働くとき、方向は明確になり、非常に強力に、効果的になります。ですが、精神が自ら設定したパターンに従って、ある方向においてのみ働くときは、もはや、全体を見ることはできません。

わたしの意識には中身があります——その中身が、わたしの意識を作っています。さて、わたしは、それを全体として注視できるでしょうか？　どんな方向もなしに、どんな判断も、選択もなしに、ただ見つめるのです。それは、観察者がまったくいないことを意味します。なぜなら、観察者は過去だからです。思考によって作り上げられたものでない英知とともに見つめることができますか？　なぜなら、思考は過去だからです。そうするためには、とてつもない規律（discipline）を必要とします。抑圧、コントロール、模倣、あるいは服従でない規律、そのなかに真理が見られる行為としての規律です。真理の働きは、それ自身の行動を創り出します。それが規律です。

みなさんの精神は、他者と話しているとき、自分の身振りのなかに、歩き方のなかに、座ったり食べたりするやり方のなかに、その言動のあり方のなかに、自らの中身を注視できますか？　言動は、意識の中身を示しています——言動が快楽と報酬に、あるいは苦痛に従っていようが、どれも意識の一部です。心理学者が言うには、これまで人間は、報償と懲罰、天国と地獄の原則のもとに教育されてきたのであり、そしていま、彼らは言います。人間は報償の原則に従って教育されるべきだ、と。懲罰を与えるのではなく、報償を与えろ、と——これは同じことです。彼らは一方から他方へと移動して、それですべてが解決すると考えています。報償と懲罰のばかばかしさを見ることは、全体を見ることです。全体を見るとき、英知の働きがあり、言動に際して機能します。そのときには、あなたの言動が報償と懲罰に従うことはありません。

言動は意識の中身をさらけ出します。みなさんは自分自身を、きわめて慎重に訓練して磨き上げた言動の陰に隠すかもしれません。ですが、そのような言動は単に機械的であるだけです。そこから、また別の疑問が生じます。精神は、ひたすら機械的なのでしょうか？　それとも、脳には、まったく機械的でない部分があるのでしょうか？

すでに語られことですが、もう一度取り上げましょう。わたしたちの外側で、新しい政治哲学をともなう政治の世界や、経済的、宗教的、あるいは社会的な世界等々で、人間は探しに探し求めています。新しい神々が、新しいグルたちが、新しい指導者たちがいます。これらすべてをきわめて明晰に観察するとき、人間は思考の場のなかで機能していることがわかるでしょう。思考は、本質的に決して自由ではなく、思考は常に古いのです。なぜなら、思考は、知識と経験としての記憶の応答だからです。思考は物質であり、物質世界のものです。そして、思考は、その物質世界から非物質の世界へ逃げ出そうとするのですが、思考によって非物質の世界へ逃げ出そうと試みても、それは、依然として物質的プロセスなのです

わたしたちには、個人的、集団的な、ありとあらゆる倫理的、社会的、経済的問題があります。個人は、本質的に、否応なく集団の一部です。個人は、異なる傾向、異なる職業、異なる気分等々をもっていて、集団と違うかもしれませんが、しかし、否応なく文化の、したがって社会の一部です。さて、これが、わたしたちの周囲で起こっている事実です。そして、わたしたちの内側で起こっている事実も、まったく同じです。わたしたちは、人間の生の大きな問題に、思考の操作を通じて――ギリシャ人が西洋に負わせた政治哲学、数学等々を含めた思考を通じて――答えを見つけようとしています。ですが、思考は答えを見つけませんでした。そして、これからも決して見つからないでしょう。ですから、わたしたちは、思考の構造全体を、そして、思考が意識として創造したその中身を、探究しなければならないのです。関係性のなか、日常生活のなかで、思考の操作・働きを観察しなければならないのです。その観察とは、観察者が観察されるものと違うのは事実かどうか洞察をもつこと、このことを意味しています。なぜなら、違うのであれば、異なる二つのイデオロギーのあいだと同じように――二つのイデオロギーは思考の発明であり、それらが発

展した文化によって条件づけられています――不可避的に葛藤があるに違いないからです。

さて、みなさんは日常生活のなかで、このことを観察できますか？　そのような観察のなかで、みなさんは自分の言動とは何かを、それが報償と懲罰の原則に従っているかどうかを――どれほど磨き上げられ洗練されていようとも、わたしたちの言動のほとんどはそうなのですが――見出すでしょう。その観察から、ほんとうの英知とは何かを学び始めるのです。英知は、本や経験から得られるものではありません。そのようなものが英知であるはずもなく、英知は、思考とは何の関係もありません。英知は、精神が全体を見るとき――わたしの国、わたしの問題、わたしのささやかな神々、わたしの瞑想、これは正しい、もしくは正しくない、などではなく――終わりのない全体を見るときに働きます。それは、生の全的な意味を見ます。そして、この英知の資質には、それ自身のとてつもないエネルギーがあるのです。［出典27］

人間としてのユニークさは、自分の意識の中身からの完全な自由のなかにある

問題はこういうことです。意識の中身を、わたしたちが知っている意識を作り上げているものを、完全に空っぽにすることはできるだろうか？　ちんぷんかんぷんですか？　わたしたちは、お互いに話が通じていますか？　意識の内面全体の中身は、考えられたこと、蓄積されたこと、伝統や文化、苦闘、苦痛、悲しみ、ごまかしを通じて受け取られたことです。その中身がなければ、意識とは何でしょう？　自分の意識を知るのは、ひとえに、その中身ゆえにです。わたしはヒンドゥー教徒だ、仏教徒だ、キリスト教徒だ、カトリックだ、コミュニストだ、社会主義者だ、芸術家だ、科学者だ、哲学者だ、わたしはこの家に愛着をもっている、彼女はわたしの妻だ、あなたはわたしの友人だ、諸々のイメージ、結論、思い出、つまり、四十年、五十年、百年かけて築き上げたものが、その中身です。

その中身がわたしの意識であり、あなたの意識はあなたの中身です。その意識の領域は時間です。なぜなら、それは、思考の領域、計測――比較、評価、判断――の領域で、その領域のなかにあるからです。その領域のなかに、わたしの意識的、あるいは無意識的な思考のすべてがあります。そして、その領域のなかのどの運動も、意識とその中身の運動のなかにあります。したがって、この意識とその中身の空間は、非常に限られています。どうか、このことを一緒に学んでください。一緒に学べば、それは、わたしのもの

ではなく、みなさんのものになります。そのとき、みなさんは、あらゆる指導者から自由になり、あらゆる教えから自由になります。みなさんの精神が学んでいて、したがって、そこにはエネルギーがあり、みなさんは、見出そうとする情熱を抱くでしょう。ですが、イヌのように誰かに従っているのでは、そのときは、すべてのエネルギーを失ってしまうでしょう。

お話ししたとおり、意識とその中身の領域のなか、それは時間ですが、空間はとても小さいのです。その空間を想像によって、策略によって広げることはできます。さまざまなプロセスによって、もっともっと微妙にもっと意図的に考えることによって広げることはできますが、それでもやはり、意識とその中身の限られた空間のなかです。おわかりですか？

そこで、それ自身を超えようというどんな運動も、やはり、その中身のなかにあるのです。ですから、LSD、マリファナ、アヘン等々のどんな種類のドラッグを摂取したところで、それは、依然として意識のなかの思考の活動なのです。そして、それを超えて行ったと考えても、みなさんは、依然としてそのなかにいます。それは、ただの観念か、あるいは、より深く中身を経験するか、です。そこで、人は、このように理解します。中身――それは「わたし（me）」であり、自我（ego）であり、人格（person）、いわゆる個人（individual）です――の空間をどれほど拡大しても、そのなかでは、意識は常に必ず限定されている、と。ですから、それ自身を超えた何かに到達しようとする意識的な努力は幻想を招き寄せます――みなさん、理解なさっているでしょうか？　そして、その中身のすべてを理解もせず、空っぽにもせずに、それを発見するだろうとグルに言われたところで、まったくばかばかしいだけです。ただ何かを得るために修行するのは、盲人が盲人を導くようなものです。グルたちも、追随者たちも、そのほとんどが盲目なのです。

そこで、質問です。精神はその中身であり、脳は過去であり、その過去から思考は機能する。思考は決して自由でなく、決して新しくない。そこで、問いが生じます。その中身は、どうすれば空っぽになるのでしょう？　方法論ではありませんよ。なぜなら、誰かに与えられた方法や、あるいは、自分で生み出した何らかの方法を実行したとたん、それは機械的になり、したがって、それは、依然として、時間の場と限られた空間のなかにあるからです。

さて、どうでしょう、みなさんは空間とは何かをお考えになったことが、あるいは、見出そうとして自分自身のなかに分け入ったことがありますか？——ＳＦで言う空間と時間と無時間ではなく、空間とは何かを探究し、学ぶことです。それを、これからしようというのです。精神は、それ自身の限界を見ることができるでしょうか？　そして、その限界の知覚そのものが、限界の終わりなのです。どんな方法で精神を空っぽにするかではなく、意識を作り上げている中身を見る、それを全的に見て、知覚して、その意識の運動のすべてに耳を傾ける——その知覚そのものが、その終わりなのであり、それをどのようにして終わらせるかではありません。わたしがある何かについて虚偽であると見るなら、虚偽の知覚そのものは真実です。わたしは嘘をついているという、知覚そのものは真実です。自分の羨望の知覚そのものが、羨望からの自由であり、真理なのです。つまり、観察者がいないときにのみ、みなさんは、きわめて明晰に見ることができ、きわめて明晰に観察することができるのです——観察者は過去であり、イメージ、結論、意見、判断です。それでは、精神は、その中身を、そして、その限界を（これは、空間の欠如を意味しています）、かつまた、意識とその中身は時間に縛られているという性質を、何の努力もなしに明晰に見ることができるでしょうか？

みなさん、そこがおわかりになりますか？ その全体性を、意識的な中身と同じく無意識的な中身も見ることができるのは、みなさんが沈黙して見つめるとき、観察者が完全に沈黙しているときだけです。つまり、わたしがあなたを見たいと思うなら、視界がぼやけていてはだめです。あなたの輪郭全体を、髪を、顔の骨格等々を見るためには、とても良い視力が必要で、きわめて明晰に注視しなければなりません。それは、注意がなければならない、ということであり、その注意のなかにエネルギーがあるのです。みなさんが注意深くあろうと努力するとき、その努力はエネルギーの浪費です。コントロールを試みるとき、それはエネルギーの浪費です――コントロールは服従、比較、抑圧を意味しています――すべて、エネルギーの浪費です。知覚があるとき、注意があり、それは全的なエネルギーで、そのなかにはエネルギーの浪費はかけらもありません。

さて、みなさんがエネルギーとともに、意識全体を、それに無意識の中身も同じように注視するとき、精神は空っぽになります。これは、わたしの幻想でもなければ、わたしが考えたことでもなく、わたしが達した結論でもありません。わたしが結論を出すなら、これが正しいと考えるなら、そのとき、わたしは幻想のなかにいます。そして、わたしは、それが幻想であることを知っているので、語ろうとはしないでしょう。それでは、盲人が盲人を導くようなものだからです。しかし、みなさんは自分自身でその論理を、その健全さを見ることができます。つまり、耳を傾けるなら、注意を払うなら、ほんとうに見出したいと思うなら、です。何を見出すかと言えば、無意識とその中身がその底まで全部をさらけ出すことは可能だろうか、ということです。

まず問題を見て、そこから先へ進みましょう。人生のほかのすべてと同じく、わたしたちは、芸術家とビジネスマン、というように、意識を――意識と無意識に――分断しました。文化や教育によって誘導された、この分断、この断片化が存在します。そして、みなさんはあることを問いかけます。それは、意識と無意識の分断があり、無意識には動機や人種的な遺産、経験等々があるが、そのすべてを英知の光のもとに、知覚の光のもとにさらけ出すにはどうすればいいだろう、ということです。みなさん、問いかけていますか？ 問いかけているとして、それは、分析家として問いかけているのであって、中身を、つまり、分断、矛盾、葛藤、悲しみ、その他のすべてを分析しようとしているのですか？ それとも、答えを知らずに問いかけているのですか？ そこが重要なのです。正直なところ、まじめなところ、わたしは隠された意識の構造全体をさらけ出す方法を知らない、と言うなら、ほんとうに知らない、と言うなら、そして、知らずに取り組むなら、あなたは学ぶことになります。ですが、賛否や、あり得ないとかあり得るとかの何らかの結論や意見をもっているなら、そのときは、すでに答えを、あるいは答えがないことを想定している精神とともに取り組んでいるのです。

したがって、精神が「わたしは知らない」と言うとき、それは真理であり、正直なのです。あなたは、どこかの哲学者や心理学者、あるいは分析家のおかげで知っているかもしれない。ですが、それは、「あなたが」知っているのではありません。彼らが知っているのであって、あなたはそれを解釈し、理解しようとしますが、何が実際かを知ろうとしてはいないのです。では、あなたが「わたしは知らない」と言うとき、そのとき、そこには何があるでしょう？　理解なさっていますか？　あなたが「わたしは知らない」と言うとき、その中身には、何の重要性もありません。どうか、そこを見てください。なぜなら、そのとき、精神は、まっさらな精神だからです――おわかりになりますか？　「わたしは知らない」と言うのは、新しい精神です。あなたがそう言うとき、戯れに言うのでなく、その深さとともにあり、その意味とともにあり、正直さとともにあるなら、知らない精神のその状態は、中身が空っぽになった意識なのです。知っているなら、それは中身です。納得されましたか？　おわかりになりましたか？

ですから、その精神は「知っている」とは決して言いません。したがって、常に新しく、活き活きしていて、活動しています。したがって、まったく碇《いかり》を下ろしません。意見や結論を、そして分裂を集めるのは、碇を下ろしたときだけです。さて、これが瞑想です。つまり、瞑想とは、瞬間瞬間の真理を知覚することなのです――究極の真理ではなく。瞬間瞬間に真実と虚偽を知覚する。中身が意識である、という真理を知覚する。これをどうすればいいか、わたしは知らない、という真理を見る。それが真理です。知ることではありません。したがって、知らないという状態は、それには中身はありません。恐ろしくシンプルです――みなさんは、それに異議を唱えているのですよ！　みなさんは、何か賢くて、複雑で、不自然で、わざとらしいことを望んで、とてつもなくシンプルな、したがってとてつもなく美しいものを見ることに異議を唱えます。

それでは、精神は、つまり脳は、自らの限界を、時間の束縛と空間の限界を見ることができるでしょうか？　人がその限定された空間と束縛された時間の運動のなかで生きている限り、苦しみが必ずあり、心理的な絶望と希望と不安などのすべてが存在します。では、精神がこの真理を知覚したとき、時間はどうなるでしょう？　そのときには、思考が触れることのできない、したがって記述することもできない、異なる次元が存在するのでしょうか？　わたしたちは、思考は計測であり、したがって時間である、と言いました。わたしたちは計測によって生きています。わたしたちの思考の構造すべてが計測をベースにしています。それは、比較であり、評価であり、何かになることです。そして、計測としての思考は、それ自身を超えて、計測不能なものがあるかどうかを自ら発見しようと試みます。その虚偽性を見ることが真理です。みなさん、おわかりになるでしょうか？　真理とは、虚偽を見ることであり、虚偽とは、計測できないものを、時間に属さないものを、意識の中身という限定された空間にないものを、思考が探し求めることなのです。［出典28］

無選択の気づき

無選択の気づきとは、いかなる選択もなしに、外側についても、内面についても、双方ともに、客観的に気づいていることを言います。色彩に、このテントに、木々に、山々に、自然に、ただ気づいている——ただ気づいているのです。たとえば、「これが好きだ」「あれは好きではない」あるいは「これが欲しい」「あれは欲しくない」と選択せず、観察者なしに観察するのです。観察者は過去であり、条件づけられています。したがって、常に条件づけられた観点から見ているので、好悪があり、わたしの人種、あなたの人種、わたしの神、あなたの神等々のすべてがあります。わたしたちが言う、気づいているとは、周囲の環境全体を、山々を、木々を、醜い戦争を、街を観察することを意味します。それに気づいている。それを注視する。その観察のなかには、どんな決断も、意志も、選択もありません。〔出典29〕

自由は日々の生活と活動への無選択の気づきのなかに見出される

いったい、精神は自由になれるのか、それとも、常に時間に縛られているのかを見出すこと、これは、非常に大切な問題で、多大の探究、調査を必要とします。この世界で生きて、対応すべきあらゆる日常問題——多くのぶつかりあう欲求、対立する要素、影響、そして、人がそのなかで生きているさまざまな矛盾、それに、あらゆる苦しみや束の間の喜び——とともに機能している精神が、そのような精神が、はたして、表面的だけでなく深いところで、その存在の根そのものにおいて、自由になり得るでしょうか？ そこで、わたしたちは、こう問いかけました。このとてつもなく複雑な社会に生きている人間は、そこで生きるために稼ぎ、たぶん家族をもち、競争と獲得のなかで暮らしているのですが、彼は、そのすべてを超え行くことが、抽象概念に入り込むのでも、観念や方式や自由の概念に入り込むのでもなく、実際に自由になることができるでしょうか？

「何かからの自由」は抽象概念です。そうではなく、自由は、「あるがまま」を観察し、それを超え行くことのなかにあります。戸惑わないでください。もし、よろしければ、まずは、ただ耳を傾けてください。受け入れたり否定したりせず、ただ耳を傾ける鋭敏さをもち、どんな結論も引き出さず、防御的に反応したり、抵抗したり、わたしたちが語っていることをあなた自身の特有の言葉に翻訳したりしないでください。あの——うるさく飛び回り、今晩、邪魔されずに過ごせる木を探している——カラスの声を聞くように耳を傾け、そして沈黙してください。みなさんは耳を傾けていますが、それについてどうすることもできず、鳴き交わすのをやめてくれと頼むこともできません。ただ耳を傾けるのです。しかし、もし、カラスのやかましい声に抵抗すれば、その抵抗がカラスの声に耳を傾ける自由を否定します。そして、抵抗するなら、「わたしは講話をよく聞きたいのに、カラスがひどい騒音をたてている」と言うなら、その抵抗そのものが聞くことを妨げ、したがって、聞く自由を否定する行為なのです。

さて、よろしければ、単に言葉やその意味を聞くだけでなく、「自由」という言葉の内面性（inwardness）全体を理解するべく試みましょう。つまり、この問題をともに分かち合い、ともに旅をし、ともに調べ、ともに理解するのです。自由とは、何を意味するのか？　時間のなかで育まれてきた精神――あなたの精神は、時間のなかで進化してきた脳は、おびただしい経験を積み重ね、さまざまな文化のなかで条件づけられてきた、そのような精神は、はたして、自由になり得るのか？――どこかのユートピアでの自由や、宗教的な意味での自由ではなく、この混乱し矛盾する世界で実際に生きているなかでの自由です。

わたしたちは問おうとしています。この精神、あなたの精神、みなさんが知っている精神、観察してきた精神は、いったい、表面的にも深い内面においても完全に自由になり得るのか、と。なぜなら、この問いにわたしたち自身が答えなければ、いつまでも、時間の牢獄のなかで、過去である時間、思考である時間、悲しみである時間のなかで生きることになるからです。そして、この真実をほんとうに見なければ、いつまでも、葛藤、悲しみ、思考の牢獄のなかで生きることになるでしょう。みなさんがこの問題をどう思っているのか、わたしにはわかりません。みなさんの宗教的指導者が言ったことでも、ギーターやウパニシャッドでも、みなさんのグルや社会構造や経済的条件が言っていることでもなく、みなさんが何を考え、何を言うかであり、それは、すべての書物を集めたよりも、はるかに重要なのです。つまり、みなさんは、この真理を自分自身で発見する必要があるのです。決して、誰かが言ったことを繰り返すのではなく、まずは自分自身で見出し、それを自分自身で検証するのです。誰かが言ったことを検証するのではなく、自分が考えること、見ることを検証するのです。そうすれば、みなさんは権威から自由になります。

さきほども言ったように、どうか耳を傾けてください。耳を傾けつつ、行為してください。それは、耳を傾けつつ、その真理を見る、ということです。わたしたちは科学的知識に、誰かの実験に、誰かの数学的、地理学的、科学的、生物学的知識に頼らなければなりません。それは避けられません。技術者になりたければ、他者が集めた数学や構造やひずみ等々についての知識がなければなりません。しかし、真理とは何かを――そのようなものがあるかどうかを――自分自身で見出そうとするなら、他者が語った知識の集積を受け入れることはできないはずですが、みなさんは、これまでそうしてきたのです。

大事なのは、みなさんが何を考え、どう生きるかです。そして、どう生きるか、どう行為するか、何をするかを見出すためには、どう生きるかをみなさんに教えてきた専門家やプロのすべての知識を完全に捨てなければなりません。どうか、そこを理解してください。自由とは、寛大さではありません。自由は、人間の精神に必要なもの、健康で正常で健全に機能するために必要なものです。前に言ったように、何かからの自由――怒りからの、嫉妬からの、あるいは、攻撃性からの自由――は抽象概念であり、したがって、現実ではありません。「わたしは怒りから、嫉妬から自由にならなければならない」と、自分自身に言う人は自由ではありません。ですが、「わたしは怒りの事実を、それが実際には何なのかを、観察しなければならないし、怒りの構造全体を学ばなければならない」と言って、自分自身を直接に観察する人は、その反対物を培うことを通じてではなく、観察を通じて自由を見出します。勇敢でないときに勇敢さを培うことは、自由ではありません。ですが、臆病さの性質と構造を理解し、それとともにとどまるなら、それを抑圧したり、それを乗り越えようとしたりせず、それとともにとどまり、それを注視し、それについて学び、瞬時にその真理を知覚するなら、そのような精神は、臆病さからも勇敢さからも自由です。つまり、直接的な知覚が自由なのであり、反対物を培うことではありません。反対物を培うことは、時間を意味します。[出典30]

思考は時間である

精神が無秩序に気づくとき、その気づきから、徳としての秩序が花開きます。そして、それがほんとうに深く、誠実に据え置かれたとき、わたしたちは、この問いに――聖なるものが、はたしてあるのだろうか、という問いに進むことができます。そうなるには、時間と思考の性質を探究しなければなりません。

なぜなら、時間が停止しなければ、精神は、聖なるもの、新しいものを何も知覚できないからです。そこで、思考は時間と関係があるのか、時間とは何なのかを探究することが、とても重要なのです。時計で測る時間、今日、昨日、明日という時間は明らかにあります。ここからあそこへ行く計画、あることをする計画。言語を学ぶこと、自動車の運転を学ぶこと、技術的な作業のやり方を学ぶことには、時間がなければなりません。これはすべて瞑想です。

それでは、経時的な時間とは別の時間とは何でしょう？　時間とは、ここからあそこへの心理的な運動であり、同様に、ここからあの家への物理的な運動でもあります。ですから、ここと あそこのあいだの運動が時間です。ここと あそこのあいだの空間、その空間をカバーするのが時間、あそこへの運動が時間です。そこで、すべての運動は時間です。物理的にここからパリへ、ニューヨークへ、その他どこでも好きなところへ行くには時間が必要です。そして、「あるがまま」を「あるべき」に心理的に変えるのにも時間が、その運動が必要です。少なくとも、わたしたちはそのように考えます。そこで、時間とは、空間のなかの運動――これとしてある、あれを達成する、という思考によって創り出された運動です。そうであれば、思考は時間であり、思考は時間のなかの運動です。このことは、みなさんにとって何か意味がありますか？わたしたちはともに進んでいますか？

これには、とてつもない注意と配慮、非個人的な、遊び半分ではない感覚が必要で、そこには、欲望はまったく入り込みません。大きな配慮が求められ、その配慮がそれ自身の秩序を、つまり、それ自身の規律をもたらします。さて、思考は、「あるがまま」と「あるべき」のあいだの運動です。思考は、その空間をカバーする時間であり、心理的に「これ」と「あれ」のあいだの分断がある限り、時間のなかの思考の運動が存在します。ですから、思考とは、運動としての時間なのです。では、「あるがまま」の観察だけがあるとき、運動としての、思考としての時間はあるでしょうか？――それは、観察者と観察されるものとしての観察ではなく、「あるがまま」を超えようとする運動のないただの観察、ということです。精神がこれを理解することは、とても重要です。なぜなら、思考はとてもすばらしいイメージを、畏敬すべき神聖なるものとして創り出すことができ、すべての宗教はそうしてきたからです。すべての宗教は思考に、信念や教義や儀式として組織化された思考にベースを置いています。そこで、時間と運動としての思考について完全に理解しない限り、精神はそれ自身を超えられないでしょう。

前に言ったように、わたしたちは「あるがまま」を「あるべき」に――理想に変えるように鍛錬され、教育され、訓練されています。そして、「理想（ideal）」という言葉は「idea」という言葉から発しており、

「idea」とは見ることを意味します。それだけです。見ているものから抽象概念を引き出すのではなく、見ているものとともに実際にとどまるのです。さて、わたしたちは「あるがまま」を「あるべき」に変えるように鍛錬されています。この鍛錬は、「あるがまま」と「あるべき」のあいだの空間をカバーする思考の運動で、それには時間がかかります。空間における思考の運動全体は、「あるがまま」を「あるべき」に変えるのに必要な時間なのです。

しかし、観察者は観察されるものです。したがって、そこに変えるべきものはありません。なぜなら、「あるがまま」があるだけだからです。観察者は「あるがまま」をどうしていいかわからず、そこで、「あるがまま」を変えるために、それをコントロールや抑圧するべく、さまざまな方法を試みます。しかし、観察者は観察されるもので、「あるがまま」は観察者なのです。怒りや嫉妬がそうであるように。嫉妬は観察者です。嫉妬は観察者から離れて存在せず、両者は一つです。さて、「あるがまま」を変えようという運動――時間のなかの思考としての運動――がないとき、「あるがまま」を変える可能性はない、と思考が知覚するとき、そのときには、「あるがまま」は完全に停止します。なぜなら、観察者は観察されるものだからです。これについて深く分け入ってみるなら、みなさんは自分自身でおわかりになるでしょう。これは、ほんとうにとてもシンプルなことです。

たとえば、わたしが誰かを嫌悪しているとします。そして、その嫌悪は「わたし（me）」とは別のものだと考えます。ですが、嫌悪する主体（entity）は、嫌悪そのものであって、別のものではありません。そして、思考が「わたしはこの嫌悪を克服しなければならない」と言うとき、それは、実際にあるものを克服しようとする時間のなかの運動であり、それは、思考によって創り出されたものです。観察者、主体、そして嫌悪と呼ばれるものが同じであることが見えるとき、そこには、完全な無動性があります。それは、「静態的永続（staticism）」ではなく、運動の完全な不在であり、したがって、完全な沈黙です。運動としての時間、ある結果を達成する思考としての時間はすべて終わり、したがって、活動は瞬時です。精神は土台を据えており、無秩序から自由です。それをベースにして、それゆえに、徳が花開き、その美しさがあります。その土台のなかに、あなたと他者との関係性があり、そこには、イメージの活動はなく、関係性だけがあります。イメージが自らをほかのイメージに合わせることはありません。「あるがまま」だけがあり、「あるがまま」の変更はありません。

ここまで来たとき、精神は、そして脳細胞も、「あるがまま」の変更も、「あるがまま」の変容も、時間のなかの思考の運動です。ここまで来たとき、精神は、そして脳細胞も、全面的に静止します。記憶、経験、知識を抱えている脳は、既知の領域で機能できるし、機能しなければなりません。ですが、いまや、精神と脳は、時間と思考の活動から自由になっています。すると、精神は完全に静止します。このすべては、努力なしに起こります。どんな規律やコントロールの感覚もなしに、まさに起こるのです。規律やコントロールは、すべてみな無秩序に属しています。わたしたちが言っているのは、みなさんのグルたちやマスターたち、禅やそれらのすべてが言うこととは、まったく違います。ここには何の権威もなく、他者への追従もまったくありません。もし、誰かに追従するなら、自分自身を破壊するだけでなく、相手をも破壊します。ですから、宗教的な精神にとっては、どんな権威もありません。ですが、英知があり、その英知を働かせます。科学者の、医師の、運転教習指導者の権威はあります。そのほかには何の権威も、どんなグルもありません。［出典31］

時間は心理的な敵である

時間の性質については、すでにお話ししました。ですが、もう一度、お話ししなければなりません。どうか、性急にならないでください。わたしたちは言いました。時間は過去であり、時間は未来であり、その未来とは、いまである、と。未来とは、いまのあなたです。いま、わたしが暴力的なら、いま、根源的に変わらないなら、未来はいまです。このことを理解なさいましたか？ これは、ともに分かち合わなければならないことです。これは、わたしの真理ではなく、あなたの真理でもありません。真理は個人的なものではなく、真理にはどんな道もありません。そして、これは事実です。つまり、すべての時間、過去、未来、それに現在は、いまのなかに含まれている、という真理です。このことは、論理的で、合理的で、知性的に反論の余地がありません。ですが、みなさんには気に入らないかもしれません。そして、わたしたちのほとんどは、気に入るか気に入らないかで生きています。何かに実際に直面することを好まず、それよりもごまかしたいのです。真剣な人間として――そうであってほしいと思っています――このことを、たとえ一瞬でも、ともに見つめてみようではありませんか。時間、過去、現在、そして未来は、いまのなかにある、という、このことを。

人が自己中心的だとしましょう。すると、とてもとても限定的になります。その自己中心性は、それ自身を、もっと大きな何かに同一化するかもしれません。それでもやはり、自己中心的です。わたしが自分を故郷に、国家に、宗教に、迷信に、その他いろいろに同一化したとして、その同一化そのものが自己中心性の継続なのです。わたしは異なる言葉のセットを使っただけで、この同一化のプロセスは、本質的には自己中心的です。どうか、わかってください。この話し手は、みなさんを説得しようとしているのではありません。それどころか、疑い、問いかけ、議論してほしいのです。受け入れないでください。そうではなくて、批判的な鋭い頭脳で検討してください。事実は、人は無秩序のなかで生きている、ということです。それは、みなさんも否定できません。みなさんはそれをごまかし、そこから逃げるかもしれません。しかし、わたしたち人間は無秩序のなかで生きていて、憎み、愛し、心配で、安心・安全（security）を願いつつも、常に戦争の脅威とともに生き、そしてまた、死の脅威とともに生きているので、安心・安全はない、と知っています。そう、わたしたちは無秩序のなかで生きているのです。時間は、この無秩序を解決するでしょうか？　わたしたちはこの地球のうえで、考古学者や生物学者によれば、四万五千年ほども人間として生きてきました。これほどの長い期間の進化にもかかわらず、わたしたちはいまのようなわたしたちとしてあり、葛藤し、無秩序のなかにいるのです。

時間、この長い継続期間は、問題を解決しませんでした。それなら、わたしたちは時間を誤解してきたのかもしれません。つまり、わたしたちはあと四万年たったら、莫大な知識を獲得し、知識を通じて向上して、いずれはどんな葛藤も無秩序も卒業するのではないか、と期待してきたのです。時間をあてにすることで、わたしたちは時間の意味を誤解してきたのかもしれないのです。わたしはこうこうだった、あるいは、いまはこうだが、変化する時間を与えてほしい、と。わたしたちには、四万年か四万五千年の時間がありました。そして、いまなお、非常に原始的です。ですから、そのような時間の考え方は間違っているのかもしれません。新しい時間の見方、この問題全体への新しい取り組み方があるのかもしれません。

みなさんがここからご自宅に帰る等々には時間が必要ですが、しかし、心理的には――心理的というのがお好きでなければ、内面的には、あるいは、それもお好きでないなら、皮膚の内側では――わたしたちは、時間を継続期間として、そこからは、やがて、とてつもなく正気で、合理的で、健康で、葛藤のない人間が現われるであろう継続期間として受け止めてきました。しかし、時間はそういうものではありませんでした。四万年が過ぎました。あと四万年待っても、みなさんはまったくいまのままでしょう。それが論理的な帰結です。

それでは、時間の全体的な意味を見つめてみましょう。時間は過去であり、わたしたちの意識の中身全体であり、もし「意識（consciousness）」という言葉がお好きでないなら、反応の世界全体であり、それは過去――受け継ぎ、獲得してきた、人種的、環境的な、数千年にわたって集めてきたすべての記憶とともにある過去です。そして、その時間とは、過去とは、いまです。みなさんは過去です。同意なさいますか？　みなさんは過去であり、過去に蓄積した全記憶です。みなさんは記憶です。記憶には蓄積する時間が必要です。そして、未来、明日、一千もの明日は、いまのみなさんです――おわかりですか？　明らかなことです。ですから、未来はいまです。では、こんなことは可能でしょうか？――どうか、ここを理解してください――古い時間に介入させず、すべての時間はいまである、という新しい感覚を許容することは可能でしょうか？

ご理解いただけますか？　わたしが無秩序のなかで生きていて、それに気づいているとします。わたしは自分に言います。「このことと徐々に取り組もう」「これについて考えよう」「このなかに分け入ることにしよう」。これはすべて、時間を意味しています。それは明日なのです。「このことの原因を見出すことにしよう」。そのすべてに時間がかかります。どうか、少なくともそこには同意して、事実を見てください。そして、わたしは、これは時間への間違った取り組み方だ、と見ます。それで、完全にそれを捨てます。つまりは、脳の条件づけを、古い時間のパターンを受け入れていた脳の条件づけを破壊します――というか、事実を見ることが条件づけを破壊するのです。

さて、わたしは時間についての古い考え方を捨て、いま、時間をありのままに見つめます。すべての時間はいまです。それがわかれば、わたしはいま、完全に変わります。つまり、脳の条件づけが解かれるのです。その脳は時間への古い取り組みに慣れていましたが、わたしはその条件づけを破壊します。なぜなら、その事実と虚偽を見るからです。そして、その知覚そのもののなかで、根源的な変化が起こっています。つまり、その知覚そのものに、瞬時の行動があるのです。わたしは時間なしに行為します。それは、考えるプロセスが起こらない、という意味です。おわかりになりますか？　さあ、どうでしょう！

これは、みなさんがそこへお入りになってみるなら、とてもすばらしいことです。思考は時間です。なぜなら、思考は蓄積された記憶の応答だからです。その記憶は、時間をかけて蓄積されてきました。それは、知識の結果です。知識を蓄積するには時間が必要で、知識は経験の蓄積から生まれます。経験は限られており、ですから、知識も限られていて、記憶も限られ、したがって、思考も限られています。さて、わたしは言いました。思考は時間である、と。もし、わたしたちが時間を使って、つまりは思考を使って、いまの自分を変えようとするなら、それは徒労に終わるでしょう。ですが、もし、わたしが見るなら――わたしが見るのではなく、知覚があるなら――すべての時間はいまに含まれている、という事実の知覚があるなら、そのときは、何が起こるでしょう？　何を問いかけているか、おわかりですか？　わたしは暴力的で、無秩序のなかに生きていて、そして、その無秩序を知覚します。さらにはまた、すべての時間はいまである、という事実と真理を見ます。わたしのその知覚は非常に鮮烈で、明晰であるはずで、その明晰さは時間の産物ではありません。

そこで、わたしたちは、知覚とは何かについて、話し合わなければなりません。明晰に見るとは、どういうことですか？――わたしたち自身をあるがままに見るだけでなく、世界に何が起こっているかをも明晰に見るのです。世界で起こっていることは、明らかに分断の広がりです――国家の、宗教の、党派の、グルたちの、その他諸々の分断です。彼らのほとんどが、政治的、宗教的に、平和と団結について語ることでしょう。彼らは、彼らの団結に、わたしたちすべてを引き入れたいのです。

このように、外面的には、このおびただしい無秩序があり、その無秩序の究極的な表現は戦争、殺し合いです。それに、わたしたちもまた無秩序のなかで生きています。その無秩序は時間を通じてもたらされたものです。わたしたちは何世紀もその無秩序とともに生きてきました。ですから、古い意味での時間は問題解決にはなりません。それでは、知覚とは何でしょう？　みなさんは、偏見があるときに、何かを明晰に見ることができますか？　もちろん、できません。では、個人的だったら、どうでしょう？　わたしが傷つくから、何も言わないでくれ。わたしの意見は絶対だ、わたしはよくよく考えたのだから、自分の考えに固執する。このような要素はすべて、個人的なもので——客観的でも明晰でもなく——知覚を妨げます。色眼鏡をかけているようなものです。あるいは、映像を撮影してフィルムに記録するカメラのレンズのようなものですが、フィルムがすでにいっぱいなら、それ以上の写真は撮れません。

そこで、わたしたちは溜め込みますが、それは、もうそれ以上は見られないことを意味しています。しかし、それを注視して、捨て去るなら、それで終わりになります。つまり、きわめて明晰で、強力で、活動的な脳になり、個人的な偏見も、何かに対する執着もなくなるのです。そのような知覚があるとき、その知覚は時間の要素ではありません。ですから、無秩序があるときには、それが瞬時に見えます。原因もすべての分断も見えます。そして、それは即座に終わります。つまり、翌日にまた飛び出してくることはないのです。一度危険を、毒蛇を見たら、それと戯れることはありません。それで終わりです。ですが、わたしたちには危険が見えない。なぜなら、偏見だらけで、精神が狭量で、自分自身への懸念でいっぱいになっているからです。

つまり、無秩序は、いま、終わらせることができるのであり、明日ではありません。みなさんがここに座っている、いま、自分の無秩序を観察してください。それを、その派生効果のすべてとともに見ることができるか、はっきりと知覚することができるか、やってみてください。それを完全に知覚したとき、それが無秩序の終わりです。そして、その知覚は、あなたに偏見があるなら、あなたが個人的であるなら、不可能です。

それから、恐怖の問題についても、一緒に話し合わなければなりません。この問題には、みなさんはきっと興味をお持ちのはずです。いままで話してきたことについては、みなさんは、非常に知性的である、とお考えになるでしょう。そして、みなさんはこう言うでしょう。こちらは知性的ではないな、と。知性は必要です。感情が必要なのと同じです。しかし、一方が他方を圧倒してしまうと、そのときにトラブルが始まります。

そこで、恐怖について話し合い、その原因と性質について、それから、恐怖を完全に終わらせることは可能かについて、探究することにしましょう。それとも、わたしたちは、人類として存在するこれからを、ずっと恐怖のなかで暮らし続けなければならないのでしょうか？　人がそもそも気づいているなら、意識的であるなら、わたしたちは多くの恐怖を抱いています。闇への恐怖、生きることへの恐怖、世間の目への恐怖、隣人が何を言うかという恐怖、妻や夫やその他の誰彼への恐怖、安心がないことへの恐怖、経済的安心があるなら、それを失うことへの恐怖。なぜ、わたしたちは、これらの恐怖を解決できなかったのでしょう？　みなさんは戦争の問題に戦争を継続することで取り組んできました。そして、戦争への準備に頭脳を使ってきたのです。将軍たちはみな、計画や潜水艦や飛行機、その他すべてによって戦争に備えています。

彼らは、そうしたすべてを生み出すために、頭脳を使ってきました。なぜ、同じ頭脳を、人間が世の始めから抱いてきた、この巨大な恐怖の感覚に対して適用してこなかったのでしょう？　つまり、なぜ、みなさんとこの話し手は、真剣に、ほんとうに真剣に、この問題に分け入ろうとはしなかったのでしょう？　飢えたり野心的だったりするときと同じように、です。もっとお金が欲しければ、みなさんはそのために努力します。心理学者やセラピストは恐怖の原因をさまざまに説明してきました。彼らが言うことをすべて無視することができれば、なぜなら、結局のところ、彼らが言ってきたことのすべては、単なる言葉でしかないかもしれないのです。彼らもまた、みなさんと同じように怯えているかもしれません——きっと、そうでしょう！　彼らの何人かと会ったことがあるのですが、みなさんと同じように何かしらに怯えていました。では、恐怖を終わらせることは可能でしょうか？　みなさんの感覚、感情、それに頭脳を使って、この問題に取り組んでください。そこから逃げたり、合理化しようとするのではなく、なぜ、わたしたちにはできないのか、あるいは、できないでいることを自分に許してきたのかを見るのです。

恐怖とは何でしょう？　みなさんは、恐怖があるときにはわかるし、その性質もご存じです。どんなふうに動悸するか、どんなふうに身体が緊張し、どんなふうに脳が混乱し、ほとんど麻痺するか。みなさんは、そうしたすべてをご存じではありませんか？　それは事実です。それは、みなさんの睡眠や日常生活に影響し、疑いや心配、抑鬱をもたらします。みなさんは何かにしがみついて、その何かが変わらないことを、恐怖をもたらさないことを願います。恐怖の根源と取り組むか、あるいは、その枝葉を刈り取るか、です。どちらをお望みですか？　一千もの恐怖があります。この世で最も美しいものの一つである愛らしい樹木のように、恐怖もまた、それはとても醜いのですが、やはり多くの枝、多くの葉、多くの表現をもっています。みなさんは、その表現に、表面に、外側に取り組みたいですか？　それとも、ご一緒に、その根を掘り起こしますか？　では、恐怖の原因とは何なのかを、ご一緒に見出しましょう。わたしたちは、恐怖のすべての表現を知っています。そして、その根を見つけることができれば、表現は萎れてなくなることもできるのです。

さて、恐怖の原因、因果関係とは何でしょうか？　そう問われたら、みなさんはどう答えますか？　それとも、誰かが説明してくれるのを期待しますか？　説明は事実ではありません。みなさんは上手な山の絵を描くかもしれません。しかし、その絵は、山ではありません。「恐怖」という言葉は、恐怖ではありません。ですが、「恐怖」という言葉は、恐怖を呼び起こすかもしれません。そこで、恐怖に関する記述や言葉ではなく、恐怖の深さと強さに取り組むのです。そして、わたしたちはご一緒に――わたしが説明して、みなさんが受け入れるのではなく――自分自身の真理を発見しようと試みています。そうすれば、それは、みなさんの真理であって、誰かの真理ではありません。みなさんは、誰かの真理とともに生きることはできません。真理とともに生きることだけができるのです。

恐怖の原因は何でしょうか？　思考ですか？　時間ですか？　そこを見つめてみましょう。わたしは生きています。人は生きています。いま、生きています。そして、思考は言います。「わたしは明日、死ぬかもしれない」あるいは「失業するかもしれない」「銀行に預金があるが、あの銀行がつぶれるかもしれない」「妻との仲はいいけれど、明日、妻が誰かに魅かれるかもしれない」「わたしは本を出版し、それがベストセラーになることを願っている」。これは、恐怖を意味しています。「わたしは有名になりたい」――これは、世界で最も子供っぽいことですね――「わたしは有名になりたいが、もう、誰かがわたしよりずっと有名になっている」。このように、わたしは失うかもしれない、得るかもしれない、孤独かもしれない、という思考があります。このように、思考は恐怖の要素の一つです。わたしは友人たちと、妻と、子どもたちとうまくやっているが、しかし、絶望的な孤独感も経験している。それを、ご存じではありませんか？　深い、恐ろしい孤独感です。そして、わたしは怯えている。みなさんは孤独を探究したことがおありですか？　なぜ、それは起こるのでしょう？　みなさんには、この孤独感はありませんか？　わたしは何か異常なことを言っていますか？　皆さんは全員、聖人にちがいないですね！

それでは、この孤独感、執着の原因となり、それがどんなに幻想的でも、虚偽でも、無意味でも、何かにしがみつかせる孤独感とは何でしょうか？　わたしは妻にしがみつく。クラブに、神に、儀式に、友人たちにしがみつく。なぜなら、手放したら、まったく孤独になるから。みなさんはこの問題に分け入ったことがおありですか？　なぜ、人間は、それほど孤独を恐れるのでしょう？　彼らは集団で暮らし、どこかのグルだの何だのというさまざまなナンセンスに追従するかもしれませんが、その装飾をすべてはぎ取ってしまえば、彼らはあるがままで、孤独です。なぜでしょう？　孤独とは何でしょうか？　自然とも、他者とも、友人や女性やともに生きてきたその人とも、それが何であれ、どんな関係であろうが、関係をもたずにいると、どういうわけか、そのすべてが取り去られてしまい、まったくの空っぽになり、わたしは孤独に取り残される――なぜでしょう？　このまったくの絶望感とは何でしょうか？　これから説明しますが、しかし、説明は事実ではなく、言葉は事物ではありません。このことは、きわめて明確にしておく必要があります。あなたの名前は、ミスター・スミスは、あなたではないし、言葉はあなたではないのです。

さて、説明は、現実でも、真理でもありません。では、それを見つめてみましょう。言葉なしに、「孤独」という言葉なしに、見つめるのです。それが、おできになりますか？　「孤独」や「絶望」という言葉を使わずに、その感覚を見つめるのです。孤独は、わたしたちの日々がすべて自己中心的に過ごされるときに、やってきます。自己中心的な活動そのものが孤独を生み出すのです。なぜなら、それは、わたしの生全体を狭めるからです。とてつもなく広やかな生の存在を、小さな「わたし（me）」にしてしまうからです。その感覚があることに気がついたときは、「ああ神さま、わたしはなんと孤独なんだ」と感じたときは、それと向かい合い、完全にそれとともにいて、それから離れず動かずにいるのです。すると、根源的な変化が起こります。

さて、この恐怖という問題に戻らなければなりません。わたしたちは言いました。明らかに思考は恐怖の原因の一つである、と。わたしは死について考える、なぜなら、老人だから、あるいは、若いけれども、花々で飾られた馬や車の数々からなる葬列を見たから。思考が恐怖の原因の一つであることはわかります。それは明らかな事実です。さらに、時間も恐怖の要素です。わたしは、何が起こるだろうかと恐れます。かつての行為を、誰かが脅迫の種に使うのではないかと恐れます。したがって、時間と思考が恐怖の根です。時間と思考。思考と時間のあいだには分断はありません。思考は時間です。

思考は必要だし、時間も必要です。ここからあそこへ行くために時間は必要ですし、自動車を運転したり、バスや列車に乗るには思考が必要です。そのレベルでは思考は必要だし、時間も必要です。それでは申し上げますが、思考と時間が恐怖の根であるとして、思考と時間は心理的に必要でしょうか？　それらは必要ですか？　心理的な世界において、自己（self）の世界、心理（psyche）の世界、皮膚の内側の世界において、時間と思考は必要である、と考えている限り、みなさんは、いつまでも恐怖のなかにいるでしょう。

もし、みなさんが、このことを知覚するなら、すなわち、思考と時間は恐怖の根である、という、このことを、受け入れるのではなく、知覚するなら、思考と時間は、物質的なレベルでは必要であっても、内面的には必要なくなります。そうなったら、必要とされない領域に思考と時間が入り込まないように、脳は、それ自身を積極的に、毎瞬毎瞬、観察し続けます。何世紀にもわたって、あるいは一日のあいだ、恐怖を積み重ねてきた脳が、それらはどこに必要でどこに必要でないかを見て取るには、そのためには、とてつもない注意と気づきが求められます。脳は、思考と時間が生のプロセス全体に入り込まないように、タカのように見張ります。これが、ほんとうの教練・規律（discipline）であり、学びなのです。この言葉の語源は、弟子（disciple）、つまり、学ぶ者です。彼は、あらゆる時間に学んでいます。「学び終わった」と言って立ち止まることは、決してありません。［出典32］

観察のなかで、人は自由の欠如を発見し始める

わたしたちの最大の問題の一つは、自由とは何かを知ることであり、この問題を理解する必要性はきわめて大きく、絶えることなく続いているはずです。というのも、非常に多くの専門家たちからの非常に多くの宣伝活動もあれば、非常に多くのさまざまなかたちの外や内に向かう強迫衝動もあり、さらには、矛盾する説得や影響や印象などのあらゆる混沌があるからです。わたしは確信しています。わたしたちは自分自身にこう問いかけなければならない、すなわち、自由とは何か、と。そして、みなさんもわたしも知っているように、世界のいたるところで権威主義が広がっています——政治的、社会的、経済的レベルだけでなく、いわゆるスピリチュアルなレベルでも同じです。

いたるところで、周りからの強烈な影響があります。新聞は、わたしたちが何を考えるべきかを示します。五年、十年、あるいは十五年計画といったものがたくさんあります。それから、経済や科学の、官僚レベルの専門家たちがいます。日常活動では、わたしたちが何をすべきで何をすべきでないか、といったありとあらゆる伝統があります。いわゆる聖なる書物の影響全体として。そして、映画があり、ラジオがあり、新聞があり、世界のすべてが、わたしたちに何をすべきか、何を考えるべきで、何を考えるべきでないかを指示しようとしています。自分自身で考えることがいかに難しくなりつつあるか、みなさんがお気

づきかどうかわかりませんが！　わたしたちは、ほかの人たちが言うこと、あるいは言ったことの引用にすっかり熟練しています。この権威主義的な渦のただなかの、どこに自由があるのでしょう？　そして、わたしたちは、「自由（freedom）」という言葉で、何を意味しているのでしょう？　自由などというものがあるのでしょうか？　わたしは「自由」という言葉を最もシンプルな感覚で使っており、そこには、解放（liberation）も、解放された自由な精神も含まれています。よろしければ、そこに分け入ってみたいと思います

まず第一に、わたしたちの精神が現実には自由でないことを自覚しなければならない、とわたしは考えます。わたしたちが目にするすべてのもの、抱く思考のすべてが、わたしたちの精神を形づくります。いま、みなさんが何を考えているにしても、過去に何を考えたにしても、未来に何を考えるにしても、そのすべてが精神を形づくります。みなさんは、宗教家や政治家、学校の教師に言われたこと、あるいは、本や新聞で読んだことを考えます。みなさんの周りのすべてが、みなさんが何を考えるかに影響を与えます。みなさんが食べるもの、見るもの、聞くもの、妻、夫、子ども、隣人、すべてが精神を形づくっています。これは、相当に明白なことだと思います。みなさんが、神は存在する、あるいは存在しない、と考えるときでさえ、それもまた、伝統の影響を受けています。ですから、わたしたちの精神は、多くの相反する影響が互いにぶつかりあっている場なのです。

どうか、よく聞いてください。なぜなら、これまでも言ってきたように、わたしたちが、このすべてを、自分自身で直接に経験しない限り、この種の話には何の価値もないからです。言われていることを、みな

さんが経験しない限り、ただ説明に従うのではなく、自分の思考方法に気づき、認識し、それを知って、それについて経験しない限り、まったく何の意味もないでしょう。つまるところ、わたしは、人間の生とその周囲で実際に何が起こっているかを、お話ししているだけです。それによって、わたしたちが気づきをもち、事態を打開し突破できるかどうかを、また、その突破がどんな意味をもつかを見ることができるように、と。なぜなら、いまのわたしたちが奴隷であることは、ヒンドゥー教の奴隷か、カトリックの奴隷か、ロシアの奴隷か、あるいは、その他の何の奴隷であるかにかかわらず、明らかだからです。わたしたちはすべて、何らかのかたちの思考の奴隷で、そうしたすべてのただなかで、わたしたちが自由であり得るかと問いかけ、自由と権威の解剖学について話しているのです！

わたしたちが何を考えるかは条件づけられている、という、このことは、わたしたちの大半にとって、かなり明白だと思います。みなさんが何を考えようと――どれほど高貴で広大であろうと、あるいは限定的で狭量だろうと――それは条件づけられています。そして、その考えを押し進めても、そこには思考の自由はまったくあり得ません。思考それ自身が条件づけられているのです。なぜなら、思考は記憶の反応であり、記憶はすべての経験の残留物であり、それは結局、条件づけの結果であるからです。そこで、もし、すべての思考はどのレベルにせよ条件づけられている、と自覚するなら、思考はこの限界を突破する手段ではない、とわかるはずです――だからと言って、ぽかんとしたり、思惑を巡らせながら黙っていなければならない、という意味ではありません。

実際の事実として、すべての思考、すべての感情、すべての行動は、同調的で、条件づけられ、影響されている。そうではありませんか?　たとえば、聖人がやってきて、彼なりの言葉づかいと身振り手振り、表情、あれこれの引用でみなさんに影響を与えます。そして、わたしたちは影響されたがるのです。わたしたちはあらゆるかたちの影響から離れることを恐れ、深く入って行けるかどうか見ることを恐れ、影響の結果ではない存在の状態があるかどうか発見することを恐れます。

どうして、わたしたちは影響されるのでしょう?　ご存じのとおり、政治の世界では、わたしたちに影響を与えるのが政治家の仕事です。あらゆる本、あらゆる教師、あらゆるグルは——強力であればあるほど、雄弁であればあるほど、わたしたちはそれを好むのです——自分の思考を、生き方を、行動様式をわたしたちに押し付けます。ですから、人生は観念や影響の戦いであり、みなさんの精神はその戦場なのです。政治家は、みなさんの精神を欲する。グルは、みなさんの精神を欲します。聖人は、これをしろ、あれをするな、と言う。彼もまた、みなさんの精神を欲する。そして、あらゆる伝統、あらゆるかたちの習慣や風習が、みなさんの精神に影響し、形づくり、導き、コントロールするのです。これは、かなり明白なことだと思います。否定するなんてとんでもないことでしょう。事実は事実です。

ちょっと脱線させていただくなら、わたしは、美がわかることが不可欠だと思っています。空の、丘の上の太陽の、微笑みの、顔の、身振りの美しさ、水に浮かぶ月光の、薄れていく雲の、鳥の歌の美しさ、その美しさを見て、感じて、それとともにあるのです。これは、真理を求める人間に何よりも必要なことだと、わたしは考えます。わたしたちの多くは、周りにあるこのとてつもない宇宙にあまりにも無関心です。わたしたちは、風にそよぐ一枚の木の葉すら、決して見ていません。草の葉を観察し、手で触れて、その存在の質を知ることも、決してしないのです。これは、単に詩的になるということではありません。ですから、空想的で感情的な気分に迷い込まないでください。わたしは、生への深い感情をもつことが不可欠だと、知的な区分や議論、通り一遍の検討、引用することや、すでに言われていることだと決めつけて新しい何かを無視することに囚われないことが不可欠だと言っているのです。知的であることは道ではありません。それは、わたしたちの問題を解決しないでしょう。それは、わたしたちに不滅の滋養を与えてはくれないでしょう。知的であることは、推理し、議論し、分析し、推論等々によって結論に達することはできます。ですが、知的であることは、わたしたちの条件づけの結果であり、ですから、限定的です。しかし、鋭敏さ・感受性（sensitivity）は違います。鋭敏さは条件づけられていません。鋭敏さは、みなさんを恐怖と不安の場から連れ出してくれます。周りのすべてに——山に、電柱に、ランプに、声に、微笑みに、あらゆるものに対して——鋭敏さ・感受性のない精神は、何が真実かを発見できないのです。

しかし、わたしたちは何日も何年も、知的であることを涵養し、論争し、議論し、闘争し、何かであろうと苦闘すること等々で過ごしています。それでも、この、とてつもなくすばらしい世界、これほどまでに豊かな、この地球——ボンベイの地球、パンジャブの地球、ロシアの地球、アメリカの地球ではありませんよ——この地球は、わたしたちのものです。みなさんのものであり、わたしのものです。これは、感傷的なたわごとではなく、事実です。しかし、残念なことに、わたしたちは、それを、自らの狭小さと偏狭さで分断しました。そして、わたしたちは、なぜそうしたのかを知っています——自分たちの安心のため、もっと良い仕事、もっと多くの仕事のためです。これは、世界中で行なわれている政治的なゲームです。わたしたちは人間であることを、わたしたちのものであるこの地球で幸せに生きることを、そして、そこから何かを作り出すことを忘れてしまいました。なぜかと言えば、それは、わたしたちが美への感情をもっていないから、感傷的でも不健全でもセクシュアルでもない、気づかいの感覚である、美への思いをもっていないからです。その感情を失ったから――あるいは、一度ももったことがないのかもしれません――わたしたちは戦い続け、言葉をめぐって互いに争い、何ごとも即座に理解することがないのです。

インドで起こっていることを見てください。土地を地区に分割し、争い、殺戮しています。世界中で同じことが起こっています。何のためでしょうか？　もっと良い仕事、もっと多くの仕事、もっと大きな権力のためですか？　そして、この戦いのなかで、わたしたちは、ものごとを自由に、幸福に、嫉妬なしに見ることができる精神的な質を失いました。わたしたちは、幸せな人を――贅沢な車を運転している人を――どう見ればいいかわからず、彼を見てともに幸せでいるにはどうすればいいかを知りません。そして、きわめて貧しい人たちにどう共感すればいいかも知らないのです。わたしたちは、車をもっている人を羨み、何ももたない人を遠ざけます。

ですから、愛は存在せず、その愛の質がなければ、まさに美の本質である愛が現にないならば、何をしようとも――世界のあらゆる聖地に巡礼し、あらゆる寺院に出かけて、思いつく限りの徳を養っても――決して、どこにも行き着かないでしょう。どうか、わたしを信じてください。たとえ、これから一万年、呼吸を止め、足を組んで瞑想しても、それでは、美と愛の感覚はもてないでしょう。みなさんはお笑いになります。ですが、みなさんは、この悲劇がわかっていません。わたしたちは、真実であるものを即座に見て受け取る、そのような精神の鋭敏さ・感受性のある状態にはないのです。おわかりですか。鋭敏さ・感受性のある精神は、無防備な精神、感じやすく繊細な精神です。真理と出会うためには、精神は、感じやすく繊細でなければなりません——みなさんには共感がない、という真理、みなさんは嫉妬している、という真理ですよ。

そこで、この美の感覚をもつことが不可欠になります。美の感情とは、愛の感情だからです。前にも言ったように、これはちょっとした脱線ですが、しかし、いまお話ししていることに関連して意義深いと思います。影響され、形づくられ、権威になびきやすい精神は、明らかに、決して自由ではあり得ない、と言いました。そして、その精神が何を考えようと、その理想がどれほど高く、どれほど微妙で深かろうと、やはり、条件づけられているのです。思うに、このことを理解するのが非常に重要なのです。つまり、精神が時間を通じて、経験を通じて、数千もの昨日を通じて形づくられ、条件づけられており、思考はそこから出る道ではない、という、このことです。これは、みなさんが「考えなし」でなければならない、という意味ではありません。それどころか、逆です。みなさんが非常にしっかりと、非常に深く、大きく、広く、微妙なところまで理解できたなら、そのときにのみ、考えるということがどれほどちっぽけで、思考というものがどれほど小さいかを充分に認識できるのです。そのとき、その条件づけの壁が崩れます。わたしたちはこの事実を——すべての思考は条件づけられているという事実を——見ることができないのでしょうか？　コミュニストの、資本主義者の、ヒンドゥー教の、仏教の、あるいは、いまお話ししている人物の思考であれ、思考は条件づけられています。そして明らかに、精神は時間の結果であり、千年の、昨日の、一秒前の、十年前の反応の結果です。精神は、みなさんが学び、苦しんだ期間の、そして、過去と現在のあらゆる影響の結果なのです。さて、そのような精神は、明らかに自由ではあり得ません。たとえ、その自由を、わたしたちが求めていてもです。そうではありませんか？　ご存じでしょうが、ロシアにおいても、何もかもがコントロールされている全体主義国家のすべてにおいても、自由への欲求があります。この欲求は、そもそもの初めから、若いころのわたしたちすべてにあります。それで、わたしたちは革命的になり、不満を抱き、知りたがり、好奇心をもち、奮闘します。ですが、まもなく、その不満はさまざまな水路に分かれ、やがて、ゆっくりと死んでいくのです。

このように、わたしたちのなかには常に要求が、自由への衝動があるのですが、わたしたちは決してそれを理解せず、そこへ分け入らず、この深い本能的な要求を決して見つけ出そうとしませんでした。若いころには不満で、あるがままのものごとや伝統的な価値観の愚かさに満足できなくても、歳をとるにつれて、少しずつ社会が確立した古いパターンにはまり、そして、道を見失います。純粋な不満を、これは充分ではない、ほかに何かがあるはずだ、という不満をもち続けるのは、とても難しいことです。わたしたちすべてが、その感覚を、他なるもの（otherness）の感覚を知っているのですが、まもなく、それを神に、あるいは涅槃に翻訳し、それから、関連の本を読んで、道を見失います。ですが、この他なるものの感覚、それを探し求め、探究することは、わたしが思うに、これこそが、ほんとうの衝動の――あらゆる政治的、宗教的、伝統的影響から自由になりたい、その壁を突破したい、という、ほんとうの衝動の始まりなのです。それを探究しようではありませんか。

たしかに、いくつかの種類の自由があります。政治的な自由。ものごとのやり方、ノウハウを知っているときの、知識が与える自由。世界中をまわれる金持ちの自由。書くことができ、自分を表現でき、明晰に考える能力による自由。それから、何かからの自由があります。抑圧からの、嫉妬からの、伝統からの、野心からの、その他からの自由です。そして、結果として最後に得る（とわたしたちが希望する）自由がありますーー規律の結果として、徳を獲得した結果として、努力の結果として、ある種のことを行なうことを通じて得たいと願う最終的な自由です。つまり、能力が与える自由、何かからの自由、そして、徳のある人生の結果として得られるはずの自由ーーこれらが、わたしたちすべてが知っている自由のタイプです。さて、こうしたさまざまな自由は、単に反応にすぎないのではありませんか？　みなさんが「わたしは怒りから自由になりたい」と言うとき、それは単なる反応です。怒りからの自由ではありません。そして、みなさんが徳のある人生の結果として、苦闘や規律によって得られると考える自由、それもまた、いままでのあり方への反応なのです。

どうか、慎重についてきてください。なぜなら、わたしは、みなさんには慣れづらいであろう、その意味で少々難しいことを言おうとしているからです。何かからの自由ではない自由の感覚があります。何の原因もなく、しかし、自由である状態です。おわかりですか。わたしたちが知っている自由は、常に意志によってもたらされます。そうではありませんか？　わたしは自由になる。わたしは技術を学ぶ。わたしはスペシャリストになる。わたしは勉強する。その意志が、わたしに自由を与える。そこで、わたしたちは、自由を獲得する手段として意志を使います。わたしは貧乏でいたくない、だから、豊かになるために能力を、意志を、すべてを行使する。あるいは、わたしはうぬぼれが強いから、うぬぼれないように意志を行使する。このように、わたしたちは、意志の行使を通じて自由が得られる、と考えます。ですが、意志は自由をもたらしません。話は逆です。それをこれからお話ししましょう。

意志とは何でしょうか？　わたしはこうなるだろう、こうであってはならない、何かになるために必死に努力しよう、学ぼう――これらはすべて、意志の行使のかたちです。さて、この意志とは何で、それは、どのように形づくられたのでしょう？　明らかに、欲望を通じて作られたのです。わたしたちのたくさんの欲望とそれにともなう欲求不満、強迫衝動、そして、達成は、言ってみれば、縒りあわされた綱、ロープです。それが意志です。違いますか？　みなさんの矛盾しあうたくさんの欲望が縒りあわされて、非常に丈夫で強力なロープになり、みなさんは成功へ、自由へ向かってそれをよじ登ります。さて、欲望は自由を与えるでしょうか？　それとも、自由への欲望そのものが自由の否定なのでしょうか？　どうか、自分自身を、自分の欲望を、自分の野心を、自分の意志を見つめてください。もし、何の意志ももたず、ただ動かされているとしたら、それもまた、意志の一部です――抵抗しないで流れに乗る、という意志です。この欲望の重みを通じて、ロープを通じて、わたしたちは神に向かって、至福に向かって、あるいは何にしろ、何かに向かって登ろうと願うのです。

そこで、わたしはお尋ねしているのです。みなさんの意志は、はたして、解放の要素なのでしょうか、と。自由は、意志を通じてもたらされる何かですか？　それとも、自由は、まったく違った何か、反応とは何の関係もなく、能力を通じても、思考を通じても、経験や規律、あるいは、絶え間ない同調を通じても達成されない何かでしょうか？　あらゆる本が語っているのは、こういうことです。パターンに同調しなさい、そうすれば、あなたは結果として自由になるだろう。このすべてを行ない、服従しなさい、そうすれば、いつかは自由があるだろう。わたしに言わせれば、すべて、ナンセンス以外の何ものでもありません。なぜなら、これからお示しするように、自由は、終わりではなく、始まりにあるからです。何かの真実を見ることは可能です。そうではありませんか？　空が青いことを、みなさんは見ることができます――そして、数千人の人々がそう言います――しかし、みなさんは自分自身で、なるほどそのとおりだ、と見ることができるのです。みなさんがすべてに鋭敏であるなら、木の葉の動きを自分自身で見ることができます。そもそもの始まりから、いかなるかたちの強制も調整も同調も通さず、真実であるものを本能的に知覚する能力があるのです。さて、みなさんに別の真理をお示ししましょう。

わたしは、指導者、追随者、有徳の人は愛を知らない、と言います。みなさんにそう言います。指導者であるみなさん、追随者であるみなさん、有徳者でありたいと頑張っているみなさん、わたしは言います。みなさんは愛を知りません。いまは、反論なさらないでください。「証明しなさい」と言わないでください。みなさんに説明し、お示ししますが、まずは、どうか、防衛的にも攻撃的にもならず、肯定したり否定したりせずに、わたしが言わなければならないことに耳を傾けてください。わたしは言います。指導者、追随者、あるいは、有徳者であろうとする人は、そのような個人は、愛とは何なのかを知らない、と。この言葉に、みなさんがほんとうに耳を傾けるなら、攻撃的でも従順でもない精神で聞くなら、そのときは、それが実際に真理であることが見えるでしょう。その真理が見えないなら、それは、みなさんが見たくないから、あるいは、自分の指導力に、追随に、あるいは、いわゆる有徳であることに、この上なく満足していて、ほかのあらゆることを否定するからです。しかし、すべてに鋭敏で、窓の外を見るときのようにオープンになって探究するなら、きっとその真実が見えます。そうなるはずです。

さて、説明をしましょう。なぜなら、みなさんは、それなりに理性的で知性的な人々で、納得できるはずだからです。ですが、知性や理性を通じてその真理を実際に知ることは、決してないでしょう。説明されて納得するかもしれませんが、しかし、納得することと真実を知覚することは違います。この二つには、とても大きな違いがあります。何かを納得した人は、何が真実かを見ることはできません。納得した人は、また納得できなくなって、違ったやり方でまた納得するでしょう。ですが、真実を見る人は「納得」しません。彼は、それがただ真実だと見ます。

さて、わたしは道を知っている、わたしは人生のすべてを知っている、究極のリアリティを経験した——その物証がある！——と言う指導者は、明らかに、自分自身と自分のビジョン、そして自分のビジョンを貧しい聞き手に伝えることに非常な関心をもっています。指導者は、自分が正しいと考える何かに向かって人々を導きたいのです。ですから、指導者には、政治的指導者、社会的指導者、宗教的指導者であれ、あるいは、あなたの妻や夫であれ、そのような人たちには愛はありません。彼は愛について語り、愛し方を教えると言うかもしれないし、愛が行なうとされているすべてのことを行なうかもしれません。ですが、実際の愛の感情はそこにはありません——なぜなら、彼は指導者だからです。愛があれば、みなさんは指導者であることをやめます。愛は何の権威も行使しませんから。そして、同じことは追随者にもあてはまります。追随した瞬間、みなさんは権威を受け入れるのです――天国に安全な片隅を、あるいは、この世界に安全な片隅を、安心を与えてくれる権威です。追随するとき、自分や家族の、人種や国家の、安心を求めているとき、その追随は、安全でありたいと願っていることを意味しており、安全を求める人は、愛の質を何も知りません。有徳である人も同じです。謙遜を培おうとする人が、有徳でないのは確かです。謙遜とは培うものではないのです。

鋭敏で、探究する精神、ほんとうに耳を傾ける精神は、真理である何ものかを即座に知覚する、という、このことを、わたしはみなさんにお示ししようとしています。ですが、真理を「あてはめる」ことはできません。みなさんが真理を見るなら、それは、みなさんの意識的努力なしに、それ自身で独自に働くのです。

さて、不満が自由の始まりですが、不満をどうにか処理しようと試みている限り、その不満を消そうとして権威を受け入れている限り、安全な経路に入り込んでいる限り、みなさんはすでに、現に感じている純粋素朴な感覚を失っています。わたしたちのほとんどは、仕事や人間関係、あるいは何にせよ、自分がしていることに不満です。みなさんは、何かが起こることを、変化することを、動くことを、突破することを望んでおられます。ですが、それが何であるかは知りません。常に探し求めることが、探究があり――若くて、オープンで、鋭敏なときにはとくにそうです――しかし、のちに歳をとると、自分の習慣、仕事に落ち着くのです。なぜなら、家族は安全だし、妻はどこにも行かないでしょうから。それで、このとてつもない炎は消え、みなさんは尊敬すべきちっぽけな「考えなし」になります。

これまで言ったように、何かからの自由は自由ではありません。みなさんは怒りから自由になろうと試みます。わたしは、怒りから自由になるべきではない、とは言いませんが、それは自由ではない、と言います。貪欲を、狭量を、嫉妬を、その他諸々を克服するかもしれません。ですが、まだ、自由ではありません。自由とは、精神の質です。その質は、非常に慎重で丁寧な探し求めや探究によっても、非常に慎重な分析や観念の組み立てによっても、もたらされはしません。ですから、わたしたちが求めている自由とは、たとえば、悲しみからの自由のように、常に何かからの自由としてある、という真理を見ることが、まさに重要なのです。悲しみからの自由がない、というわけではありません。ですが、それからの自由を求めるのは単なる反応でしかなく、したがって、あなたは悲しみからは解放されません。わたしが言っていることは、はっきりしてますか？

わたしはさまざまな理由で悲しみ、そして、自由にならなければならない、と言います。悲しみから解放されたいという衝動は、苦痛から生まれます。わたしは、夫や息子、あるいは何かの理由で苦しんでいて、自分がいる状態を好まず、そこから脱出したいと願います。この自由への欲望は反応であって、自由ではありません。それは、いまある状態とは反対の、そこにいたいとわたしが願う、別の望ましい状態にすぎません。たくさんのお金があって世界中を旅できる人は、必ずしも自由ではありません。また、賢い人や有能な人も同じです。自由になりたい、という彼の思いは、やはり、単なる反応だからです。それでは、自由、解放は、どんな反応を通じても学べないし、獲得できないし、求められない、という、このことを、わたしは見ることができるでしょうか？　したがって、わたしは、反応について理解しなければなりません。そしてまた、自由は、どんな意志の努力によってももたらされない、という、このことも理解しなければなりません。意志と自由は、思考と自由が相反するように相反するのです。思考は、自由を生み出すことはできません。なぜなら、思考は条件づけられているからです。経済的には世界をうまく整えて、人間がもっと快適でいられるように、もっと食糧や衣服や住まいが豊かになるようにできるでしょうし、それが自由だとお考えになるかもしれません。そうしたことは必要だし、不可欠ですが、それは、自由のすべてではありません。自由とは、精神の状態であり、質なのです。そして、いま、わたしたちが探究しているのは、その質です。その質がなければ、どんなことをしようとも、この世界のあらゆる徳を培おうとも、その自由はないのです。

それでは、この、他なるもの（otherness）の感覚、精神の質は、どうすればもたらされるのでしょう？ みなさんはそれを培うことはできません。なぜなら、みなさんが頭脳を使うとき、思考を使うとき、それは限定されているからです。ブッダの思考であれ、ほかの誰の思考であれ、あらゆる思考は限定されています。ですから、わたしたちの探究は否定形（negative）でなければならず、わたしたちは遠回しに、直接的にではなく、その自由に近づくべきなのです。これは何らかのヒントになっていますか？ それとも、まったくなっていませんか？ 自由とは、積極的に探し求めるものではなく、拒否や規律や自分自身をチェックすることで、自分自身を責め苛むことで、さまざまな修行その他を行なうことで培うものでもありません。それは、徳のように、みなさんが知らないうちに訪れなければならないのです。培われた徳は、徳ではありません。徳は、真の徳は、自分が意識するものではないのです。謙遜を培ってきた人、自負心や虚栄、傲慢のゆえに謙遜する人、そのような人は、真の意味で謙遜ではありません。謙遜とは、香り高い花が自らの香りを意識しないように、精神が自分自身の質を意識しない状態です。ですから、この自由はどんなかたちの規律を通じてももたらされないし、かつまた、規律のない精神はそれを理解できないのです。みなさんは結果を生み出すために規律を用いますが、しかし、自由は結果ではありません。もし、それが結果なら、もはや、自由ではないのです。なぜなら、それは作り出されたものだからです。

それでは、精神は、多様な影響や強迫やさまざまなかたちの相反する欲望でいっぱいの精神、時間の産物である精神は、どのように自由の質をもつのでしょう? わたしがいままでお話ししてきたことはすべて自由ではない、とわたしたちは知っています。それらはみな、さまざまなストレスや強迫や影響のもとにある精神が作り出したものです。そこで、もし、このすべては自由ではないという気づきそのもののなかで、否定形でそれに取り組むことができるなら、そのとき、精神は、すでに規律をもっています——ですが、結果を達成するための規律ではありません。それについて、手短に検討してみましょう。結果を達成するために、わたしは規律をもたなければならない、と精神は言います。これは、かなり明白なことです。ですが、このような規律は自由をもたらしはしません。結果は出ます。なぜなら、みなさんには動機があり、結果を出す原因があるからです。しかし、その結果は決して自由ではなく、ただの反応です。これも、はっきりしています。さて、その種の規律がどのように働くかを理解し始めたとき、その理解のプロセスそのもののなかで、探究し分け入って行くプロセスそのもののなかで、わたしの精神は真に規律をもちます。結わたしが言っていることがおわかりになるかどうか——すぐにはおわかりにならないかもしれません。結果を出そうとする意志の行使が規律と呼ばれるなら、意志の意義全体、その種の規律、そして、わたしたちが結果と呼ぶものを理解するには、とてつもなく明晰で、「規律ある」精神を必要とします——それは、意志ではなく、否定形としての理解を通じた規律です。

さて、否定形として、何が自由ではないのかという問題全体を、わたしは理解しました。わたしはそれを検討し、自由とは何を意味するかを理解するために、わたしの心と精神を、存在の奥深くを調査しました。そして、わたしたちが説明してきた事柄はどれも自由ではなく、なぜなら、それらはすべて欲望や強迫や意志を、最後に何が獲得できるかをベースにしているからであり、それらのすべてが反応であることを見ます。わたしは事実として、それらが自由ではないことを見ます。このように、これらの事柄を理解したので、わたしの精神は、自由であるものを見出すために、あるいは受け入れるために、オープンになります。

そのとき、わたしの精神は、結果を探し求める規律ある精神のそれでもなく、あるいは、あてどなくさまよう規律なき精神のそれでもない、そのような質を有しています。「あるがまま」と「あるべき」をともに否定形で理解したので、何かからの自由ではない自由、結果ではない自由を、知覚でき理解できるのです。

このためには、多大の探究が必要です。みなさんが、何かからの自由ではない自由がある、とただ繰り返すなら、それは何の意味もありません。ですから、そのようなことは言わないでください！　あるいは、「その自由を得たい」と言うなら、それはそれで間違った道筋に入り込んでいるのです。というのも、そのようなことはできないからです。宇宙はちっぽけな精神には入れません。測り知れないものが測定を知っている精神を訪れることはあり得ないのです。ですから、わたしたちの探究は、どのようにして測定を突き破るか、ということがすべてになります——だからと言って、アシュラムに隠遁しなければならないとか、神経症的になったり、敬虔になったり、その他のナンセンスに逃げ込まなければならない、という意味ではありません。

そして、言わせていただくなら、ここで重要なのは教えであって、教師ではありません。ここでいま話をしている語り手は重要ではありません——彼は外に放り出してもよろしい！　重要なのは、語られたことです。精神は測定できるものしか知らず、それ自身の羅針盤、境界、野心、希望、絶望、悲惨、悲しみ、喜びしか知りません。そのような精神は自由を招き入れることはできないのです。できるのは、自らに気づき、見たものを非難しないことだけです。醜さを非難したり、美しさにしがみついたりせず、あるがままを見るのです。あるがままをただ知覚する。それは、精神の測定と境界とパターンを突き破る始まりとなります。ものごとを、ただ、あるがままに見るのです。そのとき、みなさんは発見するでしょう。精神が意図せずに、知ることもなく、その自由に達し得ることを。精神のなかの、この変容それ自体が、真の革命なのです。その他のすべての革命は、たとえ、「自由」という言葉を使い、ユートピアや天国を、すべてを約束したとしても、反応です。真の革命は、精神の質のなかにのみあるのです。［出典33］

精神の根源的な変容

質問者：脳と精神について話したいのですが、よろしいでしょうか？　思考は脳細胞で物質的に起こっています。つまり、思考は物質的なプロセス、ということですね。もし、思考が停止し、思考なしの知覚があるとしたら、物質的な脳には何が起こるのでしょうか？　あなたは、脳の外に精神の場があるとおっしゃっているようですが、脳のどこかでないとすれば、純粋な知覚の運動は、いったい、どこで起こっているのでしょう？　さらに、純粋な知覚が脳と何のつながりもないとすれば、脳細胞に変容が起こることが、どうして可能なのでしょうか？

クリシュナムルティ（以下K）：みなさんには、いまの質問がおわかりになりましたか？　第一に、質問者は脳と精神の違いをはっきりさせたがっています。それから、知覚は純粋に脳の外側にあるのか（それは、思考は知覚の運動ではない、という意味ですが）、それを尋ねています。そして、もし、知覚が、思考と記憶のプロセスである脳の外で起こるとすれば、過去に条件づけられている脳細胞自身には何が起こるのか、と尋ねています。それに、知覚が外で起こっているとすれば、脳細胞の変容はあるのだろうか、と。ここまでは、よろしいですか？

それでは、脳と精神から始めましょう。脳とは物質的な機能です。脳は筋肉なのです――そうですね？心臓と同じです。そして、脳細胞にはすべての記憶が収容されています。わたしは脳の専門家ではないし、専門家について勉強したわけでもありませんが、長年生きてきて、非常に多くの観察をしてきました。他の人々の反応――彼らが何を言い、何を考え、何をわたしに言いたがるか――だけではなく、脳がどのように反応するかも観察してきたのです。さて、脳は時間をかけて単細胞から進化してきました。何百万年もかかってサルに到達し、さらに何百万年かかかって、人間は直立できるようになり、そして最終的に、人間の脳があるわけです。人間の脳は頭蓋のなかに収容されていますが、しかし、それ自体を超えて行くことができます。みなさんはここに座っていながら、国のことを、あるいは家庭のことを考えることができますね――そして、物理的にではなく、思考のなかで、瞬時にそこに飛んで行けるのです。

脳はとてつもない能力をもっており、技術的には実にとてつもないことを成し遂げてきました。しかし、脳はまた、言語の限界によって――言語そのものではなく、言語の限界によって――条件づけられています。それは、住んでいる場所の気候によって、食べる食物によって、社会的環境によって、住んでいる社会によって条件づけられており、その社会は脳が創り出したものです。ですから、社会は脳の活動にほかならないのです。それは、経験をベースに何百万年も蓄積された知識によって条件づけられてきました。それが伝統です。わたしはイギリス人だ、あなたはドイツ人だ、彼はヒンドゥー教徒だ、彼は黒人だ、彼はこれだ、彼はあれだと、あらゆる国家主義的な分断があります。これは部族的な分断ですね――さらに、宗教的な条件づけがあります。つまり、脳は条件づけられており、条件づけられているから、限界があります。

脳にはとてつもない能力があり、技術的な世界やコンピュータ等々の世界では限界がないのですが、しかし、心理の面では、まさしく限界があります。

人は、ギリシャの時代から、古代ヒンドゥー教の時代等々から、「汝自身を知れ」と言ってきましたが、自分自身の心理を研究することは決してありません。心理学者、哲学者、専門家は他者の心理を研究しますが、自分自身の心理は決して研究しません。ラットを、ウサギを、ハトを、サル等々を研究しますが、しかし「自分自身を見てみよう。わたしは野心的だ、貪欲だ、嫉妬深い、隣人や仲間の科学者と競争する」とは言いません。それは、何千年も存在してきた同じ心理で、わたしたちは外部的には技術的にすばらしくても、内面的には非常に原始的です。

このように、脳は、心理の世界では限定され、原始的です。さて、その限界を打ち崩すことができるでしょうか？　その限界、それは自己であり、エゴであり、「わたし（me）」であり、自己中心的な関心なのですが、このすべてを、きれいさっぱり取り払うことができるでしょうか？　それは、脳が条件づけられていない、という意味です——わたしが言っていることがおわかりですか？　そうなれば、恐怖はないのです。いま、わたしたちのほとんどは、恐怖のなかで生きて、心配し、次に何が起こるかと怯え、死に怯え、いくつものことに怯えています。このすべてを完全に取り払い、真新しくなることができるでしょうか？　そうすれば、脳は自由になり、精神との関係がまったく変わります。つまり、その人には自己（self）の影がまったくないことがわかるのです。そして、「わたし（me）」がどんな領域にも入り込まないことがわかるのですが、それは、とてつもなく困難です。自己は、いろいろなやり方で、あらゆる石の下に隠れています。自己は思いやりのなかに隠れていて、インドへ行って貧しい人たちの面倒を見ることもあります。なぜなら、そのとき、自己は、ある観念に、信念に、結論に、信条に執着しているからです。自己はたくさんの仮面をもっています。瞑想の仮面、最高のことを達成する仮面、わたしは悟ったという仮面、わたしは自分が何を語っているかを知っているという仮面。こうした人間性への関心もすべて、別の仮面です。そこで、自己がどこに隠れているかを見抜くには、非凡で、微妙で、迅速な脳がなければなりません。多大な注意が、観察して、観察して、観察することが求められます。このすべてを、みなさんは実行しないでしょう。たぶん、あまりに怠惰か、あまりに老いているので、「たのむよ、そこまでするほどの価値はない、わたしのことはほっといてくれ」と言うでしょう。ですが、ほんとうにこのことにきわめて深く入って行きたいと思うなら、思考のすべての動き、反応のすべての動きを、タカのように鋭く観察しなければならないのです。そうしてこそ、脳は、条件づけから解放できるのです。この話し手は、他の誰のためでもなく、自分自身のために話しています。彼は、自分自身を欺いているかもしれず、何かの振りをしようとしているかもしれません。そうであるとして、みなさんにはわからないでしょう。ですから、大いに懐疑し、疑い、問いかけてください。他者が言うことを受け入れるのではなく。

さて、条件づけがなくなったとき、脳は、もはや退化しません。みなさんがもっと歳をとると——みなさんはそうでないかもしれません——しかし、一般には歳をとるとともに、脳は消耗し始め、記憶を失い、奇妙なやり方で行動するようになります。そんなことはすべて、ご存じですね。退化は単にアメリカだけで起こるのではなく、まず脳で起こるのです。そして、脳が完全に自己から解放されたとき、したがって、もう条件づけられていないときに、そのとき、わたしたちはこう問うことができます。精神とは何だろうか、と。古代のヒンドゥー教徒は精神を探究し、それについてさまざまなことを言っています。しかし、そうしたあれこれをすべて取り払い、彼がどれほど古く、どれほど伝統的でも、彼に依存しないなら、精神とは何なのでしょう？　わたしたちの脳は常に葛藤し、したがって無秩序です。そのような脳は、精神は何なのかを理解できません。精神は――わたしの精神ではなく、精神そのもの、宇宙を生み出した精神、細胞を生み出した精神、純粋なエネルギーと英知である精神です――脳が自由なときにのみ、脳と関係をもつことができます。ですが、もし、脳が条件づけられているなら、何の関係ももてません。こういうことを、みなさんは信じる必要はないのですよ！　さて、英知は精神のエッセンスです。思考の英知や、無秩序の英知ではありません。それは純粋な秩序、純粋な英知、したがって、純粋な思いやり・慈悲（compassion）です。その精神は、脳が自由なときに、脳と関係をもつのです。

これについてはいくらでもお話しできますが、それはやめましょう。みなさんはお疲れですか、それとも、耳を傾けていますか？　ご自身に耳を傾けていますか、それとも、ただわたしの言うことを聞いているのですか？　その両方をしていますか？　ご自分の反応を、脳がどう働いているかを観察していますか？　それは、行為と反応の行ったり来たり、行ったり来たりで、つまりは、みなさんは耳を傾けてはいないということです。この行為と反応が停止するとき、みなさんはただ耳を傾けます。そこには、純粋に耳を傾けることだけがあります。見てください。海は常に動いています。潮が満ちては引いていきます。それが海の行為です。人間も同じようなものです――行為と反応があり、その反応がさらなる反応を生み出す。わたしのなかの反応がさらなる反応を生み、こうして行ったり来たりが続きます。この行ったり来たりの運動があるとき、当然、何の静寂もありません。そして、静寂があるときにだけ、みなさんは真実か虚偽かを聞くことができるのです。行ったり来たり、行ったり来たりしているときではなく。このことを、少なくとも知性的に、論理的にわかってほしいのです。常に動いているのであれば、みなさんは耳を傾けていない、という、このことを。できるはずがないでしょう？　耳を傾けられるのは、絶対的な静寂があるときだけです。この理屈はおわかりですね。それでは、この行ったり来たりの運動を停止することは可能でしょうか？

この話し手は言います。それは、みなさんが自分自身を研究したときに可能だ、と。自分のなかに非常に深く分け入って、自分自身を理解したときに、みなさんはその運動がほんとうに停止したと言えるのだ、と。

さて、質問者はこう尋ねました。精神が脳のなかに収容されているのではなく、外にあるなら、思考の活動がまったくないときにだけ起こる知覚は、物質的なプロセスである脳細胞に、どのようにして変容をもたらすのか、と。

では、これを非常に単純に見てみましょう。これは、わたしたちの難点の一つです。つまり、わたしたちは、複雑なことを非常に単純に見る、ということを決してしないのです。これは非常に複雑な質問ですが、非常に巨大な何かを理解するには、非常に単純なところから始めなければなりません。ですから、単純に始めましょう。伝統的に、みなさんはある道を突き進んできました。これまでの人生のすべてで、宗教的、経済的、社会的、倫理的等々の面で、ある方向を目指してきたのです。わたしがそうだったとします。そこへ、あなたがやってきて言います。「いいかい、きみが歩いている道はどこにもつながっていない。さらに多くのトラブルをもたらすだけだ。きみたちはいつまでも殺し合いを続けるだろう。とてつもない経済的困難を引き起こすだろう」と。そして、論理的に理由を説明し、事例をあげる等々のことをします。しかし、わたしは言います。「いや、悪いが、これがわたしのやり方だ」と。そして、その道を進み続けるのです。ほとんどの人がそうです。九十九パーセントの人たちが、グルや哲学者や新たに「悟った」人たちも含めて、そうなのです。そこで、あなたがやってきて言います。「いいかい、それは危険な道だ。そこに行くのはやめなさい。向きを変えて、まったく別の方向を目指しなさい」と。あなたはわたしを説得し、理屈を、理由を、それがまっとうだということを示し、そして、わたしは向きを変えて、完全に違った方向を目指します。

何が起こったのでしょう? わたしは生まれてからずっと、ある方向に向かっていて、そこへあなたがやってきて言います。「そこに行くのはやめなさい。それは危険だ。どこにも行き着かない。もっとトラブルが増え、痛みが増え、問題が増える。別の方向に行きなさい。ものごとがまったく変わるだろう」と。わたしはあなたの論理を、言葉を、まっとうさを受け入れ、別の方向を目指します。さあ、脳に何が起こったのでしょう? 単純に見てください。ある方向へ進んでいて、とつぜん別の方向に変える。脳細胞が自らを変えたのです。おわかりですか? わたしは伝統を破った。じつに単純なことです。しかし、伝統はとても強力で、いまのわたしの存在にあらゆる根を下ろしており、あなたはわたしに何かをしろと勧め、わたしはそれに反発する。ですから、耳を傾けません。あるいは、あなたが言っていることが真実か虚偽かを発見するために、耳を傾けます。わたしはものごとの真理が知りたい。自分が望むものではなく、また、自分にとって楽しいことでもなく、ただ真理が知りたい。それゆえに、真剣になり、全存在とともに耳を傾け、そして、あなたがまったく正しいとわかります。わたしは動いたのです。その動きのなかに、脳細胞の変化があります。じつに単純なことです。

わたしが実践的なカトリック教徒、あるいは敬虔なヒンドゥー教徒であるとして、あなたがやってきて言います。「いいかい、馬鹿なことは、そんなくだらないことはやめなさい。それはただの伝統で、たいした意味もない言葉にすぎない。その言葉は意味を蓄積してきたけれどね」と。あなたがそう指摘し、わたしはあなたが言うことが真理だとわかる。わたしは動き、その条件づけから自由になる。したがって、脳のなかに変化があり、変異があります。あるいは、みなさんのすべてがそうですが、わたしも不安のなかで生きるように育てられてきました。そして、あなたがわたしに告げます。「それは終わらせることができる」と。わたしはとっさに言います。「見せてほしい。一緒に行って、見出そうではないか」と。わたしは、あなたが言うことが真実か虚偽かを、ほんとうに恐怖を終わらせることができるかどうかを、見出したいと思います。そこで、時間をかけて、あなたと議論し、見出したいと思い、学びます。そして、わたしの脳は、見出すために活動的になります。何をすべきか告げてもらうためにではなく。そのとき、わたしは探究し始め、取り組み、見つめ、恐怖の運動全体を観察します。そのあとは、それを受け入れて、「わたしは恐怖のなかで生きていたいんだ」と言うか、あるいは、それから離れ去るかです。このことがわかったとき、脳細胞のなかに変化があります。

非常に単純に見つめることさえできれば、とても単純なことです。もうちょっと複雑に言うなら、脳細胞そのものに変異が――いかなる努力を通じてでもなく、いかなる意志や動機を通じてでもない変異があるのは、知覚があるときです。知覚があるのは、思考の運動のない観察があるときです。時間であり、思考である記憶の、絶対的な沈黙があるとき――過去なしに何かを見つめられます。実行してみてください。この話し手を、みなさんが彼について蓄積してきたあらゆる思い出なしに見つめてください。彼を、あるいは、みなさんの父親を、母親を、夫を、妻を、少女たち等々を――何であろうとかまいません――観察してください。いかなる過去の思い出もなく、傷も、罪悪感も、つきまとってくるすべてを取り払って、観察してください。ただ、観察するのです。そのように、どんな先入観もなしに観察するとき、これまであったものからの自由・解放があります。[出典34]

全的な否定は肯定の核心である

何が真実であるかを見出すためには、そして、あなたに何が真実であるかを告げる他者に追随しないためには、あるいは、何が虚偽で何が真実であるかを恣意的に主張しないためには、本質的に虚偽であるものを見抜き、排除しなければなりません。言い換えるなら、人が何が真実であるかを見出すのは、たしかに、否定を通じてのみなのです。たとえば、貪欲がある限り静かな精神はあり得ない、とあなたが気づいたとしましょう。そこで、あなたは精神の静けさではなく、貪欲に取り組もうとします。貪欲や強欲を、あるいは、嫉妬を、完全に追い払うことができるか見るべく、あなたは探究します。そこには、絶えざる精神の浄化があり、絶えざる否定のプロセスがあります。

もし、わたしが、人生と呼ばれる、この、とてつもないものごとの全体を理解したい、と思うなら、そこには、あらゆる宗教全体が含まれなければなりません。もし、わたしが、それに対して鋭敏であろう、感得しようと願い、そして、国家主義や偏狭な愛郷心は、あるいは何であれ、限定された姿勢は、その理解に対してじつに破壊的だと見るなら、何が起こるでしょう？　たしかに、わたしは国家主義を捨てなければならないし、ヒンドゥー教徒やムスリムやキリスト教徒であることをやめなければならない、と自覚します。この島国根性を、国家主義的な姿勢を捨てなければならないし、組織的な宗教や教義の権威、信念の権威から自由にならなければならない、と。そこで、否定を通じて、精神は、何が真実であるかを知覚し始めます。ですが、わたしたちのほとんどは、否定を通じて理解するのは非常に難しい、と感じます。なぜなら、それがどこにも導いてくれず、何も与えてくれないだろう、と考えるからです。わたしたちは言います。それは、真空状態を創り出すだろう、と——まるで、わたしたちの精神が、いまは真空状態でないかのように！

生の広大さを、その時間なき質を理解するには、たしかに、否定を通じてアプローチしなければなりません。みなさんは特定の道筋の活動に、ある種の存在パターンに全力を傾けているので、そのすべてから自分自身を解放し、新しいやり方や新しいアプローチと向き合うのは難しいと感じるのです。結局のところ、死とは究極の否定です。いま、生きているあいだに死ぬときにのみ、ということは、自分がもっているすべての習慣・パターンを、さまざまな姿勢を、結論を、観念を、信念を常に破壊していく、という意味ですが——そのときにのみ、人は、生とは何かを見出すことができます。ところが、わたしたちのほとんどは言います。「わたしはパターンを壊すことはできない、それは不可能だ。だから、それを壊す方法を学ばなければならない。何らかのシステムを、それを壊すメソッドを実践しなければならない」と。こうして、わたしたちは、実践を通じて樹立する新しいパターンの奴隷になります。わたしたちはパターンを壊さず、単に古いものを新しいものに代用するだけです。

みなさんはうなずき、なるほど、それは真実だ、論理的だ、明らかだ、と言います——そして、古いものであれ、新しいものであれ、パターンをそのまま持続するのです！　わたしには、ほんとうの問題は、精神の不活発さであるように思えます。それなりに知性のある精神なら、わたしたちが内面において安心を、天国を、そこなら邪魔されない避難場所を求めていることが見えるでしょう。この、安心したい、という衝動が、習慣となる生き方のパターンを創り出します。そのパターンを壊すためには、非常に多くのエネルギーが、思考が、探究が必要なのですが、精神はそれを拒否します。なぜなら、精神は「もし、自分の生のパターンを壊したら、わたしはどうなるのか？　古いパターンが壊されたら、この学習の場所はどうなるのだ？　大混乱になる」と言うからです。——まるで、いまは大混乱でないかのように！

おわかりですか。わたしたちは、常に、矛盾する状態のなかで生きていて、そこから行動します。したがって、さらなる矛盾と惨めさを創り出し続けます。わたしたちは、生を、現にあるものと対比する行動のプロセスにしてしまったのです。非常に賢い人、おしゃべりの才能やその生き方によって他者を説得する人、腰布をつけて見た目には聖人になっている人は、内面では矛盾の状態から行動しているかもしれないのです。彼はどうしようもなく破綻した存在であるかもしれませんが、しかし、外から見れば聖なる生き方の道具立てを揃えているので、わたしたちはみな、彼に盲目的に従うのです。いっぽう、もし、わたしたちが、内部と外部の矛盾というこの問題に、ほんとうに分け入って理解するなら、そのときには、わたしは思うのですが、わたしたちは生から離れていない行動に、日々の生活の一部である行動にたどり着くでしょう。そのような行動は、観念からではなく、現にあるものから生まれます。それは、生全体についての理解・把握なのです。

みなさんは、いままで自分自身に、こう問いかけたことがおありでしょうか？　「わたしはこれから何をするのだろう?」と。もし、自分自身にこう問いかけたとしても、みなさんはいつも、既に確立した思考のパターンに従って答えているのではありませんか? みなさんは「わたしはどうすべきか?」と自問し――そこで止まることが決してないのです。みなさんは常に、こう言います。「これはなされなければならない、あれはなされてはならない」と。英知ある精神だけが、目覚めた精神、このプロセス全体の意義を見て取る精神だけが、既成の答えなしに、「わたしは何をすべきか? どんな行動の道筋を取るべきか?」と問い尋ねます。否定を通じてこの地点に到達したなら、そのような精神は、存在の問題全体に鋭敏になり、理解し始めるのです。〔出典35〕

思考する者と思考、観察者と観察されるものとのあいだの分断

どうか、しばらくついてきてください。これは複雑に見えるかもしれませんが、静かに耳を傾けてくださるなら、それほど複雑ではないのです。観察者と観察されるものがあり、この二つのあいだには分断があって、この分断、両者を分ける間仕切りは、言葉、イメージ、記憶であり、あらゆる葛藤が起こる空間であり、この空間は、自我（ego）、わたし（me）、すなわち、千もの昨日からの言葉の、イメージの、記憶の集積としてあります。ですから、結果として、「あるがまま」との直接の接触はありません。みなさんは「あるがまま」を非難するか、合理化するか、受け入れるか、正当化しますが、これはすべて言語化ですから、直接の接触はなく、したがって、何の理解もなく、結果として、「あるがまま」の解明・解決もありません。

さて、羨望がありますね。羨望とは、測定された比較であり、人はそれを受け入れるように条件づけられています。ある者は優秀で、知性的で、成功していて、別の者はそうではない。子どものころから、人は測定し、比較するように育てられてきました。ですから、羨望が生まれます。そして、人は羨望を「客観的」に、つまり、自分自身の外にあるものとして観察しますが、じつは、観察者自身がその羨望なのです。実際には、観察者と観察されるものとのあいだには分断はありません。

そこで、観察者は、この羨望について、まったく何もできないだろう、と自覚します。彼は、羨望に関し

て何をしようが、羨望は依然として羨望なのだと、きわめて明晰に見て取ります。なぜなら、彼は、原因と結果の両方だからです。ですから、「あるがまま」は、つまり、羨望、嫉妬、恐怖、孤独、絶望などのすべてをともなう、わたしたちの日常生活ですが、これは、「わたしはこれらのものごとなのだ」と言う観察者と、何の違いもありません。観察者が羨望し、嫉妬し、恐怖し、孤独で、絶望でいっぱいなのです。そこで、観察者は「あるがまま」について何もできないのですが、これは、彼がそれを受け入れること、それとともに生きる、あるいはそれに甘んじることを意味するのではありません。この葛藤は、観察者と観察されるものとのあいだの分断から生じます。ですが、「あるがまま」に対するどんな抵抗もないとき、そのときには、完全な変容が起こります。この変容が瞑想です。ですから、観察者（つまりは自分自身です）と観察されるもの（これもまた自分自身です）の構造全体と性質を自分自身で発見し、その全体性（totality）やその一体性（unity）を自覚するなら、それが瞑想であり、そこには何の葛藤もありません――そして、それゆえに完全な解体であり、「あるがまま」を超え行くこと（going beyond of "what is"）なのです。[出典36]

❖

それでは、考えること（あるいは思考）の機能とは何でしょうか？　みなさんには知識がなければなりません――科学的知識、人類の経験の蓄積である知識、言葉を使う経験、ピアノの弾き方等々です。みなさんには完全な知識が必要です。技術的な知識なしではやっていけません。

さらに、みなさんには、知識が何をしてきたかもおわかりでしょう。みなさんには、昨日起こったものごとの経験として蓄積された知識があります。みなさんは、その経験を繰り返したいと思い、そうならなければ苦痛を感じます。ですから、一方では知識は必要ですが、他方では知識は恐怖と苦痛を生むのです。

みなさんは昨日の日没を経験しました。それは新しく、新鮮で、喜びに満ちていて、信じがたい何ものかです。その光や質感、感覚が記録され、それが知識になります。ですから、すでに古いのです。その古さが「わたしは新しい経験をしなければならない」と言い、新しい経験は、快楽という観点で翻訳されます。

これで、思考が何をするかがおわかりでしょう。思考は、技術の世界では論理的に、まっとうに、効果的に、客観的に機能しなければなりません。同時に、みなさんには、思考の危険性も見えますね。さて、問題が生まれます。思考を、快楽や苦痛としての思考を抱いている、その本体は何なのでしょう？　そこから作動する中心として、この記憶を有しているものは、それは何なのでしょう？　みなさんは、自分のなかに観察者と観察されるものがあることを観察したことがありますか？　観察者は検閲者で、キリスト教徒、ヒンドゥー教徒、共産主義者等々として蓄積された知識です。観察者は中心であり、自我（ego）、「わたし（me）」です。その「わたし」が、その自我が、超自我（superego）やアートマンを捏造します。ですが、それは、依然として思考の一部です。ですから、みなさんのなかには観察者と観察されるものとの二元性（duality）が、「わたし」と「あなた」が、ヒンドゥー教徒であるわたしたちとムスリムである彼らがあるのです。この分断がすべての葛藤の原因です。

観察者はすべての記憶の保持者で、その記憶からあらゆる思考が生じます。ですから、思考が新しいことは決してありません。それに、決して自由ではありません。自由を考えたり、捏造できるだけです。観察者が過去で、イメージであるなら、どうすれば、観察者なしに観察できるでしょう？　みなさんは、時間をかけて――四十年、十年、あるいは一カ月、あるいは一日をかけて、自分の妻、夫についてのイメージを作ります。イメージは作り上げられたのです。イメージの作り手は観察者ですが、わたしたちが尋ねているのは、みなさんは妻を、木を、夫を、イメージなしに観察できますか、ということです。それを見出すには、イメージ作りの仕組みを見出さなくてはなりません。イメージを創造するもの、それは何でしょう？　そこが理解できれば、みなさんは、決してイメージを創り出さないでしょうし、観察者なしに観察できるでしょう。

わたしたちは問いかけています。イメージの作り手に、イメージ作りの仕組みに、はたして、終わりが来るのだろうか、と。それでは、どうすれば終わりが来るのかをお見せしましょう。まず第一に、気づきとは何なのか、気づいているとは、あの木々に、隣人に、広間のかたちに、さまざまなサリーやシャツの色に気づいているとは、外面的にも内面的にも気づいているとは、無選択に気づいているとはどういうことか、それを探究する必要があります。

あなたがわたしを侮辱します。もし、その侮辱の瞬間に全的な気づきがあれば、記録はなく、わたしはやり返したいと思わず、あなたを罵りたいとも思わず、その侮辱に、あるいは、お世辞であろうが、受動的に気づいているだけです。したがって、何のイメージ作りもありません。今度、誰かに侮辱されるか、お世辞を言われたときには、全的に気づいていてください。

そうすると、脳の古い構造が静かになり、瞬時に作動しないことがわかるでしょう。レコーダーは記録しません。なぜなら、みなさんは全的に気づいているからです。どうか、今度出かけたときに確かめてください。木を見つめ、ただ観察し、その美しさを、枝を、力強い幹を、曲線を描く枝振りを、繊細な葉群を、そのかたちを、イメージなしに、前にもその木を見たという事前の知識であるイメージなしに、見るのです。そのとき、みなさんは観察者なしに見つめます。妻を、夫を、まるで初めて出会っているかのように――つまり、イメージなしに――見つめるのです。この見ることが、イメージとイメージのあいだの関係ではない、真の関係性なのです。したがって、このように明晰に観察できる精神は、真理とは何かを観察できるのです。［出典37］

❖

あの空を、あの木を、光の美しさを、やわらかで繊細な雲を見てください。それらをどんなイメージもなしに見つめるなら、みなさんはご自身の生を理解したのです。ですが、もし、みなさんが自分自身と自分の生を、自分自身は観察者として、自分の生は観察される何かとして、そのように見ているなら、観察者と観察されるものとのあいだには分断があります。この分断がすべての葛藤の核心であり、すべての苦闘、苦痛、恐怖、絶望の核心なのです。人間どうしのあいだの分断、国家間の分断、宗教の分断、社会的分断があるところ、どんなところでも分断があるところには、必ず葛藤があります。片方にパキスタン、もう一方にインドがあって、互いに戦っています。あなたはバラモンで、相手はバラモンではない。そして、憎悪があり、分断がある。さて、この、あらゆる葛藤をともなう外面化された分断は、観察者と観察されるものの内面的な分断と同じです。

葛藤のなかにある精神は、真理とは何かを決して理解できないでしょう。葛藤のなかにある精神は苛まれる精神、ねじれた精神です。どうすれば、その精神が自由になって、地球の、子どもの、美しい女性あるいは男性の美を、さらには、極度の感受性とそれにかかわるすべての美を、観察できるでしょうか？

さて、わたしたちは、観察者と観察されるものとのあいだの分断を終わらせることが可能かどうかを――この話し手に聞かされるのではなく――自分自身で見出そうとしています。みなさん、この話についてきていらっしゃいますか？　どうかお願いします。みなさんがほんとうにもっと先へ進もうとするなら、これはとても大切なことです。みなさんは、愛とは何か、死とは何か、真理の美とは何か、瞑想とは何か、そして、完全かつ全的に静かな精神とは何か、という問題に踏み込もうとしているのです。このすべてを理解するには葛藤を終わらせることから始めなければならず、この葛藤は観察者と観察されるものがあるところにはどこにでも存在します。

次の問いはこういうことです。この観察者、自分自身を観察されるものから分離させた観察者とは、何なのでしょう？　怒ったとき、怒りの瞬間には観察者はいないことを、わたしたちは知っています。何かを経験している瞬間には、観察者はいないのです。みなさんが日没を見ているとき、その日没はとても広大な何ものかです。みなさんがそれを見ているとき、「わたしは日没を見ている」と言う観察者はいません。

一秒後、観察者が現われます。みなさんが怒ったとしましょう。怒りの瞬間には観察者はいないし、経験者もなく、ただ怒りの状態があるだけです。一秒後、観察者が現われて言います。「わたしは怒るべきではない」あるいは「わたしが怒るのは当然だ」と。これが、分断の始まりです。

どうして、こんなことが起こるのでしょう？　なぜ、経験の瞬間には観察者はまったく不在なのに、一秒後には観察者が出現するのでしょう？　みなさんがこの花を見るとき、これをよくよく観察する瞬間には観察者は存在せず、ただ見ているだけです。それから、みなさんは花に名前をつけ始めます。そして、言うのです。「うちの庭に、あるいは家のなかに、この花があるといいな」と。そのとき、すでにその花についてのイメージを作り始めています。このイメージとイメージ作りが観察者で、この観察者は過去であり、観察者としての「わたし（me）」は過去で、「わたし」はわたしが蓄積した知識、苦痛や悲しみ、苦悶、苦悩、絶望、孤独、嫉妬の知識です。観察者は過去の目で花を見ます。みなさんはどうやって観察者なしに見るかを知らず、それで、葛藤を引き起こすのです。

さて、わたしたちの問いはこうです。みなさんは花だけでなく、自分の生を、自分の苦悶を、自分の絶望を、自分の悲しみを、名前をつけずに、「これを乗り越えなくてはならない、抑えなくてはならない」と自分自身に言ったりせずに、見ることができるでしょうか？　みなさんは観察者なしに見ることができますか？　自分特有のかたちを取り上げてみましょう。あるいは、特有の性向を。それとも、たいていの人の状態を取り上げてみましょうか？——羨望です。みなさんは、羨望が何なのかを知っています。とてもおなじみのものです。羨望は比較であり、思考の測定、いまの自分とあるべき自分やありたい自分との比較です。隣人に羨望を抱くとき――彼のほうが大きい車を、良い家を、その他すべてを所有している――みなさんはたしかに羨望を感じます。つまり、自分と彼を比較し、さらに羨望を抱くのです。さて、正しいとか間違っていると言わずに、名前をつけずに、その感情を注視できますか？　イメージなしに注視できますか？　そのとき、みなさんはそれを超え行きます。羨望と格闘したり抑えようと試みたりするのではなく、怒りを、羨望を、名前をつけずに観察してください。

名前をつけるのは過去の記憶の運動で、そのときは、正当化したり非難したりします。名前をつけずに注視できれば、みなさんはそれを超え行くことがわかるでしょう。

みなさんが「あるがまま」を超え行く可能性を知る、そのとき、エネルギーが満ち溢れます。「あるがまま」をどう超え行くかを知らない人、なぜなら、それにどう対処すべきかがわからないからですが、その人は怯え、逃げたいと思います。そのような人はエネルギーを失います。もし、みなさんに問題があって、それを解決できるなら、みなさんはエネルギーをもっています。千もの問題があって、それをどうすべきかわからない人はエネルギーを失います。ですから、同じようにして、ご自分の生を見つめてください。そこに、みなさんが愛と呼ぶものがあります。

愛とは何でしょうか？　わたしたちは、愛とは何であるべきかという理論について議論しているのではありません。わたしたちは、愛と呼ぶものを観察しているのです。愛とは快楽ですか？　愛は嫉妬ですか？　野心的な人を愛することができますか？　競争心の強い人を愛せますか？　そして、みなさんはすべて競争心が強く、もっと良い仕事、もっと良い地位、もっと良い家や自分自身のイメージを望んでいます。このあらゆる圧政を行なっているとき、夫や妻や子どもたちを支配するとき、みなさんは、愛することができますか？　権力を追い求めているとき、愛の可能性があるでしょうか？

愛ではないものを否定するなかに、愛があります。みなさんは、愛ではないものすべてを否定しなければなりません。野心もなく、競争心もなく、攻撃性もなく、言葉にも行為にも観念にも暴力性がない、ということです。愛ではないものを否定するとき、みなさんは、そのとき、愛とは何かを知るでしょう。そして、愛とは強烈な何か、強く感じる何かです。愛は快楽ではありません。したがって、人は快楽を理解しなければならず、誰かを愛そうと試みてはならないのです。［出典38］

❖

さて、観察者とは何なのかを調べてみましょう――みなさんに、このことを続けるエネルギーがあれば、ですが。観察者とは何でしょうか？　たしかに、観察者は過去です――それが昨日であれ、数秒前であれ、あるいは、多くの年月であれ、過去――特定の文化のなかで暮らす主体として条件づけられてきた、多くの年月の過去なのです。観察者は過去です。観察者は過去の経験の総和です。観察者は知識です。わたしが「あなたを知っている、昨日お会いしましたから」と言うとき、「わたしはヒンドゥー教徒、カトリック、プロテスタント、共産主義者、ムスリムです」と言うとき――それは過去であり、わたしは自分が育った文化のなかで条件づけられてきたのです。ですから、観察者は過去です。明らかなことですね。違いますか？　少々複雑な言い方をすれば、観察者は時間の領域のなかにいます。観察者は過去であり、現在を通じて未来を修正します。ですから、その未来も依然として観察者です。「わたしはこうなるだろう」と言うとき、快楽であれ、苦痛、苦しみ、喜びであれ、恐怖等々であれ、彼は「こうなる」を過去の知識から投影して、「わたしはこうなるはずだ」と言うのです。つまり、過去が現在を経由し、現在が修正されて未来になるのであって、その未来は過去からの投影です。ですから、観察者は過去です。ようするに、みなさんは過去に生きています――そうですよね。さあ、考えてみてください。みなさんは過去で、みなさんは過去のなかに生きています。それが、みなさんの生です。過去の記憶、過去の喜び、過去の思い出、楽しんだこと――それから失敗、満足の欠如、惨めさ、すべては過去にあります。そして、観察者の目を通じて、みなさんは現在を、生きて動いているものごとを判定し始めます。みなさん、話についてきていらっしゃいますか？

さて、自分自身を見るとき、わたしは過去の目とともに見ています。したがって、非難し、判定し、評価し、さらには、文化や伝統や知識、それに観察者が集めてきた経験に従って、「これは正しい、間違っている、良い、悪い」と言います。そのために、生きているものごとの、つまりは「わたし (me)」の観察が妨げられるのです。そして、その「わたし (me)」は、まったくもって、わたしではないかもしれないのです！　わたしは、過去としての「わたし (me)」しか知らないのです。どうでしょう、みなさん、話がおわかりになっていますか？　ムスリムの人が、わたしはムスリムだと言うとき、彼は過去です。自分が育った文化によって条件づけられた過去です。カトリックでも共産主義者でも同じです。ものごと全体は、この基盤のうえにあります。ですから、わたしたちが生きることについて語るとき、わたしたちは、過去に生きることを語っているのです。そして、過去と現在のあいだには葛藤があります。なぜなら、わたしはムスリムとして、あるいは、何でも同じですが、そのように条件づけられていて、生きている現在と出会うことができないからです。それには、自分自身の条件づけを壊すことが必要です。そして、わたしの条件づけは、父や祖先によって意図的にもたらされ、彼らの信念、伝統、悪さ、惨めさの狭い枠のなかに、わたしを保ち置きます。これが、常に起こり続けていることです――過去による条件づけ、わたしたちが生きてきた文化による条件づけばかりでなく、あらゆる事件、経験、出来事による条件づけもあります。わたしたちは過去に生きています。わたしは美しい夕日を見て言います。「なんてすばらしいのだ。あの光を、影を、線状の陽光を、緑色の光を、丘陵をごらんなさい」――そして、それは蓄えられ、その記憶が明日には活動して、「あの夕日をもう一度見なくては、あの美しさをもう一度発見しなくては」と言うのです。ですが、わたしは、それを発見できず、そこで、発見しようと――美術館へ行こうと――頑張ります。おわかりになりますか？　こうして、あらゆるサーカスが始まります。

さて、わたしは、時間に触れられたことがない目とともに、自分自身を見ることができるでしょうか？　時間は分析をともない、過去にしがみつきます。夢見て、思い出して、過去を集めてしがみつくプロセス――そういうすべてです。わたしは、自分自身を、時間の目なしに見ることができるでしょうか？　そう、自分自身に問いかけてください。できるとかできないとか言わずに。みなさんは知らないのです。そして、自分自身を、時間の目なしに見るとき、そこには、何が見えるでしょう？　どうか、わたしに答えないでください。わたしの質問を理解なさっていますか？　わたしは、自分自身を、過去とともに、時間の資質と性質と構造とともに見てきました。過去の目を通じて、自分自身を見てきたのです。わたしには、ほかに見るべき目がありません。わたしは、自分自身を、カトリック、あるいはその他の何かとして、つまりは過去として見てきました。ですから、わたしの目は、わたし自身を、その「あるがまま」を、時間なしに、つまりは過去なしに見ることができないのです。そこで、わたしが問いかける質問は、こうです。目は、過去なしに観察することができるでしょうか？

では、違う言い方をしてみましょう。わたしは自分自身のイメージをもっています。自分が暮らしてきた文化によって創造されたイメージだけでなく、文化から離れた、まったく独自の自分自身のイメージもあります。わたしたちはとてもたくさんのイメージをもっています。わたしはあなたのイメージをもっているし、妻の、子どもたちの、政治指導者の、聖職者のイメージがあり、そして、わたしはこうあるべき、わたしはそうではない、というイメージがあり、同じように、文化が押し付けてきたイメージもあります。ですから、わたしには大量のイメージがあります。みなさんにもあるのではないですか？

(聴衆から「あります」という答え)

よかった！　では、どうすれば、イメージなしに見ることができるでしょう？　なぜなら、イメージとともに見れば、歪むからです――それは明らかですね？　わたしは、自分がもっている、あなたについてのイメージとともに、あなたを見ます。それは、作られたイメージです。なぜなら、昨日、あなたはわたしに怒ったからです。あなたはもうわたしの友だちではない、あなたは醜い、あなたはこうだああだ、というイメージです。そのイメージは、次にあなたと会うときの知覚を歪めます。そのイメージは過去であり、わたしのすべてのイメージは過去なのです。そして、わたしはそのようなイメージのどれも、思い切って捨てることができない。なぜなら、イメージがなかったらどうなるか、わからないからです。それで、わたしは、一つか二つのイメージにしがみつきます。このように、精神は、生き延びるためにイメージに頼るのです。

さて、精神は、イメージなしに観察することができるでしょうか？——木の、雲の、丘陵の、流れる水の、妻の、子どもたちの、夫の、伯母のイメージなしに、関係性のなかのどんなイメージもなしに観察できるでしょうか？　関係性のなかに葛藤をもたらすのはイメージです。そうですね？　わたしは妻とうまくいかない。なぜなら、妻はわたしに威張るから。このイメージは何日もかけて作られたのであり、そして、そのイメージは、どんな種類の関係性も妨げます。わたしたちはともに眠るかもしれません。ですが、無関係なのです。そして、争います。では、精神は、時間によって作り上げられたどんなイメージもなしに見ることが、観察することができるでしょうか？　それは、観察者なしに、過去なしに、「わたし（me）」なしに観察することを意味します。わたしは、あなたを、条件づけられた存在としての「わたし（me）」なしに見ることができるでしょうか？

質問者：不可能です。

クリシュナムルティ：不可能ですか？　どうして、不可能だとわかるのですか？　不可能だと言った瞬間、あなたは自分自身を固定するのです。そして、可能だと言っても、やはり、自分自身を固定することになります。ですが、もし、見出してみよう、調べてみよう、分け入ってみよう、と言うなら、あなたは、精神が時間の目なしに観察できることを見出すでしょう。そのように観察するとき、そこには、観察されるべきものとして、何がありますか?

わたしは、自分自身について学ぶことから始めました——あらゆる可能性を、分析を、そのすべてを精査し、観察者は過去であり、精神は過去に住んでいる、と見ます。なぜなら、脳は、過去である時間のなかで進化してきたからです。そして、過去には「安心」があります。そうですね? わたしの家、わたしの妻、わたしの信念、わたしの地位、わたしの位置、わたしの名声、わたしの忌々しいちっぽけな自己——そのなかに、大きな「安全」「安心」があります。そして、わたしは問います。精神は、これらのいずれもなしに観察できるだろうか、と。もし、そのように観察するなら、そこには、丘陵や花々、色彩や人々以外に、何が、見るべきものとしてありますか?——わたしのなかに、何か、観察されるべきものがあるのでしょうか? したがって、精神は完全に自由です。そこで、みなさんは言うかもしれません。そのように自由であることのポイントは何なのか、と。ポイントは、こうです。そのような精神に葛藤はない。そして、そのような精神はまったく静かで、安らかで、暴力的ではない。そのような精神は新しい文化を創造できる——新しい文化を、古い文化に対抗する文化 (counterculture) ではなく、何もかもがまったく違うものとして。そこでは、わたしたちは何の葛藤もなくあるでしょう。人は、論理的にではなく、言葉による言明でもなく、自分自身のなかの実際の事実として発見します——そして、精神は、全的に、したがって、過去の目なし

に観察できます。それゆえに、精神は、まったく異なる何かなのです。[出典39]

❖

わたしたちの精神は条件づけられている、わたしたちの精神はいつまでもおしゃべりを続けて、決して静かにならない、という、かなり明らかなこの問題への取り組みを、どのように進めましょうか？　わたしたちは静寂を押しつけようと試みますし、たまたま、そうなることもあります。この問題への取り組みを進め、学び、見るためには、精神の静寂が——壊されることも、引きちぎられることも、苛まれることもない、精神の静寂がなければなりません。何かをきわめて明晰に見たいと思うなら、それが木であれ、雲であれ、隣にいる人の顔であれ、どんな歪みもなしにきわめて明晰に見るためには、明らかに精神はおしゃべりをやめていなければなりません。精神が観察し、見るためには、まさに、静かでなければならないのです。そして、見ることとそのものが、行為であり、学びなのです。それでは、瞑想とは何でしょうか？　考慮し、観察し、把握し、学び、どんな歪みもなしにきわめて明晰に見ること、自分の偏見に従って解釈したり翻訳したりせずに、すべてをあるがままに聞くこと、それは可能でしょうか？　朝方、さえずる鳥の声を聞くとき、精神のなかに飛び出してくる言葉なしに完全に聞くこと、全的な注意とともに聞くことは——なんて美しい、なんて愛らしい、なんとすばらしい朝だ、と言ったりせずに聞くことは——可能でしょうか？

これらはすべて、精神が沈黙していなければならないことを、そして、どんなかたちの歪みでもあるなら、精神は沈黙していられないことを意味しています。ですから、人は、個人と社会のあいだの葛藤でも、個人と隣人とのあいだの葛藤でも、自分と妻、夫、子どもたち等々のあいだの葛藤でも、とにかく、葛藤のあらゆるかたちを理解しなければならないのです。葛藤は、どんなかたちのものも、どんなレベルのものも、歪曲のプロセスです。自分をさまざまに異なる方法で表現したいのに、それができないときに生じる矛盾が自分自身のなかにあるとき、そこには、葛藤があり、奮闘があり、苦痛があり、それが、精神の質、微妙さ、敏速さを歪めます。

瞑想とは、生の性質を、その二元的な活動である葛藤とともに理解すること——その真の意義と真理を見て、何千年にもわたって条件づけられ、葛藤と苦闘と争いのなかで生きてきた精神が、何の歪みもなく、明晰になることです。その精神は見ます。あるがままとは反対のあるべき観念やイデオロギーに追随するとき、必ず歪みが起こり、それゆえに、二元性、葛藤、矛盾があり、精神は苛まれ、道を外れる、という、このことを。

あるのは、ただ一つだけです。それは「あるがまま」であり、それ以外はありません。「あるがまま」に完全に関心を向ければ、あらゆるかたちの二元性は排除され、したがって、何の葛藤もなく、苛まれる精神もありません。ですから、瞑想とは、解釈も翻訳もなしに、こうでなければいいのにとも思わず、あるいは受け入れることもせずに、「あるがまま」を実際に見ている精神なのです。

精神にそれができるのは、「観察者」が存在をやめたときだけです。

これは大切なことですから、どうか理解してください。わたしたちの多くは怖がっています。それで恐怖があり、恐怖を追い払いたいと思うのが「観察者」なのです。「観察者」とは、新しい恐怖を認識する主体――新しい恐怖を、過去に知って蓄えてきた、そして、そこから逃れてきた、古い恐怖の観点から翻訳する主体です。ですから、「観察者」がいて、かつまた、観察されるものごとがある限り、そこには、必ず二元性があり、したがって、葛藤があり、精神はねじ曲がります。そして、それは、最も複雑な状態の一つで、わたしたちが理解しなければならない何かなのです。「観察者」がいる限り、必ず二元性の葛藤があります。

「観察者」を超え行くことは可能でしょうか?――過去の全集積である「観察者」、「わたし（me）」、自我（ego）を超え行くこと、この蓄積された過去から飛び出してくる思考を超えることは?

わたしが願っているのは、この話し手が言葉にして説明しているあいだ、あらゆる葛藤を排して精神が徹底的に安らぐことは可能なのかを見るために、みなさんが耳を傾け、きわめて明晰に観察してくださることです――満足せずに、です。満足は不満があるときにのみ生じます。それもまた、二元性のプロセスです。「観察者」が存在せず、ただ観察しているときには、何の葛藤もなく、そのときにのみ、完全な安らぎがあり得ます。そうでなければ、暴力が、攻撃が、野蛮さが、戦争があり、そして、現代生活のその他あらゆることがあります。

ですから、瞑想とは、思考を理解すること、思考を終わらせることができるかを自分自身で発見することです。そのときにのみ、精神が沈黙しているときにのみ、何の歪みも、偽善も、自己欺瞞もなしに、「あるがまま」を実際に見ることができます。システムがあり、グルがいて、思考を終わらせるには集中を学ばなければならない、コントロールを学ばなければならない、と言います。ですが、教練された精神、模倣し、同調し、受け入れて従うという意味で教練された精神は、いつも怯えています。そのような精神は、決して静まることがなく、静まった振りができるだけです。そして、どのようなドラッグを使っても、言葉を反復し続けても、静かな精神にはなれません。縮こまって鈍重になることはできますが、それは、静かさではないのです。

瞑想とは、悲しみを終わらせること、恐怖と悲しみを生む思考を終わらせることであり、日常生活の恐怖や悲しみ、結婚しているときの、仕事をしているときの恐怖と悲しみを終わらせることです。仕事をしているときには、みなさんは技術的な知識を使わなければなりませんが、もっと権力がほしい、特権や名誉や名声を与えてくれる地位につきたい、という心理的な目的のために知識が使われるなら、確執と憎悪を育てるだけです。そのような精神は、決して、真理とは何かを理解できません。瞑想とは、生き方を理解することであり、それは、悲しみと恐怖を理解し、それらを超え行くことです。それらを超え行くとは、単に知性的あるいは理性的に悲しみと恐怖のプロセスの意味を把握することではなく、それらを実際に超え行くことです。そして、超え行くとは、観察すること、悲しみと不安をあるがままに、きわめて明晰に見ることです。まさにその、きわめて明晰に見ることのなかで、「観察者」は終わりに至るのです。

瞑想とは、生のあり方であり、生からの逃避ではありません。瞑想が、幻覚を経験したり、奇妙な神秘的体験をしたりすることでないのは明らかです。ご存じでしょうが、精神に作用するドラッグを使って、ある種の反応を化学的に起こすことができます。それは、精神を非常に鋭敏にするでしょうし、その鋭敏な状態では、ものごとを強烈に見るかもしれませんが、依然として、自らの条件づけに従っているだけでしょう。

瞑想は言葉の反復ではありません。最近では、誰かにサンスクリットの言葉を教えられ、それを唱え続けて、何か途方もない経験をしようとすることが流行しています――これは、まったくナンセンスです。もちろん、たくさんの言葉を唱え続ければ、精神は鈍重になり、したがって静かになりますが、それは、まったく瞑想ではありません。瞑想とは、どの瞬間にも生のあり方をいつも理解していること、精神がとてつもなく活き活きして、敏捷で、どんな恐怖や希望、イデオロギー、悲しみの負担も負っていないことです。そして、わたしたちがご一緒にそこまで行くことができれば――このなかに、理論的ではなく、実際にそこまで達している人がいることを願っていますが――そのときは、まったく違った何かに入って行くことになります。

これまでにも言ったとおり、日常生活の理解という基礎を固めることなしに遠くまで行くことはできません。孤独や退屈の日常生活、興奮や性的快楽の日常生活、満たされたい自己表現したいという欲求の日常生活、憎悪と愛のあいだの葛藤の日常生活、愛されることを求める暮らし、深い内面的な孤独のある暮らしです。これらすべての理解がなければ、歪みもなく、神経症にもならず、完全にきわめて鋭敏であってバランスが取れている、そのような状態にならなければ、遥か遠くにまでは行けないのです。

その基礎がしっかりと固められたとき、精神は完全に静かになることができ、したがって、完全に安らかです――これは、牝牛のように満足している状態とはまったく違います！　そのときにだけ、精神の測定の先に何があるのかを、いわば、リアリティなるもの、神といったものが、すなわち、人間が何百万年も求めてきたものがあるかどうかを見出すことが可能になります。人間が神々や寺院を通じて、自己犠牲を通じて、隠者になることによって、その他、人間が経験してきたあらゆる不合理や捏造を通じて求めてきたものです。

ご存じでしょうが、いままでのところは言葉による説明、言葉によるコミュニケーションが、ある程度までは可能でした。ですが、言葉は、言葉によって表現されるであろう何かを伝えるためにのみ存在しています。そのすべてを超えたものを言葉にすることは不可能です。言い表わそうとすることは、まったく無意味になるのです。できるのは、ただドアを開けること、秩序が存在するときにのみ開けておけるドアを開けることです。社会の秩序ではありませんよ。それは無秩序です。そうではなくて、みなさんが「あるがまま」を実際に、「観察者」によってもたらされるどんな歪みもなしに見るときに現われる秩序です。歪みがいっさいないとき、そのときには秩序があり、その秩序そのものがそれ自身のとてつもない、微妙な規律をもたらすのです。そのドアを開けておくこと、それが、人にできるすべてです。そのドアを通って、リアリティが入ってくるかどうかであり、人は、それを招き入れることはできません。とても幸運であれば、不思議な機会があれば、それは入ってきて、祝福を与えてくれるかもしれません。みなさんは、それを求めることはできません。結局のところ、それは美であり愛であって、それを探し求めることはできないのです。探し求めれば、それは、ただの快楽の継続になります。それは愛ではありません。至福が存在します。快楽ではない至福です。精神がその瞑想の状態にあるとき、巨大な至福が存在します。そのとき、矛盾と野蛮と暴力の日々の生に、場所はありません。ただし、人がその基礎を固めるためには、毎日、一生懸命に励む必要があります。それだけが重要なのであって、ほかには何もありません。やがて、瞑想する精神の質そのものである沈黙のなかから、愛と美が現われるでしょう。〔出典40〕

❖

みなさんが「あるがまま」を実際に、検閲者なしに観察できれば、「あるがまま」の変容があります。人は暴力的です――暴力的であることは、明らかに、普通の人間の条件です。わたしは暴力的です。暴力の瞬間、観察者はいません。そして、数秒後に観察者が現われます。観察者は言います。「わたしは暴力的であってはならない」と。なぜなら、彼には非暴力のイメージが、非暴力の理想があるからです――それは暴力の観察を妨げます。そこで、彼は自分自身に言います。「わたしは日々、暴力性を少なくしていこう。日々そうやっていって、最後には非暴力の状態になるのだ」と。わたしは暴力的であり、そして、「いつの日にか、暴力的でなくなるのだ」と言う、この単純な事実は、これは、何を意味しているのでしょう？まずは、観察者と観察されるものがあります。そして、わたしは、非暴力の状態に達する、それまでのあいだは、暴力の種を蒔いています。さらに、完全に非暴力になるまでの時間の要素があります――それは、暴力と非暴力のあいだの空間（space）です。そのなかで、「あるがまま」を観察してください。

みなさんは「あるがまま」をどう観察しますか？　条件づけられた精神で観察し、暴力についてもっているイメージとともに、「わたしは暴力的であってはならない」と言いますか？　それとも、言葉なしの、イメージなしの観察があるのでしょうか？　イメージなしに観察するには、とてつもないエネルギーが必要です。みなさんは暴力を抑圧し、変形することで、あるいは、非暴力の理想を追求することで、エネルギーを浪費しています。そのすべてが、エネルギーの浪費なのです。［出典41］

観察者と観察されるものとのあいだの分断は幻想です

クリシュナムルティ：少し時間をかけて、気づき、注意、そして、瞑想という問題について話し合うならば、とても有益だろうと考えます。まず、自分自身に分け入って探究し、気づきという言葉でわたしたちは何を意味しているのかを見出すことから始めましょう。なぜなら、わたしたちのほとんどは、自分たちが何を話しているのかについても、自分の感情や環境、周囲の色彩、人々、通りを走り過ぎていく自動車の種類、木々のかたち、雲の群れ、水の動き、小鳥の飛翔についても、気づいていないように見えるからです――たぶん、みなさんのうちの何人かは、今朝のとても早い時間に大気がとてつもなく透明でかぐわしかったことに心を留めたかもしれません。わたしたちは現実には、こうした外にあるものごとに、まったく気づいていないのです。

これは、たぶん、わたしたちが自分自身に――自分だけの問題、観念、快楽、追求、野心に――あまりにも関心を向けているからで、それで、外のことに客観的に気づかないのでしょう。それでも、わたしたちは「気づいている」ことについて、さんざん話をするのです。あるとき、この話し手は何人かの人々と車に乗っていました。運転手がいて、わたしは助手席に座っていました。後部座席には三人の紳士がおり、気づきについて、とても熱心に議論したり、わたしに問いかけたりしていました。残念ながら、このとき、運転手が不注意でヤギを轢いてしまいました——三人の紳士はまだ、気づきについて議論していましたが、何が起こっているか、まったく気づいていなかったのです！　運転手は少しも気にかけていませんでした。気づいていたいと努力している人たちに、これほど気づきが欠けていることを指摘すると、彼らはびっくり仰天しました。わたしたちの大半も同じなのです。わたしたちは外面のことにも内面のことにも気づいていません。そこで、少し時間をかけて、これについて話し合ってみましょうか。

わたしたちの精神のほとんどは、ぼんやりしていて鈍感です。なぜなら、わたしたちは不健康で、日々に、月々に、幾年ものあいだ問題を——子供たちの、結婚の、暮らしのための稼ぎの、そして、わたしたちが暮らす暴力的な社会の問題を——抱えて生きているからです。そのすべてのせいで、わたしたちは鈍感で、ぼんやりしていて、どちらかと言えば、反応が遅いのです。このような精神が気づいていようと試み、そうすれば、社会や個人やその他が押しつけている限界を超えられるかもしれない、と期待するのです。気づきについて話すときには、それがどれほど単純であるかを理解することが重要だと思います——複雑にするのではなく、「こうでなければならない」とか「ああであってはならない」と言うのでもなく、まず非常に単純に始めることです。なぜなら、それは、とてつもなく複雑な問題なのですから。

わたしたちは一歩ずつ分け入らなくてはなりません。分析的になるのではなく、あるがままの自分自身を観察し、わたしたちが何者なのかに気づき、そこから進むのです。おもしろそうだ、というだけでもかまいません、やってみませんか？　そうすれば、精神が研ぎ澄まされると思います。なぜなら、わたしたちは、どちらかと言うと、粗野で、強引で、攻撃的で、自分を過大評価し、自分がどう考えているかを他者たちに話したがり、彼らがどうすべきかやどうすべきでないかを指図したがるからです。わたしたちは人に命令したがり、関係ないのに責任者顔をするのです。それで、わたしたちは、自己重視や自己投影といった種類の、自分独自の世界のなかで生き、そのなかで生きつつ、気づきについて、それがとてつもなく神秘的な何かであるかのように語るのです。

この非常に興味深い問題に、非常に深く分け入って行ければ、わたしたちは終わりのない旅をすることになります。どうですか、やってみますか？　どうか、わたしに同意しないでください。ご自分で、それが重要かそうでないかを見分けてください。なぜなら、わたしが感じているところでは、この非常に単純なことが理解できれば、わたしたち自身の精神の構造も、わたしたちという存在のさまざまなレベルの状態も理解できるはずだからです――そこには矛盾、盲目性、自己主張、野蛮さがあり、わたしたちは自分のなかで沸き立ち燃え盛っているすべてに気づくでしょう。それでは、始めましょうか。

まず第一に、気づきとは何かを定義するのはやめてください。定義しようとすれば、わたしたちのそれぞれが違う意味を与え、違う定義をすることになるからです。気づきとは何を意味するのか、それは、進んで行くなかで見出すことにしましょう。気づきを定義した瞬間に、みなさんは、言葉で、結論で、自分自身を閉じ込めてしまいます。ですが、「何を意味するかは、これから見出すのだ」と言えば、精神はしなやかで柔軟になり、前進することができます。ですから、そこに分け入ることにしましょう。複雑にしないでください。なぜなら、気づきを見つめ始めると、どんどん複雑になっていくからです。けれども、その複雑さから始めると、とてつもない単純さが見えないし、単純さそのものを通じて、気づきのなかに存在する多様性や矛盾や相違点を発見することができないからです。

質問者：あなたは、ものごとの、そして精神の状態の気づき、とおっしゃいました。それは、気づきには、たとえば恐怖のような対象が常にある、という意味ですか？

クリシュナムルティ（以下K）：わたしたちは見出そうとしています。いいですか！　わたしはそれについて何も知らない。そうですね？　わたしは気づきについて何も知らない。それが何を意味するのかを誰かに言われるのではなく、これから自分自身で見出そうとしています。第一に、わたしは外のものごとに気づき、意識的でいるでしょうか？　木のかたち、電柱の上で羽づくろいをしている小鳥、道路の穴、わたしの前にある顔。つまり、ただ見ているでしょうか？　まず目を向ける――見る！　それとも、わたしは自分がもっているイメージを、あの小鳥の、木の、あるいは、前にいる人の顔のイメージを見ているのでしょうか？　これは、わりあいにはっきりしていませんか？　わたしはあなたを――実際に、視覚的に――見るが、同時に、あなたについてのイメージをもっています――あなたは老人だ、若い、器量がいい、あるいは汚い、あなたはこうだ、ああだ、と。

わたしはあなたを視覚的に見るだけでなく、つまり、あなたが実際にどう見えるかを見るだけでなく、同時に、わたしはあなたのことを知っているので、あなたについてのイメージももっています。さて、それも気づきの一部です。違いますか？　わたしはあなたの顔、色、首に巻いたスカーフ、茶色のシャツに気づいていますーーでも、同時に、あなたを知っているのでーーあなたは心地良いことを、あるいは不快なことを言ったことがあるーーあなたについてのイメージももっています。わたしはあなたについてイメージを作っている。それも気づきの一部です。違いますか？　もちろん、気づきの一部です！

さて、一歩進みましょう。わたしは自分が作ったイメージを通じて、あなたを見ます。わたしはあなたを見るーー茶色のシャツ等々だけでなく、わたしのイメージを通じてあなたを見ています。そうでしょう？　ですから、実際には、あなたをまったく見ていないのです！　それも気づきの一部です。違いますか？　イメージがあなたに目を向けているので、精神があなたに直接目を向けるのを、それを妨げている、と自覚すること。これは、かなり単純なことです。そうではありませんか？

さて、次へ進みましょう。そこに気づくと、その気づきが言います。わたしは、現実には、あなたをまったく見ていないーーわたしのイメージが、あなたを見ているのだ！　わたしは、自分のイメージであなたを見ている。第一に、わたしは、自分がイメージをもっていることに気づきます。それは、以前には気づいていなかったことです。それから、そのイメージがどうして生まれたかに気づきます。さあ、そのイメージはどうして生まれたのでしょう？　そのイメージは、あなたがわたしを傷つけたから、あるいは、心地良いことを言ったから、お世辞を言ったから、「あなたはなんてすばらしい人なんでしょう」と言ったから、あるいは、「あきれましたね、もっと知的になりなさいよ」と言ったから等々のために、生まれたのです。

あなたの言葉の表現と、その言葉に込めた感情を通じて、そして、その言葉と感情へのわたしの反応を通じて、わたしはあなたについてのイメージを作りましたーーそれは、わたしがあなたについてもっている記憶です。

質問者：ですが、初対面でもイメージを作りますね。

K：そう、瞬時に作ります。あなたの顔は好きじゃないとか、好きだとか。あなたの香りが好きだとか、好きではない等々です。わたしはすでに、瞬時にイメージを作っている。そこで、初対面でも、わたしはあなたについてのイメージをもっている、と気づきます。それに、そのイメージが好悪によって作り上げられたことにも気づきます。わたしはドイツ人で、あなたはフランス人、わたしはあなたが嫌いだ、等々。つまり、わたしはあなたへの自分の反応から、あなたのイメージを作り上げていることに気づきます。先へ進んでよろしいですか？　さて、みなさんは言葉をたどっていらっしゃるのですか、それとも、実際に自分自身を見つめて、わたしや誰彼についてもっているイメージを、そのイメージがどんなふうに作り上げられたかを見ていますか？　みなさんに夫や妻がいるなら、そのイメージがどんなふうに作り上げられたか、よくご存じでしょう。みなさんは、そのイメージに気づいていますか？　それが好きか嫌いか、ではありませんよ。なぜなら、気づいているとして、「わたしは好きだ」もしくは「嫌いだ」と言えば、また、そのイメージに付け加えているからです。あるいは、「そのイメージは捨てなければならない」と言う、そのときもまた、イメージに付け加えているのです。ですが、何も反応せずにイメージを観察するなら――さて、みなさんは話についてきていらっしゃるでしょうか、難しすぎますか？

これはとても複雑なプロセスです。よくよく丁寧についてきてくださらないと、何もかも見逃してしまいます。ですから、注意を払わなければなりません。わたしはあなたの茶色のシャツとスカーフ、それにスカーフの色に気づいている。さらに、自分が作り上げたイメージを通じてあなたを見ていて、そのイメージは、あなたの言葉や身振り、あるいは、あなたについてのわたしの偏見、あるいは、あなたへの好悪を通じて作り上げられました。それも気づきの一部です。さらに、そのイメージのせいで、あなたに直接目を向けることや、直接接触することが妨げられているのも見ている、気づいているのです。そこで、わたしは自分に言います。「このイメージを捨てなければならない」と。そこで、葛藤が始まります。そうではありませんか？　あなたについて作り上げたイメージを捨てたい、それから自由になりたいと思うとき、なぜなら、あなたともっと密接に接触したい、あなたを直接見たいと願うからですが、それは、別のかたちの、イメージに対する反応なのです。

さて、わたしはイメージをもっていて、そのために見ることが、「ありのまま」をそのとおりに観察することが、あなたがほんとうは何者かを、あるいは、わたしがほんとうは何者かを観察することが妨げられている、と気づきます。それで、イメージを捨てたい、それから自由になりたいと思います。なぜなら、そのほうがもっと有益で、もっと楽しくて、ある種もっと深くて広い経験をもたらしてくれるかもしれないからです。そして、これらのすべても気づきの一部です。そのイメージを捨てたいと思った瞬間、わたしはそれと闘います。それは葛藤です。そこで、わたしは、いま何が起こっているかに気づきます。あなたの茶色のシャツとスカーフの色に気づき、わたしがあなたについて作り上げたイメージに気づきます。

わたしは、このイメージが、あなたと直接触れ合うことを妨げている、あなたがほんとうは何者かを見ることを妨げている、と気づきます。あるいは、自分自身についてのイメージが、自分自身を見ることを妨げている、と気づきます。わたしはそのイメージを捨てたいと思います。なぜなら、自己を知ることはとても重要である、とあなたが言うのを聞いたからです。そこで、わたしは自分自身についてのイメージをもっていたくないと思います。そして、それを捨てたいと思うとき、そのときには、前のイメージと自分が創り出した新しいイメージとのあいだに葛藤があります。こうして、いまや、わたしは葛藤を抱えます。そして、その葛藤が最後には確かな快楽を約束するものなら、葛藤を続けたいと思います。それが苦痛を生む葛藤なら、捨てたいと思います。このように、起こっているパターン全体に、わたしは気づきます。

みなさんが一緒に実践してくださることを願っています——ご自分がおもちのイメージ、誰かについてもっているイメージを取り上げ、それを見つめ、気づいてください。このテント、容積、構造、シート、穴等々に気づくように、です。それと同じように、ご自分がおもちのイメージと、それが何を意味しているのかに気づくのです。さて、わたしは葛藤のなかにいます。その葛藤のあるがままに気づくでしょうか。それとも、自分に多くを与える何かにその葛藤を変えたいと願うでしょうか。あるいは、非常に表面的にうわべだけで葛藤しているでしょうか。それとも、葛藤のより深い層に気づいているでしょうか。

気づきとは、自分のなかにある葛藤をただ表面的に観察するだけでなく、同時に、より深い葛藤がその気づきを通じて開かれてくることです。そのとき、そこに恐怖があれば、すべてを閉じたい、見たくないと思うでしょう。それで、酒、ドラッグ、女性、男性、楽しみ、娯楽、教会——その他のすべてを通じて、そこから逃げ出します。こうしたすべてが——恐怖から逃げ出し、駆け寄って行くものごとに重要性を与えることも——気づきの一部です。そうではありませんか。

わたしは、自分が孤独で惨めなことに気づきます。そこから離れる方法を知らず、あるいは、方法を知っていても難しすぎます。それで、わたしは逃げます——教会、ドラッグ、共産主義、あらゆるかたちの娯楽に。そして、自分が恐れていることから、逃亡を助けてくれる何かへと逃げ出したので、その何かがとてつもなく大切になります。そこで、わたしはそれらに執着します。それは妻か、家族かもしれません——何であれ、同じです。さて、そのすべても気づきの一部です。そうではありませんか？ わたしは、非常にゆっくりと、一歩、一歩、始めました。あなたのシャツ、シャツの色、スカーフの色を見つめ、さらに、深く、深く、進んで行き、わたしが逃亡のネットワーク全体をもっていることを発見しました。それらを探したわけでも、分析したわけでもありません。気づくことによって、わたしは、深く、深く、さらに深く、突き進んで行ったのです。ここまではおわかりになっていますか？

質問者：わたしにはわかりません。気づいていることのポイントはわかりますが、そこから内的な逃亡への飛躍がありますね。もう一度説明していただけますか？

K：どこが飛躍ですか？

質問者：気づきと、わたしたちの逃亡、たとえば、内的な孤独からの逃亡のあいだです。

K：ああ、わたしははっきりさせたつもりでした。わたしはあなたについてイメージを作ったが、そのイメージに決して気づかなかった。そして、外のものごとを観察することによって、外部のものごとに気づくことによって、それに気づくようになります。わたしは、外部のものごとから内部のものごとへ自然に移動します。そして、あなたについてのイメージをもっていることを発見します。そのなかへ入って行ったのです。そこははっきりしていますね？　さて、そのイメージに気づくことによって、わたしがイメージを作ったのは、自分自身を守るためだったことを見出します。あるいは、あなたが乱暴なことを言って、それが記憶に残っているからイメージを作った、あるいは、あなたが心地良いことを言って、それもまた記憶に残っているからだ、と。それで、自分が作ったイメージがあり、そのイメージが、あなたとの関係をもっと深く見つめることを妨げているのだ、と自覚します。

質問者：あなたのその気づきは、一人の人間に限られるのではなく、あらゆる領域のことだ、とそうおっしゃっているのですか？

K：もちろん、わたしは、すべてについてイメージをもっています――あなたについて、妻について、子どもたちについて、祖国について、神について。（頭上でジェット機の音）あのジェット機の騒音に気づきましたか？　それに対するご自分の反応に気づきましたか？　その反応はこうでした。ジェット機がどこかへ行ってしまえばいい、わたしは見出したい、彼の話をもっと聞きたい、それなのに騒音は聞く邪魔をしている、と。あるいは、あのとてつもない轟音に耳を傾けましたか？　何の選択もなしに轟音を聞いたとき、あなたはまったく違った聞き方をしたのです。そうではありませんか？　違いますか？　あなたは遠ざかっていく轟音についていきました。轟音に耳を傾け、それから、別の音に、川のせせらぎの音に、遠くの子どもたちの声に気づきました――そうではありませんか？　ですが、もし、あなたが「あの音は嫌いだ、なぜなら、わたしは、ここで話を聞きたいから、見出したいからだ」と言ったなら、そのときには、何が起こったでしょう？　そのとき、あなたは葛藤しているのです。そうではありませんか？　あなたは聞きたいが、騒音に邪魔される。そこで、騒音に対する抵抗があり、聞きたい、見出したい、という欲望がある。したがって、葛藤があり、その葛藤のなかで、あなたは道を見失ったのです。あなたは轟音を聞いてもいなければ、話も聞いていなかったということです。それでは、先へ進みましょう。

わたしは、あなたについてのイメージを作りました。そして、いま、そのイメージがあなたをもっと明確に見ることを妨げていることがわかり、それを自覚し、気づきます。そして、そのイメージを振り捨てたいと思います。なぜなら、あなたをもっと明確に見たい、あなたを直接に理解したいからです。それで、自分がもっていたあなたについての元のイメージと、心に抱いた新しいイメージ、つまり、あなたを見つめるというイメージのあいだに葛藤があります。二つのあいだには葛藤があるのです。そして、わたしはこれらのイメージをどうやって振り捨てるのかを知らないので、疲れ、うんざりし、この葛藤を、つまり、古いイメージと新しいイメージのあいだの葛藤を解決する方法がないので、逃げます——わたしには逃亡のネットワークがあり、ゆっくりとそれに気づきます。飲酒、喫煙、とめどないおしゃべり、見解の提示、判断、評価——何十もの逃げ道です。わたしはこれらの表面的な逃げ道に気づきます。そして、観察しているうちに、逃亡のより深い層を発見し始めます。みなさん、話についてきていますか?

質問者：そうするなかで、わたしは、観察されるものとの接触を失います。

K：その話をするところです。おわかりでしょうが、あなたは、実際には、それを実行していません。一歩、一歩、実行していけば、ほどなく、観察者の性質を発見するでしょう。それでは、何が起こったのでしょう?気づきは、逃亡のネットワークを、表面的な逃げ道をさらけ出しました——同時に、わたしは、その気づきとともに、さらに深いレベルの逃亡を見ます——動機、伝統、自分がもっている恐怖等々です。そこに、わたしがいるのです。茶色のシャツとスカーフに始まって、わたしは、このとてつもなく複雑な、わたしという主体を発見しました——気づきが、それを明らかにしたのです。実際に——理論的にではなく——それを明らかにしたのですよ!　ということは、この気づきは、実際に「あるがまま」を明らかにしたのです。いままで、観察者は、これらすべてが起こるのを観察してきました。わたしは、あのシャツを、スカーフの色を、自分の外側にある何かのように——そうでしょう、違いますか?——観察しました。それから、わたしは、あなたについて作り上げたイメージを観察しました。そして、その気づきが、そのイメージの複雑さを明らかにしたのですが、わたしは、依然として、イメージの観察者です。つまり、イメージとそのイメージの観察者がいるわけです（わたしは仕事をしているのに、みなさんは仕事をしていない！）。そこで、またしても二元性です。観察者と、イメージである観察されるもの。それから、わたしがもっている（もっているなら、ですが）何十ものイメージです。それに、これらのイメージに起因するさまざまなかたちの葛藤からの、表面的な、あるいは深い逃亡があります。そして、依然として、それらを観察している観察者がいます。

さて、その気づきは、再び続いて、より深くなります。観察者とは誰でしょう？　観察者は、それらのイメージとは別のものですか？　観察者は、別のイメージではありませんか？　そこで、一つのイメージ、観察者としてのイメージが、彼のまわりの、あるいは、彼のなかの、いくつかのイメージを観察するのです。違いますか？　この観察者は、じつは検閲者で、「わたしは好きだ」「わたしは好きではない」「このイメージは好きだからとっておこう」「あの別のイメージは好きではないから振り捨てたい」と言います。観察者とは、イメージへの反応を通じてできあがったさまざまなイメージが寄せ集められたものです。いままでの話のすべてに、ついてきていらっしゃいますか？

質問者：しかし、そのすべてのイメージは観察者のなかにあります。

K：もちろん。

質問者：ですが、あなたは、その観察者は別のイメージを見ているイメージなのだ、とおっしゃるのですね？

K：もちろん。わたしは検討し、探究しました。すなわち、観察者もまたイメージで、彼は自分自身を切り離して観察しているだけだ、とわたしが言った、その地点に至るまで。どうか、おわかりいただきたいのですが、このためには、誰かが言うことを受け入れるのではなく、数多くの現に見ることが求められます。この観察者は、さまざまなイメージの記憶とそれらに対する反応を通じて生じました。そして、観察者は、ほかのイメージから自分自身を切り離して言います。「これらのイメージをどうやって振り捨てようか？」と。ですから、このイメージは永続的なイメージなのです！　この永続的なイメージ、自分は永続すると考えているイメージが言うのです。「わたしはほかのすべてのイメージを振り捨てたい。なぜなら、ほんとうに面倒のもとだから、ほんとうに葛藤をもたらすから」と。そして、他のイメージを非難します。ところが、これらのあらゆる悪さを引き起こしている中心原因は、観察者‐イメージなのです。

質問者：そのイメージは自らを振り捨てなければなりません。

K：それを振り捨てる主体とは、いったい、誰なのでしょう？　別のイメージです！　そこを理解することが、ほんとうに、きわめて重要なのです。

質問者：わたしたちがそれらのイメージを見つめれば、それらは思考の産物だとわかりますね。自分自身の、観察者のイメージを見つめれば、それも同じように作り上げられたものだとわかります。なるほど、ポイントがつかめました。

K：そうです。まさに、あなたの言うとおりです。わたしたちはポイントをつかみました。この気づきは、さまざまな他のイメージによって寄せ集められた中心的なイメージがあることを、それが優位に立っていることを明らかにしました。それは検閲者であり、評価者であり、判定者であって、「ほかのすべてを振り捨てなければならない」と言います。そこで、それとほかのものとのあいだには葛藤があります。そして、わたしたちは、いつであろうが、この葛藤を保ち続けます。そして、それをどう解決していいかわからないので、さらに逃げます——神経症を通じて、あるいは、飲酒や教会、何にせよ、意識的で意図的な逃げ道を通じて。そして、この気づきがさらに深く進むと——いや、あなたが進めると——あなたは尋ねます。この観察者は、ほかのイメージと違うのだろうか？　ほかのイメージは、判断の結果、見解の、結論の、傷ついたことの、国民性の結果です——ですから、観察者は、ほかのすべてのイメージの結果なのです。

質問者：わたしたちは、そのような複雑さを恐れています。

K：ですが、生とはそういうものなのです！　したがって、あなたは生を恐れます。したがって、あなたは生から逃げます。おわかりですか。あなたは現に、このことに完全な注意をはらっていません。ですから、何かに「反対して（against）」語るのが、これほど難しいのです。いいですか。わたしはあなたについてのイメージをもっている。そのイメージは、傷ついたことや好悪によって作り上げられたものです。それが事実です。その好悪は、わたしのなかで、また別のイメージを創造しました——そうではありませんか？——あなたについてのイメージだけでなく、ほかのイメージを。つまり、「わたしは好悪を抱いてはならない、なぜなら、好いたり嫌ったりするのはとんでもないことだから」というイメージを創造したのです。したがって、わたしが作り上げたイメージ、つまり、「わたしは好いたり嫌ったりすべきではない」というイメージは、一つのイメージを築いた結果であり、それが何を意味しているかがわかると、また別のイメージを生み出すのです。

質問者：一部の精神はそんなふうには働いていません。わたしの場合、そのようなことはありません。

K：なるほど。ですが、わたしたちは気づきについて話しているのであって、あなたの精神やわたしの精神がどう働くかについて話しているのではありません。さて、観察者は観察されるものです。観察者のイメージがあります。観察者と彼が自分の周囲に抱いているさまざまなイメージのあいだには、分断が、分離が、時間の間隙があり、彼はそれらを征服したいので、それらを思うままに操りたい、破壊したいと望みます。それらを振り捨てたいと思い、それゆえに、観察者と観察されるもののあいだには葛藤があります。そうですね？　そして、彼は言います。「葛藤がある限り、わたしは混乱しているしかない」。それで、彼は言うのです。「この葛藤を振り捨てなければならない」と。葛藤を振り捨てたい、という欲望そのものが、別のイメージを創り出します。このことを、よくよくわかってください。気づきは、これらすべてをさらけ出します。わたしの精神のさまざまな状態、イメージどうしのあいだの矛盾と葛藤、それについて打つ手なしの絶望、逃避、神経症的な思い込み等々をさらけ出します。これらすべてが、注意深くてためらいがちな気づきによってさらけ出されるのです。そして、観察者は観察されるものである、という気づきがあります。どうか、ついてきてください！　観察者は観察されるものであると気づいている「優越した主体」が存在する、というのではないのです。そうではなく、この気づきが、観察者は観察されるものであることをさらけ出したのです。誰が気づいているか、ではありません！　どうでしょう、ここまで、みなさんはついてきておられますか？

よろしいですか、これがほんとうの瞑想です。

では、先へ進みましょう。さて、観察者が自分は観察されるものであると自覚すると、何が起こるでしょうか？　どんなかたちの知的概念、観念、見解、強制を通じたのでもなく、彼はそれを自覚しました。彼は気づきを通じて、この構造全体を自覚したのです――シャツの色、スカーフに気づくことによって、そして、深く、深く、さらに進んで行くことによって。

質問者：話をさえぎるようで大変申し訳ないのですが、しかし、わたしには理解できないとても重要な疑問があるのです。あなたは、観察者は観察されるものであることを気づきが見る、とおっしゃいました。それは、彼は実際に観察されるものだという意味なのか、それとも、観察されるものへの反応だという意味なのでしょうか？

K：ご質問の意味がよくわかりませんが。

質問者：あなたは、観察者は観察されるものだとおっしゃいます。

K：わたしが言うのではありません。

質問者：なるほど。気づきがそれを発見する。あなたはそうおっしゃいました。

K：言いました。

質問者：それでは、たとえば、わたしがあなたのイメージをもっているとしましょう。そして、気づきが、わたしは観察されるものであることを発見します。観察されるもの、それはイメージです。では、あなたがおっしゃっているのは、観察者は彼が見ているあなたのイメージだ、という意味ですか、それとも、彼はそのイメージへの反応だ、という意味ですか？

K：もちろん、彼はそのイメージへの反応です。

（「そのことを、もう少し詳しく説明していただけますか？」という声あり）

K：（最初の質問者に向かって）あなたから説明していただけますか？

質問者：わたしに何か言えとおっしゃるなら、やってみましょう。

K：続けてください。どうか、お立ちになるか、ここへ来てください——どちらでも、お好きなように。

質問者：話し手は、こういう言い方をしています。観察者は観察されるものであることが見出される、と。さて、わたしたちは、観察される事物について話してきました。木、それは観察されるものです。話し手は、わたしはあの木であることを気づきが見出す、と言っているのでしょうか？　そうではありません。彼は、わたしが見ているのはあの木ではない、見ているのはあの木のイメージだ、と言うのです。それでは、彼は、観察者であるわたしはあの木のイメージだと言っているのか、それとも、観察者であるわたしはあの木のイメージへの反応だと言っているのでしょうか？　それが、さっきのわたしの質問でした。

K：そのとおりです。あなたは、あの木についてあなたが創り出したイメージへの反応です。あなたが、あの木に何のイメージももっていなければ、観察者はいないでしょう。

質問者：それについて、ちょっと違った言い方ができるでしょうか。あらゆる事柄についての無数の連想を通じて好悪によって築かれたイメージは、同時に、何らかの複合体あるいは集合体を築き上げ、それが観察者を形成する、という表現はどうでしょうか？　さて、わたしたちが内面的に理解するとき、理解しようと試みるのではなく、ただ単純に気づいているなら。

K：そのとおりです！　完璧に、おっしゃるとおりです。

質問者：それで、あなたはお尋ねになります。「では、何が起こるのか？」と。

K：これから、それを取り上げます。この気づきは、観察者は観察されるものであることをさらけ出しました。ですから、観察者の側のどんな行動も別のイメージを創り出すだけです——当然です！　観察者は観察されるものであることが自覚されないなら、観察者の側のどんな運動も他の一連のイメージを創り出し、彼は再びそこに囚われます。そこで、何が起こるでしょうか？　観察者が観察されるものであるとき、観察者はまったく行動しません。ゆっくりと進みましょう。みなさん、きわめてゆっくりと。なぜなら、わたしたちがこれから取り組むのは、非常に複雑な事柄だからです。このことは、きわめて明晰に理解されなければならない、とわたしは思います。そうでないと、わたしたちはもう先へ進めないでしょう。観察者はいつも言います。「これらのイメージについて何かしなければならない、それらを振り捨てなければならない、抑圧しなければならない、変容させなければならない、違うかたちを与えなければならない」と。観察者は観察されるものに関して、いつも行動的です。わたしは――さまざまな理由で――自分が妻を嫌っていることを観察し、そして観察者は言います。「妻を嫌ってはいけない、それについて、何かしなければならない」等々と。観察者は観察されるものに関して、いつも行動的なのです。

質問者：おっしゃっているのは、あらゆるイメージに対して、わたしたちは、常時、好悪の観点で絶え間なく反応し、それを増大させている、それが、わたしたちが常にしていることだ、ということですか？

K：そのとおりです。そして、観察者の側の好悪の行動が、積極的な行動と呼ばれているのです。

質問者：あなたがおっしゃる、観察者はいつも行動的である、とは、そういう意味ですか？

K：そうです。それが、積極的な行動と呼ばれるものです。わたしは好む、だから、つかまえておかなければならない。あるいは、好まない、だから、振り捨てなければならない。これは、情熱的であろうと、さりげないものであろうと、反応です。ですが、自分が行動しようとしている対象は自分自身だ、と観察者が自覚したときには……

質問者：あそこにいる紳士は、観察者と観察されるものについて、もう少しはっきりさせたいとおっしゃいました。さて、あなたは、それらのイメージは実際の事物そのものではない、とおっしゃいました。それらが何であるかを知らず、それらのイメージに継続的に反応しているだけだ、と。そして、そこがわかったとき、観察者と観察されるものとのあいだの葛藤は終わる、と。

K：非常に単純にしておきましょう。わたしは茶色のシャツとスカーフを見る。もし、「あの茶色のシャツとスカーフは好きではない」あるいは「茶色のシャツとスカーフが好きだ」と言うなら、わたしはすでにイメージを創っていますし、それは反応です。

質問者：そして、それは過去のなかに、記憶のなかに蓄積されます。

K：そのとおりです。さて、わたしは、あの茶色のシャツとスカーフを好悪なしに見つめる、つまり、反応せずにただ観察することができるでしょうか？　そのときには、何のイメージもありません。おわかりですか？　この非常に単純なことが納得できましたか？　好悪は、わたしの文化の、鍛錬の、傾向の、性癖の結果であり、これらはすでにイメージをもっていて、「あのシャツは好きじゃない」あるいは「あのシャツは好きだ」と言います。ですから、好悪と過去の鍛錬――文化、受け継いだ傾向――それらすべてが、イメージを創り出したのです。それが、わたしの中心的な観察者、嫌悪等々によって作り上げられた観察者です。その観察者は、明らかに、彼が観察するものごとから常に切り離されており、この気づきが、観察者は観察されるものであることをさらけ出したのです。

質問者：観察されるもの――それは、精神が築き上げたイメージという意味ですか？

K：そのとおりです。おわかりになったのですね。さて、観察者が観察されるイメージであるとき、彼自身とイメージのあいだには何の葛藤もありません。彼は、それなのです！　彼は、それから切り離されてはいないのです。以前は、彼は切り離され、それについて行動し、何かをして、反応しました。ですが、観察者が自分はそれだと自覚したとき、そこには好悪はありません。みなさん――自分自身を検討してみてください。

質問者：観察者がほかのすべてのイメージを創造しています。

K：そこには戻らないことにしましょう。それについては、もう充分にお話ししてきました。あなたは、これまで話してきたことを理解なさった。観察者と観察されるものとのあいだ、観察者が自分自身について創り出したイメージとさまざまなものごとについて創り出したイメージのあいだには、分離があり、分断があり、したがって、彼自身とそれらのあいだには、好悪と反応の葛藤があります。そして、彼は、それについて、常に何かをしている。さて、観察者が、自分は観察されるもの――イメージ――なのだ、と自覚するとき、葛藤は終わります。つまり、わたしは恐怖なのだ、と自覚するとき――恐怖と、その恐怖から離れた「わたし（me）」があるのではない、と自覚するとき、わたしはその恐怖であり、何もできません。どうか、しっかりとついてきてください。なぜなら、わたしに何ができるというのでしょう？　わたしは、その恐怖の一部です。恐怖と別ではないのです。したがって、わたしは、どんなかたちの逃避もなしに、その恐怖を見つめることができます。わたしは、その恐怖なのだ、いま、わたしのおなかに、あるいは足に、あるいはどこかに感じている、その痛みなのだ、と。わたしは、その恐怖です。ですから、わたしは、それに抵抗しないし、受け入れないし、それから逃げもしません――それは、そこにあります。そこで、好悪の反応の結果である、すべての行動は終わります。おわかりですか？　さて、そのときには、何が起こるでしょう？

質問者：観察者もなければ、観察されるものもありません。

K：そうです。そこにはだんだんと――「だんだん（more and more）」というのは、時間の意味ではありませんよ――鋭く、先鋭に、強烈になっていく、気づきがあるのです。

質問者：エネルギーの浪費はありません。

K：そのとおりです。とてつもなく活き活きとして、どんな中心的な課題にも、あるいは、どんなイメージにも縛られません。そして、強烈な気づきになっていきます。その強烈さから、質の異なる注意が生まれます。そうですね？

質問者：その強烈さには、何の方向も目的もないのですね？

K：観察してください。わたしに尋ねる必要はありません。自分自身を観察してください。その気づきのなかに選択があるなら、それと同時に、観察者によって指示された方向があります。ですが、パターン全体が、この構造全体が理解されたとき、葛藤は終わります。したがって、精神は――というのも、その精神は、この気づきだからです――とてつもなく鋭敏に、高度に知性的になります！　なぜなら、鋭敏さは英知とともにあるからです――肉体的にも心理的にも鋭敏さのない英知は存在しません。ですから、精神は高度に知性的になり、鋭敏になります。なぜなら、その英知は、いかなる葛藤によっても作り出されはしないからです。

この気づきは、すべてを非常に明瞭にさらけ出すので、そこには何の選択もなく——選択は、混乱があるときにのみ存在します——そして、この気づきは、あらゆるかたちの葛藤を取り去ります。ですから、そこには明晰さがあります。この明晰さが注意なのです。そのとおりだと同意なさらないでください、お願いですから！　これには、ただの同意ではなく、実際の行為が必要なのです！　観察者も観察されるものもない、この注意があるとき、この注意が英知なのです。この注意のなかには、どんな葛藤もありません。したがって、何の要求もありません。この注意には、それ自身の行動性があります。それ自身の行動です。ですから、観察者から生まれたのではない行動があるのです。観察者が行動するとき、その行動は常に分離しています。さて、みなさんが実際に行動なさらなければ——実際にやってみなければ——これ以上先へは進めません。実際に行動すれば、みなさんは、この注意が英知であり、「分離している観察者」が模倣しようと試みてきた美であり、愛であることを見出すでしょう。そして、そのとき、精神には限りがないのです。［出典42］

鏡を壊す

質問者：わたしたちは、Kの話に耳を傾けるよりももっと多くを、お互いから学ぶことができます。なぜ、あなたは、特定のテーマについてのグループ・ディスカッションを開くように、人々を促さないのですか。対話や議論を促進する活動を組織しなかったのですか？

クリシュナムルティ（以下K）：あなたはKの話に耳を傾けているのですか？　それとも、自分自身に耳を傾けているのですか？　Kは言います。あなた自身に耳を傾け、あなたがどのように条件づけられているかを見てください、と。これは、「あなたは条件づけられている」と、わたしがあなたに言っているのではありません。あなたは、Kを含むほかの大勢の人たちに耳を傾けるよりも、自分自身に耳を傾けることによって、測り知れないほど多くを学ぶのです。あなたがKの話に耳を傾けるとき、彼は、あなたを指導しているのではありません。彼は、あなたの前にあなた自身を見る鏡を置いているのです。そして、あなた自身をきわめて明晰に見るとき、あなたは、鏡と鏡をもっている人物を壊すことができます。

それでは、わたしたちは自分自身を明晰に見ているでしょうか？

教えてもらうため、助けてもらうため、ものごとを――わたしたちは何なのかを――明確にするために、もし、わたしたちが関係性に依存するなら、あるいは、対話に、つながりに、制度に依存するなら、わたしたちは他者に依存しています。そして、他者に依存しているとき、それが学会であれ、心理療法のグループであれ、何らかの小グループ等々であれ、あなたは、いったい、何を学んでいるのでしょうか？　それに、あなたは、「学び」という言葉で、何を意味しているのですか？　これもまた、とても真剣な問題なのですよ。わたしたちが知っている学びとは、知識を蓄積することです。わたしは自分自身について学んできました――わたしはこうこうであり、こんな痛みであり、惨めさ、混乱、とてつもない生きる苦しみであり――そういうすべてだ、と。わたしはそれを学んできました。それは、誰かがわたしに言ったことか、あるいは、わたしが自分自身について学んできたことです。そこで、学びとは、いま、わたしたちが知っている限りでは、自分自身についての知識の蓄積です。そして、Kは言います。知識は、まさに、無秩序の根源である、と。

ゆっくりと進みましょう。

技術の分野や日常生活では知識は必要ですが、心理的には、知識は、まさに、無秩序の根源です。知識は過去だからです。知識は常に限られています。なぜなら、知識は、経験、仮定、結論、連鎖に基づいていて――それらの絶え間ない追加であり、したがって、非常に限られているのです。それでは、わたしは、これまでの知識や結論なしに、自分自身を見つめることができるでしょうか？　わたしの質問がおわかりですか？　昨日のすべての時間、もしくは数時間のあいだ、わたしは自分自身を見つめ、自分はこうだ、ああだ、その他だ、と思い当たります。それによって落ち込んだり、高揚したりします。そういうことが進行しているのです。それが昨日の知識になります。その知識とともに、再び自分自身を観察します。わたしたちはそういうことをしています。ですから、知識は、絶え間のない心理的な機械的反復をもたらします。そして、科学者たちとともに問題を非常に慎重に掘り下げるなら、彼らもまた、知識とはある領域での発見の妨げであることを発見し始めます。

ですから、みなさんはKからは何も学んでいないし、発見もしていないのです。みなさんは過去の歴史の貯蔵庫です。それが事実です。みなさんは人類史です。そして、その本をどう読むかを知っているなら、誰にも頼る必要はなく、議論や関係性、あるいは組織的グループ、その種のあらゆることに頼る必要はないのです。わたしは、みなさんが議論すべきではない、関係性をもつべきではない、あれもこれももつべきではない、と言っているのではありません。指摘しているのはただ、みなさんが自分自身の理解を他者に頼っているあいだは道を見失ったままだ、ということです。みなさんには指導者たちがいます。そうではありませんか？　宗教的指導者や政治的指導者、みなさんに、こうしなさい、子どもはこのように育てなさい、セックスはこのようにしなさい、と告げるあらゆる種類の専門家たちです。

この何十万年か、みなさんには、あらゆる種類の指導者がいました。その結果、どうなっていますか？　どうか、そこを問いかけてください。いま、わたしたちがこうなっているのは、他者に依存してきたからです——こうしろ、こう考えろ、とわたしたちに告げる誰かがです。これは、わたしたちがいつもプログラムされていることを意味しています。そして、自分自身を理解するには、関係性を通じて、議論を通じて、あらゆる機会が存在するのですが、それらに依存すれば、道を見失います。そこのところは、はっきりとおわかりですか？　この話し手に同意する必要はありません。ですが、他者への依存の結果を、この混沌とした世界に秩序をもたらそうとして政府に依存した結果を、グルへの依存、それが法王であれ地元の聖職者であれ聖職者への依存の結果を、見てください。

ですから、ほんとうに問題となるのはこういうことなのです。人は全人類の貯蔵庫であり、残りの人類であり、そのことを多大なためらいと親愛の情をもって、よくよく見つめるなら、そのとき、みなさんは、自分が何であるかを読み取り始めます。そして、そのとき、開花（flowering）があります。ですが、依存していれば――そのときは、苦痛と不安と恐怖とともに生きるのです。

質問者：しかし、たとえ、わたしたちには個別のアイデンティティがないとしても、何らかのかたちの統治機関は、たしかに必要なのではありませんか？

K：もちろん。何らかのかたちの、別々の複数の統治機関に基づかない統治機関です。

質問者：政治家には誰がなるのですか？

K：ああ、わたしたちはすぐに組織化したがることがおわかりですか！　いいですか、まず、自分自身から始めるのです。どんな種類の統治機関であるべきかとか、誰が首相に、誰が財務大臣になるのか、ではなく、まず、自分自身から始めましょう。この大テントのなかにいるわたしたち全員が、ほんとうにそのことを心に血肉として感じたなら、わたしたちの世界には、違った統治機関ができていたでしょう。戦争は終わっていたでしょう。

いいですか。わたしたちは、ただ一つのことを指摘しているのです――わたしたちの脳は条件づけられている、と。何であれ、条件づけられたものは限定されています。何であれ、条件づけられたものは分離していて、その分離、その条件づけは世界の大混乱の原因である、それが事実です。そして、その大混乱をやめるためには、人は自分自身から始めなければなりません。新しい統治機関をどう組織するか、ではないのです。わたしは条件づけられているのか？　わたしは朝から晩まで際限なく自分自身について考えているのか？　瞑想しながら、修行を実践しながら、あらゆることをしながら、です。わたしはほかの誰かより重要だ。わたしは自分の欲望のすべてを満足させたい。わたしは一人前の人間になりたい、認められたい。ですから、わたしは自分自身のことでいっぱいなのです。科学者は彼の実験のことでいっぱいかもしれません。ですが、自分自身のことでもいっぱいなのです。それに野心的であり、すばらしい地位が欲しいし、世界に認められて、ノーベル賞を受賞したい。わたしもそんな人たちを知っています。ある人はノーベル賞を取れず、ほかの人は受賞しました――受賞を逃した人を見てください。彼がどんなに狼狽し、苦々しい思いをし、怒りに駆られているかを。そうです、あなたやわたし、ほかの誰彼と同じように。

ですから、みなさん、もし、この地球で平和に暮らしたいとほんとうに望むなら、まず、非常に近いところから、つまり、自分自身から始めなければならないのです。

質問者：あなたは暴力と自由についてお話しになっています。しかし、法律についてはほとんど話していません。どうしてですか？　どんな文明化した社会も、法律なしには存在できません。それに、法律にはときに強制力が必要になります。つまり、暴力ということです。テロリストが人質を取ったら、どうしますか？　殺させるのですか、それとも、建物を急襲しますか？　そのような場合、自由はどうなるのでしょう？

K：法律とは何ですか？　それは、基本的に秩序を意味するのではありませんか？　社会はある種の法律を制定しますが、その目的は秩序をもたらすことです。しかし、その法律そのものが狡猾な人たちによって、優秀な法律家を雇う犯罪者たちによって破られています。それなら、法律は、秩序は、どこで始まるのですか？　法廷で、警視や諜報機関によって、ですか？　秩序はどこで始まるのでしょう？　どうか、そこを問いかけてください。社会は無秩序です。それが事実です。腐敗、不道徳、ほとんど混沌です。そして、統治機関はそうしたすべてのなかで、秩序をもたらそうと試みています。わたしたち、あなた、そして、ほかの人たちも――わたしたちは無秩序のなかで暮らしています――混乱し、不安定で、自分自身の安心・安全を求めています。自分だけでなく、家族やその他の安心・安全を求めています。それぞれが、孤立を通じて、無秩序を創り出しているのです。では、法律はどこにあるのですか？　警察官とともにあるのですか？　法律家とともにあるのですか？　わたしは法律家を何人か知っています。彼らは殺人者を守るでしょう。それが仕事です。犯罪者は彼らに多額の金を支払います。

そうしたすべてのなかで、秩序は、法律は、どこにありますか？　ですから、わたしたちは、まず、無秩序と向き合うべきではありませんか？　それが事実です。わたしたちは無秩序のなかで暮らし、社会は無秩序のなかにあり、政府機関も無秩序のなかにあります。政治家や首相や政府高官たちの誰かと話したことがあれば、誰もが権力と地位を追い求め、しがみつき、ある種の概念やイデオロギー、その他すべてと同一化していることがわかります。わたしたち一人ひとりが、それぞれ自分自身のために活動しています。戦争のような大きな危機のときには団結します。ですが、危機が終わったとたんに古いパターンに戻るのです。

ですから、わたしはこう言いたいのです。もし、法律が完全な秩序を意味するなら、わたしたちは、どんな混乱もなく完全な秩序のなかで生きることができるかどうか、見出し始めるのではありませんか？　そこを自問してください。口ではあることを言って実際には別のことをする、あることを考えて別のやり方で行動する、そういう矛盾がないように、です。わたしたちが無秩序のなかで生きている限り、社会も統治機関も無秩序であり続けるでしょう。〔出典43〕

第二部：言葉と意味

序文に記したように、クリシュナムルティは自分が言わなければならないことを伝えるために、「古い言葉」を新しいやり方で使う必要性を強調していた。以下のリストは、これが決定的あるいは権威ある定義というのではなく、彼が辞書的な定義から意味的に離れた言葉の使い方をしている多くの事例を示すものである。これに先立って、言語がもつ条件づけの効果から自分を解放する必要性について、クリシュナムルティが語った多くの言葉が掲載されている。

言葉

残念ながら、わたしたちは言葉の奴隷であり、かつまた、言葉を超えた何かに到達しようと試みています。言葉を根こそぎにし、粉々にして、言葉から自由になることは、とてつもない知覚と活力と生命力を与えてくれます。［出典44］

❖

これは簡単に片づけられる問題ではありません。なぜなら、言葉——シンボル、観念——は、精神をつかむとてつもない握力をもっているからです。わたしたちは精神に変異をもたらすことについて話しており、そのためには、言葉が停止しなければなりません……さて、言葉が取り除かれたら、みなさんには何が残るでしょうか？　言葉は、過去を代表し、表現しています。そうではありませんか？　無数の画像、イメージ、経験の層はすべてが、言葉、観念、記憶をベースにしています……たとえば、「神（God）」という言葉です。神という言葉は神ではありません。そして、人は、言葉やシンボルがないとき、信念も観念もないときにのみ、その強烈さに——それが何であれ、測り知れない何かに出会うでしょう。［出典45］

わたしたちは「辛い（painful）」というような言葉を使いますが、じつは、その言葉そのものが問題に入って行くことを妨げているのです。ご存じのように、スイスの人は「スイス」という言葉にわくわくします。クリスチャンが「キリスト」という言葉に、イギリス人が「英国」という言葉にわくわくするように。わたしたちは言葉の、シンボルの、観念の奴隷なのです。［出典46］

❖

あらゆる経験、あらゆる精神の状態、「あるがまま（what is）」、実際の事実――実際にあるものを把握するためには、人は言葉の奴隷であってはなりません。名づけること、つまり言葉は、さまざまな記憶を呼び起こします。そして、その記憶が事実に影響を及ぼします。事実を、「あるがまま」を、コントロールし、形づくり、誘導するのです。［出典47］

❖

あらゆる言葉、思考は、精神を形づくります。そして、あらゆる思考への理解がないならば、精神は言

葉の奴隷になり、悲しみが始まります。［出典48］

瞑想が花開くためには、あらゆるかたちのイメージ、言葉、シンボルが終わらなければなりません……しかし、言葉の習慣、言葉の感情的な中身、言葉の隠れた意味合いが、言葉からの自由を妨げます。その自由がなければ、みなさんは言葉の、結論の、観念の奴隷です。［出典49］

人は、言葉の干渉なしに耳を傾けることができるでしょうか？　あなたがわたしに「わたしはあなたを愛している」と言います。さて、そこでは、何が起こっているのでしょうか？　言葉は、まったく何も意味していません。しかし、そこには、言葉に対する思考の応答によってもたらされたものではない関係性の感覚（feeling）があるかもしれず、直接的なコミュニケーションがあるかもしれません。そこで、言葉は事物ではなく、言葉つまり思考は干渉する、と気づいている精神は、自由に、偏見なしに耳を傾けます――あなたが「わたしはあなたを愛している」と言うときのように。［出典50］

言葉はコミュニケーションの手段ですが、特定の言葉がわたしたちのなかで神経症的あるいは心理的な反応を引き起こすなら、そのとき、コミュニケーションは非常に困難になります。[出典51]

❖

たとえば、みなさんがご自分を嫉妬深い人間だと言うとき、たちまちそれ以上の探究が阻まれて、嫉妬という問題全体に踏み込むのをやめてしまいます。同じように、大勢の、自分は兄弟愛のために活動していると言う人がいて、彼らのすることはすべて兄弟愛に反しているのに、当人たちにはその事実が見えない、ということがあります。それは、彼らにとって「兄弟愛」という言葉が何かを意味していて、当人たちはすでにその言葉に納得しているからです。そして、それ以上に探究せず、そのために、言葉が引き起こす神経症的あるいは感情的な応答とかかわりのない事実そのものは何なのかを、決して見出さないのです。[出典52]

❖

不死を知るか経験するには、あるいは、その状態を経験するためには、観念化があってはなりません。人は不死について考えることはできません……そこには、非常に多くのことがかかわっています。精神は、後方への運動も前方への運動もなく、掘り下げることも飛翔することもなく、完全に静かでなければなりません。つまり、観念化は完全に停止しなければならないのです。そして、これはきわめて難しいことです。だからこそ、わたしたちは「魂」とか「不死」「継続性」「神」というような言葉にしがみつきます――それらはすべて、神経症的な効力をもっています。それらは感覚（sensation）です。そして、それらの感覚が精神を養っていて、それらを奪われたら、精神は途方にくれます。そこで、必死になって過去の経験、つまり、いまは感覚になった過去の経験にしがみつくのです。

精神が――部分的にではなく、全的に――静まることは可能でしょうか？　つまり、考えることもできず言葉にもできないものを直接経験するために。［出典53］

「神」という言葉は、あらゆる神経症的、心理的な反応を呼び起こし、そして、わたしたちは満足するのです。［出典54］

「愛」という言葉を考えてみてください。この言葉自体がわたしたちに、なんととてつもない神経症的な影響を及ぼすことでしょう！［出典55］

❖

言葉は、わたしたちの大半にとって、とてつもなく重要です。「神」という言葉、「コミュニスト」という言葉、「黒人（negro）」という言葉は、膨大な感情的、神経症的内容をもっています。同じように、「嫉妬」という言葉も重いものです。さて、言葉を取り払ったとき、感じるもの（feeling）が残ります。それは事実で、言葉ではありません。そして、その感じるものを言葉なしに見つめるには、すべての非難や正当化から自由である必要があります。

みなさんが嫉妬したり、怒っているとき、あるいは、とくに何かを楽しんでいるとき、そのようなときに、その感じるものと言葉を分けることができるかどうかを、言葉が重要なのか、それとも、感じるものが重要なのかを見てください。言葉なしに事実を見つめると、そこには知的プロセスではない活動があること、事実そのものが作動していること、したがって、何の矛盾も葛藤もないことを、そのとき、みなさんは見出すでしょう。［出典56］

意味

条件づけ（Conditioning）

質問者：あなたは条件づけについて非常にたくさんお話しになり、人はその束縛から自由にならなければいけない、そうでないといつも閉じ込められたままだ、とおっしゃってきました。そのような言葉はとんでもないもので、とても受け入れられないように見えます！　わたしたちの大半は非常に深く条件づけられていて、そのような言葉を聞くと、両手を挙げて降参して、そんな極端な表現から逃げ出すのです。ですが、わたしはあなたの言葉を真剣に受け止めました——というのも、つまるところ、あなたはこのようなことに趣味としてではなく、深く真剣に取り組んで、多かれ少なかれ人生を捧げてきたからです——そこで、人類はどこまで自分自身の条件づけを解除できるのかを知るために、あなたと議論したいのです。それは、ほんとうに可能なのでしょうか？　もし、可能なら、それは何を意味するのでしょう？　習慣と伝統の世界に暮らしてきて、じつに多くの事柄について正統派の見解を受け入れてきたわたしに、それは可能なのでしょうか？——深く根を張ったその条件づけを、ほんとうに投げ捨てることができるのでしょうか？　正確には、あなたは条件づけという言葉で何を意味しているのですか？　そして、条件づけからの自由とは何を意味しているのですか?

クリシュナムルティ(以下K):まず、最初の質問を取り上げましょう。わたしたちは住んでいる場所の気候、食べているもの、暮らしている文化、社会的、宗教的、経済的環境全体、それに、経験、教育、家族のプレッシャーや影響に――物理的、神経的、精神的に――条件づけされています。これらのすべては、わたしたちを条件づけている要素です。環境のあらゆる挑戦に対するわたしたちの意識的、無意識的な――知性的、感情的、外面的、内面的な――応答はすべて、条件づけの活動です。言語は条件づけです。すべての思考は条件づけの応答であり、活動なのです。

わたしたちは自分が条件づけられていると知って、この機械的な状態から自分たちを連れ出してくれるだろうと信心深くも期待して、聖なる代理機関を発明します。そして、その存在を自分自身の外側か内側に仮定します――内なるアートマン、魂、天の王国のように。それに、ほかにもいろいろとあるでしょう!わたしたちはそういう信念に必死にしがみつき、そういうものがもともと破壊するか修復するつもりだった条件づけの要素の一部であることを見ません。そして、この世界では自分を条件づけから解き放てないし、また、条件づけが問題であると見ることもせずに、自由は天国にある、解脱(モークシャ)に、涅槃(ニルヴァーナ)にある、と考えます。原罪というキリスト教徒の神話や輪廻転生(サンサーラ)という東洋の教義全体に、なんとなく、条件づけの要素が感じられるのがわかります。それが明晰に見えていたら、当然、これらの教義や神話は生まれなかったはずです。いまでは心理学者たちもこの問題を解明しようとしていて、そのなかで、わたしたちをさらに条件づけています。そのように、宗教的な専門家がわたしたちを条件づけ、社会秩序がわたしたちを条件づけ、その一部である家族がわたしたちを条件づけているのです。これらのすべては過去で、それが精神の開かれた層を作り上げ、同じように隠れた層を作り上げています。ちなみに、いわゆる個人（individual）なるものはまったく存在しない、ということを指摘しておくのも興味深いのではないでしょうか。なぜなら、精神は条件づけという共通の貯水池を利用していて、それをすべての人と分け合っているからです。ですから、コミュニティと個人のあいだの分断は虚偽です。条件づけがあるだけです。この条件づけが――ものごととの、人々との、諸々の観念との、あらゆる関係性のなかでの活動なのです。

質問者：それでは、わたしがそのすべてから自分自身を自由にするには、どうすればいいのですか？　この機械的な状態のなかで生きるのは、まったく生きていることになりません。すべての活動、すべての意志、すべての判断が条件づけられている以上――それでは、条件づけについてわたしにできることは、それが条件づけられていない場合であり、明らかに何もないですよね！　わたしは手足を縛られています。

K：過去、現在、未来における条件づけの要素そのものとは、「わたし（me）」、つまり、時間という観点から考えるわたしであり、それ自身を行使する「わたし」です。そして、いまや、それはそれ自身を、自由への要求のなかで行使します。ですから、あらゆる条件づけの根源は、「わたし」という思考なのです。「わたし」は過去のエッセンスそのもので、「わたし」は時間、「わたし」は悲しみです――「わたし」はそれ自身からそれ自身を解放しようと奮闘します。「わたし」は努力し、達成しよう、否定しよう、何かになろう（become）と苦闘します。この、なろうとする苦闘は時間です。そこには、混乱があり、さらに多くさらに良くと求める貪欲があります。「わたし」は安心を求めて見つけられず、その探し求めを天国に移行します。自分より偉大な何かに――国家であれ、理想であれ、何らかの神であれ――自分を同一化して、そこで自分がなくなることを期待する「わたし」そのもの、それが条件づけの要素なのです。

質問者：あなたはわたしからすべてを取り去ってしまいます。この「わたし」がなかったら、わたしはいったい何ものなのですか？

K：もし「わたし」がなければ、あなたは条件づけされていない。それは、あなたが無（nothing）であることを意味しています。

質問者：「わたし」は「わたし」の努力なしに、終わり得るのでしょうか？

K：何かになろうという努力は、条件づけの応答、活動です。

質問者：「わたし」の活動は、どうすれば止まるのですか？

K：止まり得るのは、ものごとの全体を、その営みの全体を見るときだけです。それを活動のなかで、関係性のなかで見るなら、その見ることが「わたし」の終わりなのです。この見ることは、条件づけられていない活動であるばかりでなく、条件づけに対して働きます。

質問者：それは、脳が――つまり、無限の条件づけとともに巨大な進化をしてきた結果としての脳が――それ自身を自由にし得る、という意味ですか？

K：脳は時間の結果です。脳は物理的にそれ自身を守るために条件づけられてきました。ですが、心理的にもそれ自身を守ろうとすると、そのとき、「わたし」が始まり、そして、わたしたちの悲惨のすべてが始まります。それ自身を心理的に守るためのこの努力は、「わたし」の肯定・主張（affirmation）です。脳は学ぶことができ、技術的に知識を獲得することができますが、心理的な知識を獲得すると、今度は、その知識が関係性のなかで自分自身を「わたし」として、その経験、意志、暴力とともに主張するのです。それが、分断、葛藤、それに悲しみを、関係性にもたらします。

質問者：その脳は静止できる、そして、活動のなかで知識が要求されるとき、たとえば、言語を習得する、自動車を運転する、あるいは、家を建てる、といった技術的に働かなければならない、そのときだけ作動できる、ということですか?

K:危険なのは、脳を心理的なそれと技術的なそれとに分割することです。それもまた、矛盾、条件づけ、理論になります。ほんとうの問題は、脳、その全体が静止し静かになって、技術的あるいは生きるのに必要なときだけ効率的に応答できるかどうか、なのです。ですから、わたしたちは、心理的か技術的かということには関心がありません。わたしたちはただ、精神全体が完全に静止して、必要なときだけ機能できるのか、それは可能なのか、と問いかけているのです。そして、わたしたちは言います。それは可能である、と。それが、瞑想とは何かを理解することなのです。

……

質問者:よろしければ、昨日終わったところの続きを始めたいのですが。ご記憶かと思いますが、わたしは二つ質問しました。条件づけとは何か、そして、条件づけからの自由とは何か、ということです。そして、あなたは、まず第一の質問から取り上げましょう、とおっしゃった。それで、二つ目の質問を取り上げる時間はなかったので、今日は、すべての条件づけから自由な精神の状態とはどのようなものかをお尋ねしたいと思います。昨日のお話のあとで、わたしがどれほど深く強く条件づけされているかが非常に明確になりました。そして、条件づけの構造における隙間というか裂け目を見ることができました――少なくとも、自分ではそう思います。この問題について、友人と話し合い、実際の条件づけの例をいくつか考えてみたのですが、人の行動が条件づけにどれほど深く毒々しい影響を受けているかが、とても明確に見えてきました。あなたが最後におっしゃったように、瞑想とは、歪みや錯覚がなくなるために、精神のすべての条件づけを空っぽにすることですね。それでは、すべての歪み、すべての錯覚から自由になるには、どうすればいいのでしょう？　錯覚とは何なのでしょうか？

K：自分自身をだますことはじつに簡単ですし、何にせよ、自分自身を納得させることはじつに簡単です。何者かでなければならないという感覚は欺瞞の始まりです。そして、もちろん、この理想主義的な姿勢はさまざまなかたちの偽善につながります。何が錯覚を作るのか？　そうですね、要素の一つは、「あるがまま（what is）」と「あるべき（what should be）」との――あるいは「こうかもしれない（what might be）」との――そのあいだの絶え間ない比較であり、善と悪とのあいだの測定、自らを改善しようという思考、快楽の記憶、もっと多く快楽を得ようと試みること等々です。この、もっと多くという欲望、不満、それが、何かへの信念を受け入れさせたり、抱かせたりするのです。そして、これは否応なしに、あらゆるかたちの欺瞞と錯覚に必ずつながります。欲望と恐怖、希望と絶望、それが、目標を、経験すべき結論を投影します。ですから、この経験には何のリアリティもありません。いわゆる宗教的経験はすべて、このパターンに従います。悟りたいという欲望そのものもまた、権威への追従を必ず生みます。これは悟りの対極です。欲望、不満、恐怖、快楽、さらに多くを望むこと、変化を望むこと、すべては測定です――これが錯覚への道です。

質問者：あなたはほんとうに、何についても、何の錯覚ももっていないのですか？

K：わたしはいつも、自分自身あるいは他者を測定しません。この測定からの自由は、ほんとうにあるがままとともに――それを変えたいと思わず、善悪を基準とした判断もせずに――生きるときに訪れます。何かとともに生きるとは、それを受け入れることではありません。受け入れようが受け入れまいが、それはそこにあります。何かとともに生きるとは、自分自身をそれと同一化（identify）することではありません。

質問者：人がほんとうに望む自由とは何か、という問題に戻ってよろしいですか？ その自由への欲求は誰のなかにも現われます。ときには、これ以上ないほど愚かなやり方で表現されますが、思うに、このように言えるかもしれません。つまり、人間の心のなかにはいつでも、決して実現しない自由への深い憧れが、自由になろうという終わりなき苦闘があるのです。わたしは自分が自由でないことを知っています。わたしはほんとうに多くの欲に囚われています。どうすれば、わたしは自由になるのでしょう。そして、ほんとうに、うそいつわりなく自由であるとは、何を意味するのでしょうか？

K：こう言えば、理解する手掛かりになるかもしれません。全的な否定（total negation）は、その自由です。わたしたちが肯定的（positive）と考えるすべてのものを否定すること、社会的倫理の全部を否定すること、内心におけるすべての権威の受諾を否定すること、リアリティについて人が言った、あるいは結論づけたあらゆることを否定すること、すべての伝統を、すべての教義を、技術的な知識以外のすべての知識を否定すること、すべての経験を否定すること、記憶された、あるいは忘れられた快楽に由来するすべての衝動を否定すること、すべての充足を否定すること、特定のやり方で行動しようとするすべての献身・努力（commitments）を否定すること、すべての観念を、すべての原則を、すべての理論を否定することです。このような否定が最も肯定的な活動であり、したがって、それは自由です。

質問者：それに少しずつコツコツと取り組むなら、いつまでもかかるでしょうし、それ自身がわたしの束縛になるでしょう。一瞬で、そのすべてを葬り去ることはできますか？　人間の欺瞞全体を、すべての価値と希求と基準を、わたしは即座に否定できるのでしょうか？　それは、ほんとうに可能ですか？　そのためには巨大な能力が（そんなものはわたしにはないのですが）、巨大な理解が必要なのではありませんか？　このすべてを一瞬に見て、それを光のなかに、あなたがおっしゃった英知のなかにさらけ出すためには、ですか。これが何を意味するか、はたして、あなたはご存じなのだろうか、とわたしは思います。わたしに、普通の教育を受けた普通の人間に、信じがたい無のように思える何かに飛び込めとおっしゃる……わたしに、それができますか？　そこに飛び込むことが何を意味するのかさえ、わたしは知らないのですよ！　それは、突然、わたしに、最高に美しく無垢で愛らしい人間になれ、と求めているようなものです。おわかりでしょうが、わたしはいま、ほんとうに怯えています。以前のような怯え方ではありません。わたしはいま、それが真実だとわかっているものと直面しているのですが、それでも、それができないという自分の無能さに縛りつけられています。それの、ほんとうに完全に無であることの美しさは見えます。ですが……

K：おわかりでしょうか？　自分自身のなかに空っぽさ（emptiness）があるとき──底の浅い精神の空っぽさではなく、こうであった、こうであるべき、さらには、こうなるであろうといった、あらゆることの全的な否定とともにもたらされる空っぽさがあるとき──その空っぽさのなかにのみ、創造があります。その空っぽさのなかにのみ、新しい何かが起こり得るのです。恐怖は未知についての思考です。したがって、あなたは、ほんとうは既知から、執着から、満足から、快楽の記憶から、心地良さを与えてくれる継続性と安全性から離れることを恐れているのです。思考は、それと、空っぽさと考えるものとを比較します。空っぽさを想像することは、これは恐怖です。ですから、恐怖は思考です。あなたの質問に戻りましょう──精神は知っていることを、そのすべてを、意識的無意識的自己の中身全部を、あなた自身のエッセンスそのものを否定できますか？　あなたは自分自身を完全に否定できますか？　できなければ、自由はありません。自由とは、何かからの自由ではないのです。それはただの反応です。自由は、全的な否定のなかに現われます。

質問者：しかし、そんな自由のどこが善いのでしょう？　あなたはわたしに死ねと言っているのでしょうか？　違いますか？

K：もちろん！　そんな自由のどこが善いのか、と言うとき、あなたは「善い（good）」という言葉をどのように使っているのでしょうね？　何を基準とした「善い」ですか？　既知ですか？　自由は絶対的な善で、その活動は日常生活の美です。その自由のなかにのみ、生きることがあるのです。それなしで、どうして、愛があり得るでしょうか？　その自由のなかにはあらゆるものが、あらゆる存在がありいます。それは、あらゆる場所であって、どこでもないのです。それには境界はありません。あなたは、明日死ぬのを待つのではなく、あらゆる既知に対して、いま、死ぬことができますか？　その自由は永遠であり、エクスタシーであり、それが愛なのです。〔出典57〕

知識（Knowledge）

知識とは経験の残滓、人種の、社会の、科学の知識の蓄積です。科学的あるいは個人的な経験としての人間の奮闘努力、その蓄積のすべてが知識です。〔出典58〕

心理的知識、わたしはこれが欲しい、こんな経験がある、これを信じている、これがわたしの意見だ、という知識、人類の経験の心理的な残滓のすべて、そして、脳に蓄えられた人類の経験――その知識から、思考があります。そして、その思考は、常に限られています。そして、そこから生まれるどんな活動も必ず限られており、したがって、調和的ではなく、矛盾、分断、葛藤等々なのです。［出典59］

わたしたちが言う心理的な知識とは、このようなものです。いいですか。わたしは妻について、あるいは女友だちについて、心理的に大量の情報を積み上げてきました。自分の感性、野心、貪欲、羨望に依拠して、つまり、すべて自己中心的な活動に依拠して、彼女についての正しい、あるいは正しくない知識を積み上げてきたのです。そして、その知識が、生きている相手であるその人物を実際に観察することを妨げます。わたしは決して、その生きている相手に出会いたいとは思わない。なぜなら、怖いからです。生きている相手を見るよりは、その人物についてイメージを抱いているほうが、はるかに安全なのです。［出典60］

わたしたちは自分が恐れていること、孤独であること、大きな悲しみを抱いていることを知っていますし、落ち込んでいること、心配で、不安定で、不幸で、いつも満たされよう、何かになろう、何かを得ようとしていることを知っています――それはすべて、思考の運動です。心理的な知識はいつも技術的な知識を制覇し歪めるのですが、その心理的な知識が終わり得るかどうかを、わたしたちは問いかけているのです。［出典61］

❖

わたしたちは知識の、傷ついたことの、侮辱されたことの、さまざまな感情的、心理的反応の、さまざまなかたちの経験の重荷を背負っています。わたしたちの脳は、学術的知識ばかりでなく、知識や既知を詰め込んだ心理的世界全体を、これらすべての重荷を負っているのです。そして、この領域で思考が働いている限り、自由はあり得るでしょうか？……蓄積されてきたすべての心理的な知識から脳が完全に自由になるとき、そのとき、そこには自由な精神があります。［出典62］

執着（Attachment）

執着とは何でしょうか？　なぜ、わたしたちは何やかやに――資産に、金に、妻に、夫に、何らかの馬鹿げた結論に、イデオロギー的概念に執着するのでしょう？　なぜ、それほどに執着するのでしょう？　この問題を一緒に探ってみましょう。それに、執着の結果を。

わたしがみなさんに執着するなら、この話し手が聴衆であるみなさんに執着するなら、彼の脳の状態がどのようなものであるかを考えてみてください。彼は、聴衆がいなくなるかもしれないと怯えています。神経質になり、卒中を起こしそうです。そして、彼は、人々を利用すること、名声を得ることに執着しています。ですから、執着の結果とは、よくよく綿密に観察してみれば、その対象が、妻、夫、少年、あるいは少女でも、考えでも、絵でも、記憶でも、経験でも、結果として、失うことへの恐怖を惹起します。そして、恐怖から、嫉妬があります。わたしたちの嫉妬深さはどうでしょう。権力者への嫉妬――おわかりですか？すべて、嫉妬です。その嫉妬から、憎悪があります。もちろん、嫉妬は憎悪です。執着するときには、常に猜疑があり、秘密があります。こうしたすべてに目を向けたことがありますか？　世界のなかでは、とてもありふれたことです。そして、何かに、あるいは、何らかの考えや人物に執着しているとき、みなさんはそれを、いま、終わらせることができますか？　それは死です。これは、あなたは一日中、死とともに生きられますか、という意味です。どうか、そこを考えてください。そこに分け入ってください。その偉大さが、その広大さが見えるでしょう。それは自殺することではありませんよ。そんな馬鹿げたことを言っているのではありません。そうではなくて、執着の感覚のすべてを、恐怖の感覚のすべてを終わらせて、それとともに生きることです。それは、活動はしているが、方向と目的、その他すべてを決してもたない、そのような脳をもつ、という意味です。それは、あらゆる瞬間に死とともに生きること、決して収集せず、まとめ上げず、何ごとにも決して継続性を与えないことです。みなさん、いまはご存じないでしょうが、実行なされば、それが何を意味しているか、おわかりになるでしょう。それは、ほんとうの自由です。その自由から、愛があります。愛は執着ではありません。愛は、快楽でも、欲望でも、満足でもありません。[出典63]

❖

わたしはあなたに執着している。あなたは美貌だし、快楽を、セックスを、伴侶を、その他さまざまなものを与えてくれるから、わたしはあなたに大いに執着している。その執着は、過去です……わたしは快楽を通じてあなたに執着しており、その執着は記憶です。なぜなら、次にあなたがいないとき、わたしは「あなたがいてくれたら」と言うからです。ですから、執着は記憶です……生きている現在があるとき、執着はまったくありません。[出典64]

快楽（Pleasure）

快楽とは何でしょう？　それは、どのようにやってくるのでしょうか？　夕日を見る。夕日を見ることは大きな喜びを与えてくれます。あなたはそれを経験する……そして、その経験が快楽の記憶を残し、明日、あなたはその快楽を繰り返したいと願います……観察すればわかりますが、思考がそれについて考え、それに活力と継続性を与えるとき、繰り返しが起こります。セックスも同じですし、そのほかのかたちの肉体的、心理的快楽も同じです。思考がその快楽のイメージを創り出し、それについて考え続けるのです。[出典65]

❖

次の質問です。人は、どうすれば、それについて考えずにいることができるでしょう？……喜び（joy）は快楽ではありません。喜びについては考えられません。というか、それについて考え、快楽の残滓について考えることはできますが、喜び、エクスタシーと呼ばれるものは思考の産物ではないのです。爆発的な喜びがあるとき、翌日、それについて考えることはできません。そのことに気づいたことがありませんか？考えると、それはすでに快楽になっていませんか？……出来事が辛いものでも快感のあるものでも、終わったあと脳に痕跡を残さない、ということがあり得るでしょうか？　脳のその痕跡が記憶です。そして、記憶が応答するとき、その応答は思考です……美しい日没という出来事があり、見ているときは大いなる歓喜（delight）があります。あなたはそれを、色彩を、水に映る光を、夕映えの雲の揺らめきを観察します。それを、言葉なしに観察することができますか？　言葉を使った瞬間に、その言葉は連想を生み、連想は記憶の一部となります。なんてすばらしいんだ、と言うとき、あなたはすでに見ることから、観察から、夕日を眺めることから離れているのです。それでは、言葉なしに夕日を見ることができますか？　それは、完全に見ること、完全な注意とともに、カリフォルニアか世界のどこかで見た夕日と比較せずに、あるいは、なんてきれいなんだろうと友人に言わずに、言葉なしにただ見ることです。それは、完全な注意とともに見ることを意味しています。

そのとき、そのようにして見るとき、あなたは、知覚そのものが夕日の記憶の形成を阻むことを見出すでしょう。それは、どんな喜びも歓喜も感じないことではありません。〔出典66〕

❖

快楽は、瞬間的な快楽や瞬間的な欲望だけでなく、自分が経験した心理的な快楽の継続性への要求でもあります。それらすべてに思考が含まれています。それらのすべてに、認識のプロセス、言葉、継続性への要求があります……果物を食べたときには瞬間的な快楽があり、一瞬のちに、もっと欲しくなります。何かを「もっと」は、実際のその瞬間ではありません。〔出典67〕

❖

昨日の経験について考えることは、それが美しい木を、空を、丘を見つめたことであれ、あるいは性的な楽しさであれ、快楽です。〔出典68〕

快楽とは、実際のものが去ったあとの思考の運動であり、楽しみそのものとはまったく違います。あなたは楽しみます。食べ物が好きで、食べ物を楽しむと、思考が入ってきて、明日も同じものを食べなくては、と言います。そして、習慣が始まります。それから、思考は、その習慣を破らなければ、と言い、そこで、すべての葛藤が始まります。食べ物が好きで、味わい、楽しむなら、そこで終わらせましょう。おわかりになりますか？　明日も、あるいは今夜も、これを食べなければ、と言わないことです。同じように、妻を、夫を、あらゆるものを、記録なしに、したがって継続性を与えずに、観察するのです。そうすれば、脳はとてつもなく自由になります。あなたは秩序があるべきところに秩序を打ち立てたのです。そして、関係性のなかのあらゆる無秩序を一掃しました。なぜなら、そのときは、あなたと彼女のあいだには何のイメージもないからです。［出典69］

❖

イメージ（Image）

この話し手がイメージと言っているのは、シンボル、概念、結論、理想のことです。これらはすべてイメージです——わたしはこうあるべきだとか、そうではないがそうありたいとか。これは、精神によって時間のなかへ投影されたイメージ、未来へ投影されたイメージです。ですから、現実ではありません。現実とは、いま、あなたの精神のなかで実際に起こっていることです。先へ進んでもよろしいですか？

わたしたちは問いかけています。なぜ、精神はイメージを創造するのだろう、と。それは、イメージのなかに安心があるからでしょうか？　わたしに妻がいれば、妻に関するイメージを創り出します。「妻」という言葉そのものがイメージです。しかし、妻は生きていて変化する、活き活きした人間そのものです。彼女を理解するためには、もっともっと多くの注意が、多大のエネルギーが必要です。しかし、わたしは思うのですが、彼女のイメージがあれば、そのイメージとともに生きるほうがはるかに易しいのです。

そもそも、あなたは、自分自身についてイメージをもってはいませんか？　自分は偉大な人間だとか、偉大ではないとか、自分はこうだ、ああだ、あれこれだ、等々と。そのイメージとともに生きているとき、あなたは幻想とともに生きているのであり、現実とともに生きているのではありません……なぜ、精神は、あなたの精神は、イメージを作るのでしょう？　イメージがたとえ偽りでも、イメージのなかには安心があるからでしょうか？……イメージは思考の投影です……思考とは、知識として脳に蓄えられた記憶の応答です。知識は経験から生まれます……あなたには経験があり、その経験を知識として覚えていて、その記憶された知識が思考を投影する……しかし、知識は常に限られています。何についてであれ、完全な知識はありません。ですから、思考は常に限られています。［出典70］

精神は、どうすればその中身が空っぽになるかを見出さねばなりません——それは、何のイメージももたず、したがって、観察者もいない、ということです。イメージは過去を意味しています。あるいは、いま起こっていることのイメージ、もしくは、未来に投影するイメージです。そこで、イメージがないとは、どんな方式も、観念も、原則もない、ということです——これらはすべて、イメージを意味しています。では、イメージの形成がまったくないことがあり得るでしょうか？　あなたはわたしを傷つけた、あるいは喜ばせた。したがって、わたしはあなたのイメージをもっています。あなたがわたしを傷つけたり喜ばせたりしたとき、何のイメージ形成もない、ということが可能でしょうか？　たとえば、あなたがわたしを侮辱するとき、完全に見つめていて、注意深くあり、その結果、何の痕跡も残らない、ということがあるでしょうか？〔出典71〕

❖

わたしにあなたのイメージが何もなく、あなたにもわたしのイメージがないとき——あなたが何を言おうが、何の痕跡も残らないのは、そのときだけです。これは、わたしが孤立しているとか、愛情をもっていないという意味ではなく、傷や侮辱などを記録する思考のすべての運動が終息すること——つまり、侮辱されている、まさにそのときに、あなたのすべての感覚とともに完全に注意深くあることを意味しています。〔出典72〕

❖

心理的に、内面的に、たった一つのイメージの影もない、そのときには、誰もあなたを傷つけられません。［出典73］

❖

わたしたちが言う、純真無垢に木を見る、とは、イメージなしに見る、ということです。同じように暴力についても、その言葉自体がはらんでいるイメージなしに見つめなくてはいけません。［出典74］

❖

わたしたちの大半にとって、お互いの関係性は機械的です。機械的とわたしが言うのは、あなたについて、そして、わたしについての思考が創り出したイメージなのだ、ということです。［出典75］

❖

わたしたちが言う、正しい関係性とは、イメージを作り出す機構のすべてが終息した精神と心の状態、したがって、自分自身のなかだけでなく相手とのあいだにも完全な調和がある状態を指しています。［出典76］

自分自身について何のイメージももたない、とは、道を見失っているとか、安心がなく不安定になる、という意味ではありません。逆に、自分についてイメージをもっているとき、そのイメージが不安定さを創り出すのです。〔出典77〕

❖

他者を崇拝することとは、自分自身を崇拝することです。イメージやシンボルは自分自身の投影です。〔出典78〕

❖

イメージは過去の経験の投影です。過去の経験がイメージをもたらし、そのイメージに従って、わたしは行動する。それが未来です。〔出典79〕

❖

欲望を理解するとき、そこには、外部の対象だけでなく、イメージの心理的投影もからんできます。[出典80]

他者について、あるいは自分自身について、あなたがもっているイメージは、どんなかたちのものであれ、関係性の美を妨げます。[出典81]

考える（Thinking）

考えるとは、どういうことでしょうか？　みなさんは記憶なしに考えられますか？　みなさんは記憶なしには考えられません。それでは、記憶とは何でしょう？　さあ、続けてください。脳を働かせてください。思い出？　観念の長い連なり、記憶の長い束？　では、記憶とは何でしょうか？　わたしは住んでいた家を記憶している。子ども時代を記憶している。それは何なのでしょう？　過去です。そうですね？　過去は記憶です。みなさんは明日、何が起こるか知りません。ですが、何が起こりそうかを、あるいは起こりそうでないかを投影できます。それは、時間のなかの記憶の活動です。

それでは、記憶とは何なのでしょう？　記憶はどのようにしてやってくるのでしょう？　すべては、とてもシンプルです。記憶は知識なしには存在できません。わたしが昨日、自動車事故にあった。その事故は記憶されています。ですが、その記憶に先だって、事故があったのです。事故の経験が知識になり、そして、その知識から記憶が生じます。わたしが事故にあっていなければ、事故の記憶はないでしょう。そして、そのように、ほかの人たちの事故も想像できます。

ですから、知識は経験をベースにしています。ただし、経験は常に限られています。わたしにはもっと多くの経験が、もっとさまざまな経験が、それも肉体的、性的にだけでなく、何らかの架空の神等々という、いわゆる内面の経験が可能です。そこで、経験、知識、記憶、思考――経験は常に限られています。わたしは宇宙の広大な秩序を経験することはできません。ですが、想像することはできます。

経験は限られていて、したがって、未来であれ現在であれ、知識も限られています。なぜなら、知識は常に、さらに多く、さらに多く、と付け加えられていくからです。科学的な知識はこのように成り立っています。ガリレオ以前からいまに至るまで、付け加えられ、付け加えられ、付け加えられてきました。ですから、現代であれ未来であれ、知識は常に限られているのです。そして、記憶も限られています。思考も限られています。そこに困難があるのです。思考は限られています。思考は神々を、救世主を、儀式を、レーニン、マルクス、スターリンを発明しました。ですから、思考が何をするにしても、高貴であれ下品であれ、宗教的であれ非宗教的であれ、高潔であれ卑劣であれ、道徳的であれ非道徳的であれ、何をするにしても、思考がすることは依然として限られているのです。このことがおわかりでしょうか？ [出典82]

傷つく（Hurt）

傷つくとは、どういうことでしょうか？　言葉で考えるのではなく、実際に自分のなかに分け入って、自分自身を見つめてください。あなたは心理的に傷ついている。子どもだったころ、両親があなたを傷つけ、子どもだったころ、友だちがあなたを傷つける。それから、学校が、あるいは伯父が、校長が、誰であれ、「きみは兄のように賢くないとだめだ」と言って、あなたを傷つける。それから、大学では試験に通らなければならず、失敗すれば、あなたは傷つく。職を得ないと、あなたは傷つく。世界中のあらゆるものが、よってたかってあなたを傷つける。わたしたちの教育、それは腐っているのですが、それがあなたを傷つける。ですから、あなたは傷ついています。あなたは、自分が傷ついていることに実際に気がついていますか？　そして、傷ついた結果を――他者を傷つけたいと思っていることを――知っていますか？　そこから怒りが生まれ、抵抗が生じて、あなたは閉じこもり、より内面的に分離していきます。そして、内面的に分離して閉じこもり、そのぶん、ますます傷つきます。そこで、自分のまわりに壁を作って取りつくろうのですが、いつも壁のなかです。これらはすべて、傷ついているしるしです。

このように、あなたは傷ついている。そして、自分が傷ついていると、ほんとうに深く、意識のレベルだけでなく、もっと深いところで気がついたら、そのとき、何をしますか？　さて、それでは、どのようにして傷つくのでしょう。それは、自分自身についてイメージをもっているからです。わたしが自分について、いつも講壇の椅子に座って聴衆に話しているイメージをもっていれば――ありがたいことに、そんなイメージはもっていませんが——そして、聴衆に反対されたり、聴衆が来なかったりすれば、わたしの自分自身についてのイメージは傷つきます。事実、わたしが自分自身についてイメージをもっている限り、イメージは傷つき続けるのです。それは明らかです。そうではありませんか？　それでは、たった一つのイメージもなしに生きることは可能でしょうか？　それは、何の結論も何の偏見もないことを意味します——こういうものはすべてイメージですから。そして、あなたがわたしを侮辱した瞬間、それは、あなたがわたしの自分自身に関するイメージに反する何かを言うことですが、そのとき、あなたはわたしを傷つけます。さて、その瞬間に、あなたが何かひどいこと、傷つくことを言っているときに、わたしが気づいていて、わたしの全的な注意をあなたが言っていることに向けるなら、そのときは何の記録も生じません。不注意があるときにだけ、傷ついたことやおだてられたことが記録されるのです。それでは、あなたは馬鹿だと誰かに言われたとき、その瞬間に、あなたは全的な注意を向けられますか？　それができるなら、傷つくことはありません。過去の傷はその注意のなかに消えます。注意とは炎のようなもので、過去と現在の傷を焼きつくすのです。おわかりですか？·[出典83]

注意（Attention）

質問者：あなたは、問題に完全な注意を向ければ、問題は花開き、そして萎れて消える、とおっしゃいました。そのことを、もっと説明していただけますか？

クリシュナムルティ：たとえば、葛藤の問題があります。さて、あなたは自分の葛藤を観察し、それに完全な注意を向けられますか？　どうか、しばらくはただ聞いていてください。耳を傾けてください。あなたには問題がある。それは葛藤です。あなたはそれを見つめられますか。問題に、その色調、中身、問題の精妙さに耳を傾けるだけでなく、それを解決しようと試みず、どんな方向も与えようと試みず、動機なしに見つめることができますか？　動機があると、それは方向を与え、それで、あなたは問題を歪めるのです。それでは、葛藤に鋭敏に気づいていることができますか？　働きかけないのですよ。なぜなら、あなたは葛藤の一部だからです。あなたは葛藤なのです。あなたがそれに働きかければ、さらに多くの葛藤を創り出します。ですから、葛藤を見つめてください――小さなものも、人類全体のものも、個人的なものも、グローバルなものも、それを見つめてください。その物語に耳を傾け、あなたが何の物語かを語るのではなく、それに物語を語らせてください。愛する子どもがあなたの膝に乗って、物語を語っているように。あなたは子どもの邪魔をしません。あなたはそんな不作法はせず、子どもにすべてを語らせたがっているのです。

同じように、葛藤にそれについてのすべてを語らせましょう。あなたは傾ける耳をもっていればいいのです。ただ耳で聞くだけでなく、その性質について内面的に聞くのです。耳を傾けて、何の努力もせず、それに注意全体を向けることができますか？　物語を語る子どもと一緒にいるとき、あなたは努力したり、「わたしは自分自身をコントロールしなければいけない、もっと我慢強くなければいけない」と言ったりはしません。あなたが耳を傾けているのは、その子どもを愛しているからです。同じように耳を傾けてください。そうすれば、問題が花開き、育ち、その中身全体を見せるのがわかるでしょう。そして、すべての中身を見せたとき、それは過ぎ去り、終わります。おわかりですか？　それには、問題が花開いて萎むのには、時間は関係しません。せっかちな精神だけが時間を持ち込んで、「これを解決しなければならない」と言うのです。ですが、あなたが問題に耳を傾けているとき、完全な注意をそこに向けるとき、精神は非常に注意深く鋭敏に耳を傾け、ほんの小さな、非常に微妙な動きのすべてに敏感になります。あなたが動機や方向をもっているなら、「こうしなければならない」と言うなら、そのときは、完全な注意を向けることはできません――それでは、何事も起こらないでしょう。そうではなく、全面的な注意を向けるなら、問題はそれ自身を余すところなく見せ、そして分解します。花のように、朝は蕾がありますが、夕刻には萎れているのです。［出典84］

感じやすい繊細さ（Vulnerability）

理性が説明や逃げ口上や論理的結論を通じてあなたを守る力をもはやもたないとき、そのときには、完全な感じやすい繊細さがあり、あなたの存在全体が丸裸になり、愛の炎があります。［出典85］

これは、みなさんと話し手のあいだの会話、対話ですから、わたしたちは感じやすく繊細でなければなりません――つまり、何の防護もなく、何の抵抗もなく、自分自身を完全にさらけ出す意志をもつのです。問題に対してだけでなく、問題にかかわることにも。そして、そこに、わたしたちの注意全体を向けるのです。［出典86］

❖

みなさんは、開かれていて感じやすく繊細である必要性がおわかりですか？　その真理が見えない限り、みなさんはまた、ひそかに自分のまわりに壁を築くでしょう。［出典87］

❖

鋭敏さのエッセンスとは、感じやすく繊細であることです……内面的に感じやすく繊細であるとは、どんな抵抗ももたず、どんなイメージも、どんな決まった方式ももたない、という意味です。［出典88］

知覚（Perception）

知覚とは、何を意味するのでしょう? わたしが地位に、妻に、資産に執着していたら、知覚はあり得るでしょうか?……わたしたちが言っているのは、こういうことです。つまり、全的な知覚が起こるのは、日常生活のなかに何の混乱もないときだけなのです……もし、わたしが恐れているなら、わたしの知覚は非常に部分的でしょう……ですが、探究し、観察し、恐怖のなかに入って行くなら、それを深く理解し、掘り下げるなら、わたしは知覚をもちます……知覚は、観察者と観察されるものとのあいだに何の分断もないときにのみ、起こり得るのです。[出典89]

❖

感覚的な印象のすべて、意識的無意識的に記録された印象、さまざまなイメージ、結論、偏見、それらはすべて知覚にかかわっています……そして、わたしがあなたと会うとき、わたしは注意のスイッチを入れ、イメージが現われます。それが、わたしたちが知覚と呼んでいるものです……そうではなく、秩序とは、あるがままのものごとの知覚なのです――あるがままのあなたの知覚であって、あなたは何者かというわたしの結論ではありません。わたしは言います。知覚とは、ものごとをあるがままに見ることである、と。そして、結論をもっているなら、あるがままに見ることはできません。したがって、結論とは無秩序なのです。[出典90]

純粋な知覚があるときには、まったく違った種類のエネルギーがあり、それは、思考や時間とは何の関係もありません。〔出典91〕

❖

暴力を瞬時に終わらせるような暴力の知覚はあるでしょうか？……知覚は行動です。みなさんはヘビを見たら、瞬時に行動します。「さて、来週、行動しよう」などと言わず、即座に応答するのは、そこに危険があるからです。〔出典92〕

❖

大事なのは、判断なしに自分の精神を観察することです――それを、ただ見つめ、観察する。自分の精神が奴隷であって、それ以上の何ものでもないという事実を意識する。なぜなら、その知覚そのものがエネルギーを解き放ち、このエネルギーが精神の奴隷性を破壊するからです……わたしたちが重要だと思うのは、あるがままを知覚することだけです。そして、「あるがまま」の知覚が、創造の火を解き放つのです……正しい問いかけの裏にある切実さ、その強烈さそのものが知覚をもたらします。知覚する精神は生きています。動いていて、エネルギーに満ち溢れ、そのような精神だけが、真理とは何かを理解できるのです。

［出典93］

❖

思考が続くなら、精神は決して静かになりません。そして、精神が完全に静かになったときにのみ、知覚の可能性があります。この理屈をわかってください――つまり、わたしの精神がしゃべり続け、比較し、判断し、「これは正しい、これは間違っている」と言っていれば、わたしはあなたに耳を傾けていないのです。

［出典94］

❖

知覚とは完全な注意のことです――神経、耳、脳、心、あらゆるものが最高の質的状態にあります……断片化するのは自己（self）です。自己がないところに知覚があります。知覚とは行なうことであり、それは美です。［出典95］

思考に縛られていないときにのみ、知覚はあり得ます。思考の運動からの干渉がないとき、知覚はあります。それは、問題への直接の洞察です。知覚は精神のなかで生じるでしょうか？　生じます。脳が静かなときに。［出典96］

洞察（Insight）

洞察とは何でしょう？　それは、真実であり、論理的で、まっとうで、合理的に違いない何かを瞬時に知覚することです……たとえば、子ども時代に受けた傷と痛みに対する洞察をもつことです……その傷は、自分自身について創り出したイメージです……いま、洞察を——分析せずに、そうしたすべてに対する洞察をもつ、瞬時に見て取るのです。すると、その洞察の知覚そのものを通じて、傷は溶解します——そのためには、みなさんのエネルギーと注意のすべてを必要とします。［出典97］

それでは、洞察とは何でしょうか？　わたしたちは言います。洞察が起こるのは、知識が終息し、どんな方向もない純粋な観察があるときだけである、と……そして、その洞察は、絶え間ない検証や絶え間ない分析、毎日続く検討の結果ではない、と。それは、すべての知識の突然の終焉であり、何かを直接見ることです。その洞察は、記憶を担う脳細胞そのものに基本的な変化をもたらします。[出典98]

❖

執着に対する洞察があるとき、みなさんは、この言葉の背後へまわります。言葉の背後へ、断言する断言しないという自分の反応の背後へまわって、精神がどのように執着のプロセス全体を築き上げたのかを観察し、それを見ます。そして、観察できるのは、それを捨てたいと思わないときだけです。観察者とは、あなたが見ているものそれ自体なのだ、とわかるとき、観察できるのは、そのときだけです。観察者は執着を創造し、それから、自分をそこから引き離して、それを変化させ、コントロールし、形づくり、否定し、変容させ、超え行くなど、その他あらゆることを試みます。そこで、このような洞察があるとき、その洞察から英知が生まれます。[出典99]

❖

方式もなく、その洞察に終止符を打つ結論もない、絶え間ない洞察があること、それが創造的行動です。洞察をもつとき、いかに思考が無になるかは、驚くほど美しく、興味深いものです。思考は洞察をもつことはできません。精神が思考の構造のなかで機械的に作動していないとき、そのときのみ、みなさんは洞察をもちます……洞察をもちつつ、決してそこから結論を引き出さず、したがって、洞察から洞察へ、行動から行動へと絶え間なく動いている――それが自発性です……自由な精神には、どの瞬間にも洞察があります。自由な精神に結論はなく、したがって、機械的ではありません……安心・安全は洞察のなかにあるのであり、結論のなかにあるのではありません。［出典100］

◈

洞察は思い出すことではなく、計算され探究された結果でもありません。それは、記録のプロセスでも、そこから生じる行動でもなく、もはや、時間である思考の活動ではないのです。洞察とは、したがって、時間のなかに囚われていない精神の活動なのです。［出典101］

情熱（Passion）

誰かと恋に落ちたとき、みなさんは大いに感情的な状態になっています。これは、その特定の原因の結果ということです。そして、わたしが言っているのは、原因のない情熱です。何かについてだけでなく、あらゆることに情熱的であることです。いっぽう、わたしたちの大半は特定の人、あるいはものごとについて情熱的なのです。そして、この違いを、きわめて明晰に見なければならない、とわたしは思います。原因のない情熱の状態には、あらゆる執着から自由な強烈さがあります。しかし、情熱に原因があるときには執着があり、執着は悲しみの始まりです……何かに、誰かに、考えに、何らかの種類の充足に対する情熱があるときには、その情熱から矛盾が、葛藤が、努力が生まれます……どうか、いまはただ聞いていてください。その強烈さの状態、原因のない情熱を実現しようと試みないでください。注意が規律によって強制されるのではなく、理解したいというシンプルな衝動から生まれるときの楽な感覚とともに注意深く耳を傾けることができれば、この情熱が何なのかを、わたしたち自身で発見できるでしょう……思うに、悲しみの終わりは情熱の強烈さと関係しています。そして、全面的に自己を捨てたときにのみ、情熱があり得るのです。

わたしたちが思考と呼ぶものが完全になくなっていなければ、人は決して情熱的にはなりません……その情熱は熱狂とは何の関係もありません。それは、「わたし（me）」が完全に停止したときにのみ、「わたしの家」「わたしの資産」「わたしの国」「わたしの妻」「わたしの子どもたち」などという感覚がすべて捨て去られたときにのみ、生まれます。「そんなものはもつ価値がないじゃないか」とみなさんは言うかもしれません。その人にとっては、そうでしょう。それは、悲しみとは何か、真理とは何か、神とは何か、この醜くて混乱した存在の営み全体の意味とは何かを、ほんとうに見出したいと願うときにだけ、価値があるのです。もし、関心がおありなら、そこには、情熱とともに入って行かなければなりません——それは、家族に拘束されない、ということです。みなさんには家が、家族があるかもしれません。ですが、それらに心理的に拘束されていたのでは、先へは進めません。[出典102]

❖

エネルギーの浪費がないときに、情熱があります。[出典103]

❖

わたしたちの大半にとって、情熱は、たった一つのこと、セックスに関して用いられます。あるいは、情熱的に苦しみ、その苦しみを解決しようと試みます。ですが、わたしは情熱という言葉を、精神のある状態、存在のある状態、みなさんの内なる核心の状態を——そんな状態があるとすれば——指すものとして使っています。それは、非常に強く感じ、高度に鋭敏である状態——汚れ、卑劣さ、貧困に、とてつもない豊かさと腐敗に、さらには、木の、小鳥の、水の流れの、夕映えが映る湖面の美しさにも、同じように鋭敏である状態です。このすべてを力強く強烈に感じることが必要です。なぜなら、そのような情熱がないと、人生は空っぽで、底が浅く、大した意味のないものになるからです。木の美しさを見ることも、その木を愛することもできないなら、それに対して強烈な思いをもてないなら、生きてはいないのです……わたしたちは動機のない情熱について話しています……何が真実かを理解するには、情熱をもたなければなりません。[出典104]

❖

苦しみとともにとどまり、そこから逃げないことが、情熱をもたらします。情熱とは、「わたし（me）」の、自己（self）の、自我（ego）の完全な放棄を意味します――したがって、偉大な厳粛さ、偉大な美の厳粛さなのです……情熱という内的な質、それは悲しみについての偉大な理解からくるものですが、それなしで、どうして、美が存在し得るでしょうか？[出典105]

❖

情熱的な精神は、探究し、探し求め、見つめ、問いかけ、要求しているのであって、単に不満を解消し、自らを満たして眠りにつける何らかの対象物を発見しようとしているのではありません……見出そう、探

究しよう、探し求めよう、理解しようとする情熱は、「わたし（me）」がないときにだけ、生まれ得るのです。［出典106］

❖

真理の知覚は、情熱を、強烈さを、爆発的なエネルギーを要求します。恐怖や規律によって、そして、徳を涵養するすべての恐怖によって押し潰された精神ではだめなのです。これらはすべて、壊れた精神の部分的な追求ですから。このことを見るとき、あなたの存在全体がそのなかにあります。情熱的な精神だけが、自由の情熱を知っている精神だけが――そのような精神だけが、量り得ないものを発見できるのです。［出典107］

❖

人は、渇望ではなく、そして、何の動機ももたない、この情熱と出会わなければなりません。そのような情熱がありますか？　そのような情熱があるのは、悲しみが終わるときです。［出典108］

行動（Action）

すべての思考は問題を解くには不適切である、とわたしたちが自覚するなら――それも、論理的な結論としてや警句としてではなく、真理として、法則として、思考は断片的だから不適切なのだと自覚し、さらには、そのような思考が世界を創造し分断したのだと自覚するなら、このように、すべてが見られ、同時にまた、根本的かつ基本的に、あなたが世界であり、世界はあなたなのだ、という自覚があります。なぜなら、あなたがどこに行こうと、苦しみが、涙が、惨めさが、混乱が、飢えが、飢餓があるからです――まさに、人類の共通の基盤として。

ですから、あなたが世界であり、世界はあなたです。そして、思考は、人間の思考は、人類の問題である、生の、存在の、関係性の、恐怖の、それらすべての問題を解くには不適切である、と自覚するなら、そのとき、何が起こるでしょう？……さて、その真理に、あなたはどうすれば気がつきますか？　それは知的に受け入れることですか？　それは提示された理論で、あなたはそれを理論として受け入れるのですか？　あなたは抽象化して、自分が世界であり、世界は自分で、思考は不適切なのだ、という言明を理想とするのですか？　それとも、それとともに生きますか？……わたしたちが言うのは、それとともに生きなさい、それを見つめなさい、宝石のように抱きしめなさい、ということです。あなたがそれに何をすべきかを言わず、もっているその宝石を見つめれば、それがあなたに何をすべきかを語るでしょう。

ですが、わたしたちはそれに対してどうすべきかを言いたがります。おわかりですか？　みなさんは物語を、スリラーを、書かれたものを読みますが、そのときには、何が起こるべきだと言う必要はありません。

同じように、みなさんは、ここに、とてつもない宝石を――あなたが世界であり、世界はあなたなのだ、と自覚すること、そして、思考はわたしたち人類の関係性の問題を解決するには全面的かつ絶対的に不適切なのだ、という自覚を――もっているのです。それを見て、日々のあらゆる瞬間をそれとともに生きるのです。そうすれば、みなさんは何が正しい行動なのかを発見するでしょう。［出典109］

学び（Learning）

みなさんは、いつ学びますか？　学びは、知ることとは違います。そうではありませんか？　知識を蓄積することは、学びとは違います。学んだ瞬間、それは知識になります。学んだあと、わたしはさらに付け加えます。この付け加えるプロセスを、わたしたちは学びと呼ぶのですが、それは、単なる知識の蓄積でしかありません。そのような蓄積に反対するわけではありませんが、しかし、わたしたちは、どのようなものが学びの行為であるかを見出そうとしています。精神がほんとうに学んでいるのは、知らない状態のときだけです。わたしが知らないとき、わたしは学んでいるのです。［出典110］

知識は学びではありません。学びは常に行動している現在なのです。知識は常に過去で、わたしたちは過去に生きて、過去に満足しています……ですが、もし、みなさんが学んでいるなら、それは、「常に学んでいる」ことを意味しています。それは、行動している現在であり、あらゆる瞬間に学んでいるのです。観察し耳を傾けることによって学ぶ、見て行なうことによって学ぶ——そのとき、みなさんは、学びとは過去のない絶え間ない運動であることがわかるでしょう。[出典111]

❖

さて、わたしたちは、違う学びの行動があるかどうかを、つまり、知識の蓄積ではない学びがあるかどうかを見出そうとしています。別の言い方をしましょう。まず経験があり、経験から知識が、知識から記憶があり、そして、記憶の応答は思考です。そのあと、思考が活動します。その活動から、みなさんはさらに多くを学び、このサイクルが繰り返されます。これがわたしたちの生のパターンです。そして、このかたちの学びは決してわたしたちの問題を解決しない、なぜなら、それは繰り返しだから、とわたしたちは言っているのです。わたしたちが問題を解決していないことは、あまりにも明らかです……さて、別のかたちの学びはあるのでしょうか？　知識の文脈のなかでの学びではなく、違ったかたちの——知覚・行動の蓄積ではない——学びです。[出典112]

学んでいるとき、みなさんの精神は常に注意深くあり、決して蓄積していません——したがって、それをもとに判断し、評価し、非難し、比較するべき蓄積は何もないのです……観察し、注視し、見て、耳を傾けることは、すべて学びの一部です……自分自身について学ぶためには、自分自身についての以前の知識はすべて終わらせなければなりません。［出典113］

◈

瞑想（Meditation）

さて、瞑想とは何でしょうか？　それが何であるか知らないように、どのように始めるかについて、わたしたちは何の観念ももっていないのです。ですから、開かれた精神でアプローチしなくてはなりません。そうではありませんか？　みなさんは、「どのように瞑想するべきか？」と尋ねる占有された精神ではなく、「わたしは知らない」と言う自由な精神とともに取り組むのです。ほんとうについてきてくださればーーわたしが言うことにしがみつくのではなく、これからご一緒に、実際に経験するなら——みなさんはご自身で、瞑想の意義を見出すでしょう。

わたしたちはいままで、この問題に、どのように瞑想するのか、どんなシステムに従えばいいのか、どのように呼吸するのか、どんな種類のヨーガを実践すればいいのか等々を尋ねるという姿勢でアプローチしてきました。なぜなら、わたしたちは、瞑想とは何かを知っていると考え、「どのように（how）」がわたしたちを何かに導くと考えるからです。ですが、わたしたちは、瞑想とは何かを実際に知っていますか？わたしは知りませんし、たぶん、みなさんもそうだと思います。ですから、わたしたちはどちらも――何百冊もの本を読み、多くのヨーガの教練を実践してきたかもしれませんが――「わたしは知らない」と言う精神とともに、問題に取り組まなくてはならないのです。みなさんは実際には知らないのです。ただ、ある特定のパターンの行動や教練を通じて、ある種の状態に到達するだろう、と希望し、願い、望んでいるだけです。そして、その状態は、まったくの幻想かもしれません。それは、みなさんの願望にすぎないかもしれません。実際にそうなのです。それは、惨めな日々の存在からの反応としての、みなさん自身の投影なのです。

そこで、最初の基本的なことは、どのように瞑想するかではなく、瞑想とは何かを見出すことです。したがって、精神は既知のものなしに取り組まなくてはなりません――そして、これはきわめて難しいことです。わたしたちは、瞑想には特定のシステムが不可欠だと考えるのに、あまりにも慣れ過ぎています――言葉の反復であれ、祈りであれ、ある姿勢を取ることであれ、あるいは、特定のフレーズまたは絵図に精神を固定させたり、規則的に呼吸したり、身体をまったく静止させたり、精神を完全にコントロールすることであっても、です。こうしたことは、わたしたちにはおなじみです。そして、こうしたことが何かに――わたしたちが考えるところでは、精神を超えた何か、束の間の思考プロセスを超えた何かに――導いてくれるだろう、と信じています。自分が何を望んでいるかをすでに知っていると考え、いまや、最善のものを見つけるために、さまざまな方法を比較しようと取り組んでいるのです。

「どのように瞑想するか」という課題は、完全に間違っています。それよりも、瞑想とは何かを、わたしは見出せるでしょうか？　これが、ほんとうの問題です。瞑想するとは、瞑想とは何かを知ることは、これはとてつもないことです。では、ご一緒に見出しましょう。

たしかに、瞑想は、あるシステムを追求することではありません、そうですね？　わたしの精神は、教練の伝統や方法の伝統を――それは、ここだけでなく、インドにもあります――完全に排除することができるでしょうか？　このことは不可欠です。そうではありませんか？　なぜなら、わたしは、瞑想とは何かを知らないからです。どのように集中するか、どのようにコントロールするか、どのように教練するか、何をするかは知っています。ですが、その終わりに何があるかは知らない。ただ、「こういうことをすれば、そこに達するだろう」と言われただけです。そして、わたしは貪欲なので、それらを実践します。では、わたしは、瞑想とは何かを見出し、方法へのこの欲求を消すことができるでしょうか？

このことのすべてに分け入って行くことが、それがそのまま瞑想ではないでしょうか？　どのように瞑想するかではなく、瞑想とは何かという探究を始めた瞬間に、わたしは瞑想しています。瞑想とは何かを自分自身で見出そうと始めた瞬間に、わたしの精神は、知らないので、知っているすべてを拒否しなければなりません――つまり、ある状態を達成したいという欲望を捨てなくてはならないのです。なぜなら、達成したいという欲望は、方法を探し求めるわたしの根源であり、基本だからです。わたしは平和や静けさの瞬間を、そして「他なるもの（otherness）」の感覚を知っています。そして、それをもう一度体験したい、それを恒常的な状態にしたい、と願い求めます――そこで、わたしは「どのように」を追求します。わたしは、他なるものの状態が何であるかをすでに知っている、そして、ある方法がそこへと導いてくれる、と考えます。ですが、もし、他なるものが何であるかをすでに知っているのであれば、それは、真実のものではありません。単に自分の欲望の投影にすぎないのです。

瞑想とは何かをほんとうに探究しているとき、わたしの精神は、達成したい、結果を得たい、という欲望を理解し、その欲望から自由になります。それゆえに、すべての権威を完全に捨て去ったのです。なぜなら、瞑想とは何かを知らず、誰も告げられないので、わたしの精神は完全に「知らない」状態にあり、何の方法も、何の祈りも、言葉の反復も、集中もありません――集中とは別のかたちの達成でしかないとわかるからです。特定の観念に精神を集中させ、そのような排除によって自分自身を鍛錬してさらに先へ進もうと期待する、これもまた、「既知」の状態を意味しています。そこで、もし、わたしが知らないなら、これらすべてを手放さなくてはなりません。わたしはもう、達成や到達という観点からは考えません。向こう岸に到達する助けとなるであろう蓄積の感覚は、もうないのです。

そして、わたしがそうしたとき、瞑想とは何かを見出したのではないでしょうか？　葛藤も、苦闘もありません。蓄積しないという感覚があります――特定の時間にではなく、いつでも常に、です。ですから、瞑想とは、精神を完全に裸にするプロセス、蓄積と達成のあらゆる感覚を――自己、「わたし（me）」のまさに本質である、その感覚を――浄化することです。さまざまな方法を実践しても、「わたし」を強化するだけです。みなさんはそれをごまかし、美化し、洗練させるかもしれません。ですが、それもまた、依然として「わたし」なのです。ですから、瞑想とは、自己のそのようなやり口をあばくことなのです。

そして、そこに深く分け入ることができれば、瞑想が習慣になる瞬間は決してないことを見出すでしょう。習慣とは蓄積を意味し、蓄積があるところには、もっと多くをと願ってさらなる蓄積を求める自己のプロセスがあるからです。そのような瞑想は既知の領域内にあり、自己催眠の手段である以外には何の意味もありません。

気づきを通じて、自己知（self-knowledge）を通じて、この蓄積の感覚全体をきれいに消し去ったときにだけ、精神は「わたしは知らない」と——単なる言葉としてではなく、実際のものとして——言うことができます。ですから、瞑想とは、沈黙や静寂の状態を達成することではなく、自分の蓄積に対して死ぬことなのです。精神に蓄積する力があるあいだは、さらに多くをという衝動があります。そして、「さらに多く」はシステムや方法を、権威の設定を——これらすべてがまさしく自己のやり口なのですが——求めます。精神がこの誤謬を完全に見抜いたとき、それは、常に「知らない」状態になります。そのような精神は、そのとき、瞬間瞬間にのみ現われる量り知れないものを受け取ることができます。［出典114］

第三部：行為しないことを通じた行為

序文に記したように、クリシュナムルティは、「行為とは何か？」という問いに、特殊な答えを与えているると言えるかもしれない。以下の三つの文章では、そこから行為が生ずる「行為しないことのかたち」の例が挙げられている。なお、その前に「観察すること」についての文章があり、ここでは、内的な心理的プロセスとそこにかかわる発見はわたしたちすべてに共通だが、そのような気づきは自己中心的な「偏った」内省を排除したものでなければならない、と気づくことの必要性が強調されている。それらに続いて、「たびたび議論される事柄について」と題された最終的な思考のいくつかが紹介される。

観察する

自分自身を観察するとき、わたしたちは孤立しているのでも、自分自身を限定しているのでも、自己中心的になるのでもありません――なぜなら、わたしたちは世界であり、世界はわたしたちであるからです。これは事実です。そして、わたしたちが人間として、自分自身の意識の中身全体を吟味するとき、じつは――住んでいるのがアジアであれ、ヨーロッパであれ、アメリカであれ――全体としての人類を探究しているのです。

ですから、それは自己中心的な行為ではありません。そこはきわめて明確にしておく必要があります。自分自身を観察するとき、わたしたちは自己中心的になるのでも、ますます神経症的に偏っていくのでもありません。逆に、自分自身を見つめているとき、わたしたちは、惨めさや葛藤といった人類の問題を、そして、人間が自分自身や他者たちに行なってきた恐るべきことを、人類全体の問題を吟味しているのです。

この事実、わたしたちは世界であり、世界はわたしたちである、という事実を理解することは、とても大切です。わたしたちには表面的で常態的なパターンがあり、それぞれに異なる表面的な傾向があるかもしれませんが、基本的には、すべての人類が、この不運な世界のあらゆるところで、混乱、動揺、暴力、絶望、苦悶を味わっているのです。

わたしたちすべてが出会う共通の地盤があります。

ですから、自分自身を観察するとき、わたしたちは人類を観察しているのです。このことをはっきりさせて、観察を何か神経症的で偏った利己的な事柄にしないでおきたいと願っています。多くの人たちがそうなりがちなのですが。[出典115]

「あるがまま」とともにとどまる

巨大な危機があって、どんなかたちの逃げも未来への投影だと精神が自覚し、何の運動もなしに危機という事実とともにとどまるとき、何が実際に起こるのかを見たいと思います。危機という「事実」は動かせません。精神はこの動かしがたい事実とともにとどまり、そこから動かないでいることができるでしょうか?

非常にシンプルにしてみましょう。わたしは怒っている、激怒している、なぜなら、あることに人生を捧げたのに、誰かがそれを裏切ったことを発見した、だから激怒を感じている。この激怒はすべてエネルギーです。わたしがそのエネルギーに働きかけたのではありません。それは、わたしのすべてのエネルギーを集めたもので、怒り、激怒として表現されています。そのとき、それを解釈したり、攻撃したり、合理化したりせずに、ただそのままでいる……よろしいですか、わたしはここで、あることを明らかにしたいのです。

たとえば、息子が死んだとします。わたしは絶望するだけでなく、激しい衝撃を受け、悲しみと呼ぶ深い喪失感を抱きます。わたしの本能的な応答は、逃げ出したい、説明したい、働きかけたい、です。さて、わたしはそのことの虚しさを自覚し、行為しません。それを、絶望、悲しみ、あるいは怒りと呼ばず、事実はそれだけであり、ほかに何もないことを見ます。ほかのあらゆることは事実ではない、と。

そこで、何が起こるでしょう？　それを明らかにしたいのです。もし、あなたが絶望と呼んできたものとともに、それに名前をつけたり認識したりせずにとどまるなら、何の思考の運動もなく全的にそれとともにとどまるなら、何が起こるでしょう？……希望や絶望といった、そのようなすべて言葉の構造物でしかない、どんな感覚（sense）もなく、事実と向き合うことができるでしょうか？　そして、ただ、「わたしはあるがままのわたしだ（I am what I am）」と言うことができるでしょうか？　わたしは思うのですが、そのとき、ある種の爆発的な行為が生じます――もし、「そこに」とどまることができれば、です……わたしの息子が死んだとき、それは、動かしがたい取り返しのつかない事実です。そして、わたしがそれとともにとどまるとき、それもまた、動かしがたい取り返しのつかない事実です。この二つの事実が出会うのです。そこで、何が起こるでしょう？［出典116］

❖

まず、事実とともにとどまり、そして、それに、その物語全体を語らせましょう。たとえば、わたしは自分の心理的な傷に執着しています。その傷が好きで、それにしがみつき、それがわたしにとって碇となって、それを中心にくよくよしていられます。子ども時代に受けたその傷を観察し、それ全体が花開くままにできるでしょうか？　それを「自分で」花開かせたり、否定したり、コントロールしたり、愛したり、しがみついたりせずに、です。それ自体が花開くままにして、何が起こるかを見てみましょう……あなたは幻想とともにとどまることができますか？　それを花開くままにしておくことができますか？　「何が幻想で、何が幻想でないのか、どうすれば、それを追い払えるのだろう、多少の幻想もいいのではないか？」などと言わずに。そうではなく、ただ、「そう、わたしは幻想のなかにいるし、それは思考が心理的に創り出したもので、まったくの非現実だ」と言うのです。〔出典117〕

❖

よろしいですか。こういう事実があります。わたしは混乱している。その混乱についての気づきがあり、それをひねりまわしたり、超え行こうとしたりせずに、それとともにとどまります。それは、その混乱とともに沈黙していることです……それについて何かしようとしたりしないことです。沈黙のなかで、それとともにいて、それに語らせましょう。それを開かせ、それが鋭敏であるべく。あなたはその一部です。それは花開き、そこから、明晰さが現われるでしょう。〔出典118〕

❖

精神は事実とともにとどまることができるでしょうか？　そして、事実とは何でしょう？　どうか、注意深く聞いてください。苦しみという事実――その感情を創り出すのは言葉でしょうか、それとも、実際の苦しみでしょうか？　精神は苦しみと向かい合っているのでしょうか、それとも、「苦しみ」という言葉のせいで、苦しみと呼ぶものと向かい合っているのでしょうか？　言葉はものごとそのものではありません。それでは、苦しみは言葉でしょうか、それとも、現実でしょうか？　そこで、わたしは、精神が言葉に囚われているかどうかを見出さなくてはなりません。言葉は逃避かもしれないのです。

そこで、わたしは、精神が言葉から自由になれるかどうかを、したがって、言葉なしに「あるがまま」を見つめることができるのかを見出さなくてはならないのです。なぜなら、わたしたちの人生のなかで、言葉はとてつもなく重要な役割を演じているからです――キリスト教徒、ドイツ人、黒人、白人――即座にイメージが浮かびます……それでは、精神は、感情を刺激する言葉ではなく、その感情の事実とともにとどまって、そこから逃げ出さずにいられるでしょうか？　みなさんがそうするとき、みなさんには、とてつもないエネルギーがあります――それまでは消散していたエネルギーです。そして、そのエネルギーがあるとき、苦しみとは何なのでしょう？　そのとき、苦しみがあるでしょうか？……精神が、言葉ではなく、全的に事実とともにとどまるとき、どんな逃避もなく、大きな悲しみという感情の事実とともにとどまるとき、そこから情熱が生まれます……精神は、「やり返したい、自分の周りに壁を築き、二度と傷つかないようにしたい」などとはかけらも言わず――言葉ではなく、その事実とともにとどまり、傷を見つめることができるでしょうか？　そのとき、みなさんには、それを超え行く巨大なエネルギーがあることがわかるでしょう。それはもう、まったく存在しないのです。どうか、やってみてください。［出典119］

「あるがまま」とともにとどまり、決してそこから離れない人には、何の痕跡も残りません。［出典120］

❖

大事なのは逃げないこと、努力しないこと、ただ「あるがまま」とともにとどまることです。［出典121］

❖

❖

憎しみ、羨望、嫉妬の感情とともに、野心の毒とともにとどまろうとしてみてください。結局のところ、それが日常生活につきものなのですから。みなさんは愛とともに、あるいは、愛という「言葉」とともに生きていたいと思っているかもしれませんが。憎しみの感情が、身振りや言葉で誰かを傷つけたいという思いがあるのですから、その感情とともにとどまれるかどうか、見てください。できますか？……きっと、それが驚くほど困難であることがわかるでしょう。あなたの精神はその感情をほっておこうとはしないでしょう。その思い出や連想、したことやしなかったこと、いつまでも続くおしゃべりとともに急いで飛びつきます。貝殻を取り上げてみましょう。なんてきれいなんだろうとか、どんな生き物がこれを作ったんだろうなどと言わずに、それを見つめ、その繊細な美しさに感嘆することができますか？　精神の運動なしに見つめることができますか？　言葉が作り上げた感情なしに、言葉の陰にある感情とともに生きることができますか？　それができれば、とてつもないことを、時間の測定を超えた運動を、夏を知らない春を発見するでしょう。［出典122］

❖

何であれ、事実とともにとどまるなら、とくに悲しみの事実とともにとどまり、思考をうろつかせたり、説明して終わりにしたりせずにいるなら、完全にそれと自分自身を同一化するなら、そのときには、とてつもないエネルギーがあり、そのエネルギーから情熱の炎が燃え上がるでしょう。［出典123］

❖

言葉なしに苦しみとともにとどまり、それを超え行きたいと願わずにいれば、観察者なしに観察できるし、あなたとあなたが悲しみと呼ぶものとのあいだに分断はありません。なぜなら、観察者、思考者であるあなたと、観察されるもの、つまりは苦しみのあいだに分断がある、その瞬間には、葛藤だけでなく、そ

れを超え行きたい、それから逃げ去りたい、という願望があるからです。［出典124］

◈

あなたが何かをした、それは事実です。あなたが罪悪感を抱く、それも事実です。あなたはそれとともにとどまります。それが宝石であるかのように、あなたはそれとともにとどまります。どちらかと言えば居心地の悪いものですが、それでもやはり宝石なのです……それとともにとどまるとき、それは花開き始めます。そして、その全容を、罪悪感が意味するすべてを、それが隠れている巧妙さのすべてを見せます。それは開いていく花のようです。［出典125］

◈

関係性のなかでは、わたしたちはふつう、ある人物に執着します。自分が執着しているという事実とともにとどまり、それを観察できるでしょうか？　そして、執着の性質全体に自らをさらけ出させることができますか？……観察しているものごとに、それ自身の物語を語らせるのです。あなたがそれに対して、それがどうあるべきかを語るのではなく。［出典126］

恐怖とともにとどまるとは、逃げないこと、原因を探し求めないこと、合理化したり乗り越えようとしないことを意味しています。何かとともにとどまるとは、そういうことです。月を見つめているようなものです――ただ見つめるのです。[出典127]

❖

あなたの利己心に無選択に気づき始めたら、それとともにとどまり、それについて学び、そのあらゆる複雑さを観察します。そうすれば、それがどこで必要なのか、どこでまったく不必要なのかを、人は自分自身で見出すことができます……さらに、自分を動揺させるものごとや楽しませる事物とともにとどまり、抽象的なことやあらゆる想像、「神」を含めて脳がでっちあげたすべての事物とともにとどまり、観察するのです。[出典128]

❖

恐怖の運動全体を見つめて、それとともにとどまることは可能でしょうか？　わたしが言っているのは、それとともにとどまることによって観察する——その観察に介入してくるどんな思考の運動もなしに観察する——という意味です。[出典129]

❖

あなたが貪欲であったり、羨望したりするとき、その羨望は、あなたとは別のものですか？　それとも、あなたが羨望ですか？　もちろん、あなたが羨望なのです。ですが、羨望とあなたのあいだに分断があるとき、あなたはそれについて何かをしたい、コントロールしたい、形づくりたい、屈服したい等々と願い求めます。そして、あなたとその資質のあいだに分断があるとき、必ず葛藤があります。

しかし、実際のところ、あなたが羨望なのです。それが事実です。あなたはそれと別ではありません。あなたは、自分の顔や名前、銀行口座、価値、経験、知識と別ではないのです。そこで、この真理を自覚するとき——あなたが感じること、つまりは欲望や追求、あるいは恐怖と、自分は別ではない、と自覚するとき、葛藤はありません。ですから、あなたはそれとともにいて、そこから逃げ出そうとはしません。あなたはそれなのです。したがって、それを見つめるためのとほうもないエネルギーが存在します……あなたは高価な宝石を手のなかにもっているように、それとともにとどまり、それを見つめ、観察し、遊び戯れます。そこには、そのような解放の感覚が、自由があります。[出典130]

人が悲しみとともに完全にとどまるなら、大切な赤ん坊を慈しむように、心のなかで、脳のなかで抱きしめ、それとともにとどまるなら、悲しみには終わりがあります。そして、それがとてつもなく難しいことを、あなたは発見するでしょう。なぜなら、わたしたちは本能的にそこから逃げ出すという反応をするように、しっかりと条件づけられているからです。ですが、それとともにとどまれば、悲しみには——全面的な——終わりがあることを発見するでしょう。それは、あなたがそれに対し無感覚になる、ということではありません。〔出典131〕

基本的な問いかけをするが、答えない

わたしたちは時間という観点から、何かになる（becoming）という観点から考えることに慣れています。混乱し、悲しみ、愛はなく、何かになろうという絶え間ない苦闘のなかで苛立ち、苦々しさでいっぱいになりながら、「このすべてから自由になるために、時間が必要だ」と言うのですが、「時間のなかではなく、即座に自由になれないのか？」とは、決して自問しません。基本的な問いかけをすることが、そして、その答えを決して探し求めないことが、常に必要です。なぜなら、基本的な問いかけには、何の答えもないからです。問いかけ自体が、その深さと明晰さが、それ自身の答えなのです……既知のものは、みなさんが学んできたこと、教えられてきたことから成り立っています。首相になりたいとか、豊かになりたい等々の欲望で成り立っているのです。それでは、既知の結果である精神は、既知の領域のなかで永遠に動き続ける以外のことができるでしょうか？　既知の領域のなかのこの運動は、どんな誘因（incentive）もなく、終わりに至ることができるでしょうか？　なぜなら、誘因があれば、それは、やはり既知のものだからです。

たしかに、既知のもののこの運動が既知の領域のなかにある限り、精神が未知のものを知ることは不可能です。では、既知のもののその運動は、終わりに至ることができるでしょうか？　それが問題です。答え

を見つけようとせず、「どこか」に到達したいと思わずに、このシンプルな問いかけをほんとうにするなら、そして、これが自分にとって基本的な問題なので熱心であるなら、そのとき、みなさんは、既知の運動が終わることを見出すでしょう。それがすべてです。既知としての精神が停止し、既知の運動から自由になれば、不可知の、測り得ないものの存在が現われ、そのなかにはエクスタシーが、至福があります。[出典132]

❖

問いかけをして、答えを探し求めないことが必要です。なぜなら、答えは必然的にあなたの条件づけに沿ったものであり、条件づけを壊すためには、答えを探さずに問わなければならないからです。[出典133]

❖

基本的な問いかけをして、答えを見つけようと試みずに問い続けることが、とても重要だと思います。なぜなら、そのような問いかけを追求し、要求し、探究すればするほど、精神はますます鋭くなり、気づきが深まっていくからです……自己を改善しようとする企て全体が、条件づけの結果です。それでは、精神は、そのような条件づけから、全面的に自由になれるでしょうか？　答えを探さず、ほんとうに注意深く、自分自身にその問いかけをするなら、そのときには、正しいものを見出すでしょう。それは、可能か不

可能かではありません――そうではなく、何かまったく違ったことが起こるのです。〔出典134〕

❖

わたしたちは、精神が機械的であることを知っています。そこで、次なる応答はこうです。わたしはそれを、どのようにしてやめるのか？　この問いかけをするとき、精神は、再び機械的になります。つまり、わたしは結果が欲しい、手段はある、その手段を行使したい、というように。いったい、何が起こったのでしょう？　「どのように（how）」は、機械的な精神の応答、古いものの応答です……精神には、二つの違った状態があります。一つは、「どのように」を追求します。そして、もう一つは、探究しながら、結果を探し求めません。探究する精神だけが、わたしたちの役に立ちます……みなさんの精神は、機械的な精神が終わりに至り得るかどうか見出すべく、ほんとうに探究していますか？　それは可能でしょうか？　みなさんは、そう問いかけてきましたか？　もし、そうであれば、どんな動機、意図、目的があったのでしょうか？　そこが、とても重要なのです。意識していることの、その結果が欲しい、という動機とともに、その問いかけをしたなら、そのときは、再び機械的なプロセスに戻ってしまいます。何が起こるかを見出すべく、意図なしに、ほんとうに問いかけをし、探究するなら、みなさんは、結果を探し求めている精神ではなく、答えを待っている精神を見出すでしょう。その精神は、答えについて推測せず、欲し求めず、期待しません。それは待っているのです。

どうか、考えてみてください。わたしはみなさんに問いかけます。みなさんはどう応答しますか？　即座の応答は、思考し、推論し、探索し、答えるための気の利いた議論を見つけることです……つまり、みなさんは答えてはいない。応答し、理由をつけているのです。言い換えれば、答えを「探し求めて」いるのです。問いかけへの答えを見出したいのなら、待つこと以外の応答は機械的です。つまり、答えが現われるのを待つ精神は、機械的ではありません。なぜなら、その答えは、みなさんが知らない何かだからです――知っている答えは機械的です。ですが、その問いかけと向き合い、そして、答えを「待つ」なら、精神が完全に異なる状態にあることがわかるでしょう。待つことは、答えることより、もっと大切なのです。

そのとき、精神は、もはや機械的ではなく、まったく異なるプロセスにあります。まったく異なる何かが、招かれることなく、現われるのです。[出典135]

❖

知識を蓄積してきて、それに囚われている精神だけに悲しみがあります――鋭敏な精神、探究している精神、問いかけ、尋ねている精神にはありません。そのような精神は問いかけます。なぜなら、答えを探すことなくそうするのは、すばらしいことだからです。そのとき、問いはほどけていき、精神の扉と窓が開き始めるからです。そして、精神は、この問いかけを通じて、観察を通じ聞くことを通じて、とてつもなく鋭敏になります。[出典136]

基本的な問いかけには、「イエス」あるいは「ノー」という絶対的な答えはありません。重要なのは、基本的な問いかけをすることであって、答えを見つけることではありません。そして、もし、わたしたちが答えを探さずに、その問いかけを見つめることができるなら、そのときは、その基本的な観察そのものが理解をもたらします。〔出典137〕

❖

どんな問題にも答えはありません。問題の理解があるだけです。〔出典138〕

❖

ただ問うだけで、答えを見つけようと試みない問いがあります。その問いこそが、扉を——それを通じて、みなさんが見出し、見つめ、観察し、聞くことができる扉を開くのです。〔出典139〕

❖

答えを欲せずに問いかけるなら、答えを見つけるでしょう。ですが、答えを見つけることを期待して問いかければ、その答えは、みなさんの条件づけに沿ったものになるでしょう。〔出典140〕

❖

このやたらに複雑な世界のなかで、たった一つの葛藤の影もなしに生きることは可能でしょうか？ この問いを脳に植え付けてください。そこにとどめておき、何が起こるかを見てください。〔出典141〕

知らないことの美しさ

わたしたちは死を恐れて医師のもとへ行き、新しい医療や薬を試し、そうやって多分あと二十年、三十年は生きているかもしれません。ですが、結局のところ、それは角を曲がったところにあるのです。この事実と向き合う——それについて考えるのではなく、向き合う——ためには、過去に対して死んでいる精神が、実際に「知らない」状態にある精神が必要です……希望や絶望という観点から考える、その瞬間、みなさんは再び時間の、恐怖の領域のなかにいます。死というとても不思議な経験をすること——意識がなくなったり、精神が鈍くなったり、病気や薬や事故で愚かになったりする、肉体的な死という究極的な瞬間にではなく、充分な意識があるなか、充分な活力と気づきとともにあり、多くの昨日に対して死ぬこと——たしかに、それこそが、知らない状態にある精神を、したがって、瞑想する精神を創り出すのです。［出典142］

❖

自分がまったく何も知らない、したがって、記憶のなかに何の手がかりもないことを問いかけるなら、そして、自分は知らないと正直に答えることができるなら、その知らないという状態は、未知への探究の第一歩です……それでは、この真理を見て、すべての答えを実際に捨て去るなら、それは、知らないという限りない謙虚さがあるときにだけ可能ですが、そのとき、精神は、どんな状態になっているでしょう？「神があるかどうか、愛があるかどうか、わたしは知らない」と言う精神は、どんな状態なのでしょうか？つまり、記憶の応答がないとき……精神が「わたしは知らない」と言う、その状態は、否定（negation）ではありません。精神は、探し求めることを完全にやめたのです。どんな運動も停止しています。未知と呼ぶものに向かって既知から生まれるどんな運動も、単に既知の投影でしかないことがわかっているからです。ですから、「わたしは知らない」と言える精神の状態は、何かが発見できる唯一の状態なのです……「わたしは知っている」と言う人は、そして、情報や百科事典的な知識を背負っている精神は、そもそも蓄積されない何かを経験することができるでしょうか？　それはとてつもなく困難だとわかるでしょう。精神が獲得してきた知識をすべて完全に捨て去るとき、ブッダも、キリストも、マスターも、教師も、宗教も、引用句もいっさいないとき、精神が完全に独りで、汚染されていないとき、つまり、既知の運動が終わりになったとき——そのときにだけ、根本的な変化の、とほうもない革命の可能性があります。［出典143］

❖

知らない——ただ言葉でそう主張するだけでなく、実際の事実として知らない状態でいられる精神だけが、リアリティを発見する自由があります。ですが、その状態でいることは困難です。なぜなら、わたししたちは知らないことを恥じるからです。知識は、力を、重要性を、自我（ego）が活動できる中心を与えてくれます。知識をあてにしない精神、記憶のなかで生きることのない精神、過去を完全に空っぽにしている精神、あらゆるかたちの蓄積に対し瞬間瞬間に死ぬ精神――そのような精神だけが、知らない状態でいることができます……自分自身を理解している人は、何も探し求めません。その精神は限りがなく、何も欲しがりません。そのような精神にだけ、測り知れないものが現われ得るのです。［出典144］

❖

愛とは何でしょう？　みなさんは知りません。その知らない状態が――それが愛ではありませんか？［出典145］

❖

知らない状態で生きている精神は自由な精神です……既知のなかで生きている精神は常に牢獄にいます。精神は「わたしは知らない」と言えるでしょうか？　これは、昨日は終わった、という意味です。「継続性の知識」は、それは牢獄です。［出典146］

❖

わたしは知識の蓄積に反対しているのではありません。そうではなく、わたしたちは、学ぶとはどのような行為なのかを見出そうとしています。精神は、知らない状態にあるときだけ、ほんとうに学んでいるのです。知らないとき、わたしは学んでいます。〔出典147〕

❖

さて、精神は既知から、過去から、あらゆる伝統から、すべての知識から、自由になれるでしょうか？　そして、自由になったとき、その精神は、知らない状態にあるのではありませんか？　既知から自由であれば、未知のものを理解できる、あるいは経験できる。それが死ではありませんか？〔出典148〕

❖

精神は、安心したいというこの衝動から、自由になれるでしょうか？　そうなれるのは、たしかに、完全に不安定であるときだけです――安心の対極としての不安定ではなく、知らない状態にあるとき、そして探し求めない状態にあるときです。結局のところ、精神が古いものを背負っている限り――あらゆる信念や恐怖、安心の追求を生む隠された強迫衝動を背負っている限り、新しいものは何も見つからないのです。〔出典149〕

たびたび議論される事柄について

未知のものが心のなかに入ってくるときにのみ、死の恐怖は止みます。生は未知です。死が未知であるように。真理が未知であるように。〔出典150〕

❖

非常に深く内へと入って行くには、外部も理解しなければなりません。外部をより理解するなら――ここから月までの距離という事実、技術的な知識だけでなく、社会や国家の外部的な動き、戦争やそこにある憎悪についても――外部を理解するとき、そのとき、みなさんは非常に深く、内へと入って行くことができます。内なるものの深さは限りがないのです。〔出典151〕

❖

わたしが自分自身を理解するとき、わたしはあなたを理解し、その理解から愛が生まれます。〔出典152〕

精神は何が虚偽かを見て、それを完全に捨てました――ですが、何が真実かは知りません。何が真実かをすでに知っているなら、そのときは、虚偽だと思っているものを、真実だと想像するものと取り換えただけです。見返りに何が得られるかを知っているなら、放棄ではありません。何が起こるかを知らないで何かを捨てるとき、それだけが放棄です。〔出典153〕

❖

脳を含めた精神全体から既知のものが消えて空っぽになったなら、必要なときには既知のものを使うでしょうが、そのときは、常に未知のものから、既知のものから自由である精神から、機能しているのです。〔出典154〕

❖

神が何であるかを知らないときにだけ、神があります。〔出典155〕

❖

善でないものの終わりが善です。［出典156］

❖

何かになることには大きな不確実性がありますが、いっぽう、ならないことは違います。それは、その空っぽさ（emptiness）ともに全面的にとどまることであり、何ものでもないことであり、したがって、完全に安心・安全なのです。［出典157］

❖

明日から自由であるとは、活動している現在においてのみ生きることです。［出典158］

❖

精神のなかに何ごとも起こらせない意志、それが至高の英知です。［出典159］

既知からの自由は、既知の領域のなかで起こっている現象全体を観察したときにのみ、起こり得ます。

［出典160］

❖　❖

孤独がまったくないとき、完全な自己充足があって、何の依存もないとき、何が起こるでしょう？　依存がまったくないとき、何が起こるでしょうか？　わたしはあなたを愛し、あなたはわたしを愛していないかもしれない。わたしはあなたを愛している――それで充分です。わたしは、あなたがわたしを愛するという応答を望みません。わたしにとって、どうでもいいことです。それは花のようにそこにあり、あなたはそれを見つめ、香りを嗅ぎ、その美しさを見ます。花は「わたしを愛して」とは言いません――そこにあるのです。ですから、それは、あらゆることと結びついています。自己充足の――醜い意味ではなく、充足の大いなる深さと美しさのなか――その状態には、孤独も、野心もありません。それは、ほんとうの愛です。ですから、愛は自然と結びついています。あなたがそれを望むなら、それはそこにあります。あなたが望まなくても、それはどうでもいいのです。それが、その美しさです。［出典161］

わたしが妻を愛しているなら、同時にすべての人を愛しているはずです。ほんとうに愛しているとき、快楽もセックスもその他も、異なった質をもつのです。〔出典162〕

❖

意識していないとき、計算していないとき、守っていないとき、導こう、変えよう、抑制しよう、コントロールしようと、いつも注視していないとき、そのときにだけ、あなたは自分自身を知ることができます。期待せずに自分自身を見るとき、つまりは、精神がそれ自身について何の先入観ももっていないとき、精神が開かれていて未知と出会う準備をしていないときに。〔出典163〕

出典リスト

若干の例外を除き、本書における引用文の出典の全文は *Krishnamurti Text Collection, 1933-1985.* に収録されている。平均的サイズの本二百冊分に相当する資料を含んでいるこのCD-ROMは、クリシュナムルティの研究のための貴重な資料である。一九六七年までの引用文については、それぞれの全文が *The Collected Works of J. Krishnamurti,* ©1991 Krishnamurti Foundation of America（以下『選集』と略記）にも収録されている。


［出典3］一九三四年三月三十一日の「オークランド・トーク」より。

［出典2］一九二七年六月の「エルデ（Eerde）・トーク」より。

［出典1］一九七八年七月二十八日の「ザーネン・トーク」より。

「巻頭の言葉」


「編集者による序文」

［出典4］一九三四年三月三十一日の「オークランド・トーク」より。

［出典5］一九六一年三月十二日の「ボンベイ・トーク」より。

［出典6］一九八三年七月二十五日の「ザーネン・トーク」より。

［出典7］一九三〇年八月二日の「オーメン・トーク」より。

［出典8］一九三〇年七月三十一日の「オーメン・トーク」より。

［出典9］一九五六年三月二十五日の「ボンベイ・トーク」より。

「第一部：教えの真髄」

〔聞くこと〕

〔出典10〕一九五四年二月十四日の「ボンベイ・トーク」(『選集』所収)より。

〔出典11〕*Krishnamurti in India, 1970-71*（邦訳なし）所収の一九七一年一月六日の「マドラス・トーク」(© 1971-1972 Krishnamurti Foundation Trust, Ltd.)より。

〔出典12〕一九五五年三月六日の「ボンベイ・トーク」(『選集』所収)より。

〔出典13〕一九八〇年七月十七日の「ザーネン・トーク」のテープ（© 1980 Krishnamurti Foundation Trust, Ltd.）より。

〔真理は道なき土地である〕

〔出典14〕一九三四年一月二日の「アディヤール・トーク」より。

〔出典15〕一九五二年十二月二十五日の「ラジガート・トーク」(『選集』所収)より。

〔出典16〕*This Matter of Culture*（邦訳『子供たちとの対話』平河出版社）より。

〔個人的な見解とは別の真理というものがあるのだろうか?〕

〔出典17〕

一九八〇年五月八日の「オーハイ質疑応答集会」のテープ（© 1980 Krishnamurti Foundation Trust, Ltd.）より。

［終わりのない観察があるだけである］
［出典18］一九八四年十月十四日のブロックウッドでのメアリ・ジンバリストおよびレイ・マッコイとの対談を収録したテープ（© 1984 Krishnamurti Foundation Trust, Ltd.）より。

［知識依存症の人は真理を発見できない］
［出典19］一九四七年十一月十六日の「マドラス・トーク」より。

［どんな技術もありません］
［出典20］一九七六年七月二十九日の「ザーネンでの対話」（© 1976-1977 Krishnamurti Foundation Trust, Ltd.）より。

［関係性という鏡を通して真理を見出さなければならない］
［出典21］*The Wholeness of Life*（邦訳『生の全体性』平河出版社）第Ⅱ部第7章（© 1978 Krishnamurti Foundation Trust, Ltd.）より。

［人間は自分自身のなかに安全柵としてのイメージを作り上げている］
［出典22］一九八〇年十一月八日の「スリランカ・トーク」（邦訳『生の書物』ＵＮＩＯ）（© 1980-1981 Krishnamurti Foundation Trust, Ltd.）より。

［イメージの重荷が思考、関係性、そして日常生活を支配している］
［出典23］一九七二年八月六日の「ザーネンでの対話」（© 1972 Krishnamurti Foundation Trust, Ltd.）より。

［過去の奴隷であることからの解放］
［出典24］一九六五年八月八日の「対話」（『選集』所収）より。

［思考は常に限られている］
［出典25］*Commentaries on Living, First Series*（邦訳『生と覚醒のコメンタリー・1』春秋社）（© 1956 Krishnamurti Writings Inc.）より。

［意識の中身が人の全存在である］
［出典26］一九七三年七月八日の「ブロックウッドパーク・トーク」のテープ（© 1973 Krishnamurti Foundation Trust, Ltd.）より。

［生の知覚は、すでに精神に確立されている概念によって形づくられる］
［出典27］一九七四年七月十四日の「ザーネン・トーク」のテープ（© 1974 Krishnamurti Foundation Trust, Ltd.）より。

［人間としてのユニークさは、自分の意識の中身からの完全な自由のなかにある］

［出典28］一九七二年九月十七日の「ブロックウッド・トーク」のテープ（© 1972 Krishnamurti Foundation Trust, Ltd.）より。

［無選択の気づき］
［出典29］*The Wholeness of Life*（邦訳『生の全体性』平河出版社）第Ⅱ部第9章所収の一九七七年七月二十四日の「トーク」のテープ（© 1978 Krishnamurti Foundation Trust, Ltd.）より。

［自由は日々の生活と活動への無選択の気づきのなかに見出される］
［出典30］*Krishnamurti in India, 1970-71*（邦訳なし）所収の一九七一年二月十日の「トーク」（© 1971 Krishnamurti Foundation Trust, Ltd.）より。

［時間は思考である］
［出典31］一九七三年九月九日の「ブロックウッド・パーク・トーク」のテープ（© 1973 Krishnamurti Foundation Trust, Ltd.）より。

［時間は心理的な敵である］
［出典32］一九八四年七月十五日の「ザーネン・トーク」のテープ（© 1984 Krishnamurti Foundation Trust, Ltd.）より。

［観察のなかで、人は自由の欠如を発見し始める］
［出典33］一九五八年九月二十一の「プーナ・トーク」（『選集』所収）より。

［精神の根源的な変容］
［出典34］一九八三年七月二十五日の「ザーネン質疑応答集会」のテープ（© 1983 Krishnamurti Foundation Trust, Ltd.）より。

［全的な否定は肯定の核心である］
［出典35］一九六〇年一月三十一日の「ラジガート・トーク」（『選集』所収）より。

［思考する者と思考、観察者と観察されるものとのあいだの分断］

［出典36］*1968 Talks with American Students*, © 1968 Krishnamurti Foundation Trust, Ltd.（邦訳『あなたは世界だ』UNIO）に収録された、一九六八年十一月十七日の「クレアモント・カレッジでのトーク」より。

［出典37］*Krishnamurti in India, 1970-71* © 1971 Krishnamurti Foundation Trust, Ltd.（邦訳なし）に収録された一九七一年一月三十日の「バンガロール・トーク」より。

［出典38］*Krishnamurti in India, 1970-71* © 1971 Krishnamurti Foundation Trust, Ltd.（邦訳なし）に収録された一九七一年一月三十一の「バンガロール・トーク」より。

［出典39］*The Awakening of Intelligence*, © 1973 Krishnamurti Foundation Trust, Ltd.（邦訳なし）に収録された一九七一年七月二十二の「ザーネン・トーク」より。

［出典40］*Talks and Dialogues, 1968* © 1969 Krishnamurti Foundation Trust, Ltd.（邦訳なし）に収録された一九六八年七月二十五日の「ザーネン・トーク」より。
［出典41］*Krishnamurti in India, 1970-71* © 1971 Krishnamurti Foundation Trust, Ltd.（邦訳なし）に収録された一九七一年一月十日の「マドラス・トーク」より。

［観察者と観察されるものとのあいだの分断は幻想です］
［出典42］*Talks and Dialogues, Saanen, 1967* © 1968 Krishnamurti Foundation Trust, Ltd.（邦訳なし）に収録された一九六七年八月七日の「ザーネン・トーク＆対話」より。

［鏡を壊す］
［出典43］一九八三年九月一日の「ブロックウッドパーク・トーク」（© 1983 Krishnamurti Foundation Trust, Ltd.）より。

第二部：言葉と意味

言葉

［出典44］一九六一年五月二日の「ロンドン・トーク」（『選集』所収）より。

［出典45］一九六三年七月十四日の「ザーネン・トーク」（『選集』所収）より。

［出典46］一九六一年七月二十五日の「ザーネン・トーク」（『選集』所収）より。

［出典47］一九六四年一月二十九日の「マドラス・トーク」（『選集』所収）より。

［出典48］*Krishnamurti's Notebook*（旧訳『クリシュナムルティの神秘体験』めるくまーる社／新訳『クリシュナムルティ・ノート』たま出版）一九一頁より。

［出典49］*Krishnamurti's Notebook*（旧訳『クリシュナムルティの神秘体験』めるくまーる社／新訳『クリシュナムルティ・ノート』たま出版）二〇四頁より。

［出典50］*Beyond Violence*（邦訳『暴力からの解放』たま出版）一七一頁より。

［出典51］一九五二年八月九日の「オーハイ・トーク」（『選集』所収）より。

［出典52］*This Matter of Culture*（邦訳『子供たちとの対話』平河出版社）二十五頁（『選集』所収）より。

［出典53］一九四九年八月七日の「オーハイ・トーク」（『選集』所収）より。

［出典54］一九五二年一月二十七日の「マドラス・トーク」（『選集』所収）より。

［出典55］一九五五年一月三十日の「ベナレス・トーク」（『選集』所収）より。

［出典56］一九六一年九月十の「パリ・トーク」（『選集』所収）より。

意味

［条件づけ］
［出典57］*The Urgency of Change*（邦訳『自己の変容：クリシュナムルティ対話録』めるくまーる社）の一四二〜

五〇頁より。

［知識］
［出典58］一九七二年九月十二日の「ブロックウッドパーク・トーク」より。
［出典59］一九七九年四月二十一日の「オーハイ・トーク」のテープより。
［出典60］一九八〇年五月六日の「オーハイ質疑応答集会」のテープより。
［出典61］一九八一年二月八日の「ボンベイ・トーク」のテープより。
［出典62］一九八一年一月十一日の「マドラス・トーク」のテープより。

［執着］
［出典63］一九八五年五月十九日の「オーハイ・トーク」のテープより。
［出典64］一九七四年八月一日の「ザーネン対話」のテープより。

［快楽］

［出典65］一九六八年九月十七日の「プエルトリコ大学でのトーク」のテープより。

［出典66］一九七〇年十一月二十五日の「シドニー・トーク」のテープより。

［出典67］一九六六年八月七日の「ザーネン対話」（『選集』所収）より。

［出典68］一九六八年十一月十七日の「クレアモント・カレッジでのトーク」のテープより。

［出典69］一九七六年八月二十九日の「ブロックウッドパーク・トーク」のテープより。

［イメージ］

［出典70］一九八〇年十一月八日の「コロンボ・トーク」のテープからの抜粋。

［出典71］*The Awakening of Intelligence*（邦訳なし）に収録されたジェイコブ・ニードルマン教授との第二対話より。

［出典72］一九七六年七月二十日の「ザーネン・トーク」のテープより。

［出典73］一九八一年一月七日の「マドラス質疑応答集会」のテープより。

［出典74］一九六七年二月二十二日の「ボンベイ・トーク」（『選集』所収）より。

［出典75］一九七二年七月二十日の「ザーネン・トーク」のテープより。

［出典76］一九七三年三月十一日の「サンフランシスコ・トーク」のテープより。

［出典77］一九七七年十二月二十四日の「マドラス・トーク」のテープより。

［出典78］*Commentaries on Living, Second Series*（邦訳『生と覚醒のコメンタリー・2』四十頁より。

［出典79］一九七九年七月十二日の「ザーネン・トーク」のテープより。

［出典80］一九八三年七月二十六日の「ザーネン・トーク」のテープより。

［出典81］*The wholoeness of Life*（邦訳『生の全体性』平河出版社）中のボームおよびシャインバーグ教授との第六対談より。

［考える］
［出典82］*The Last Talk at Saanen*（邦訳『ザーネンのクリシュナムルティ』平川出版社）中の一九八五年七月十日の「ザーネン・トーク」より。

［傷つく］
［出典83］一九七六年八月三一日の「ロックウッドパーク・トーク」のテープより。

［注意］
［出典84］一九八一年五月七日の「オーハイ・トーク」のテープより。

［感じやすい繊細さ］

［出典85］一九三七年八月十日の「オーメン・トーク」（『選集』所収）より。

［出典86］一九六七年八月二日の「ザーネン対話」の記録より。

［出典87］*Commentaries on Living, Second Series*（邦訳『生と覚醒のコメンタリー・2』春秋社）九十頁より。

［出典88］一九六五年八月八日の「ザーネン対話」からの抜粋（『選集』所収）。

［知覚］

［出典89］*The Wholeness of Life*（邦訳『生の全体性』平川出版社）からの抜粋。

［出典90］*Tradition and Revolution*（邦訳『伝統と革命』）一一四〜一一六頁からの抜粋。

［出典91］一九八一年七月十六日の「ザーネン・トーク」のテープより。

［出典92］*Krishnamurti in India, 1970-71*（邦訳なし）六十五頁からの抜粋。

［出典93］一九五九年十二月二十三日の「ボンベイ・トーク」（『選集』所収）からの抜粋。

［出典94］*Krishnamurti in India, 1970-71*（邦訳なし）五十二頁からの抜粋。

［出典95］*Tradition and Revolution*（邦訳『伝統と革命』コスモス・ライブラリー）四十七、四十九頁からの抜粋。

［出典96］一九八三年六月二十日のブロックウッドパークでのボーム博士との第二対話のテープより。

［洞察］

［出典97］一九七九年八月三十一日の「ブロックウッドパーク・トーク」のテープより。

［出典98］一九八〇年八月三十一日の「ブロックウッドパーク・トーク」のテープより。

［出典99］一九七四年七月十六日の「ザーネン・トーク」のテープより。

［出典100］一九七二年七月十八日の「ザーネン・トーク」のテープより。

［出典101］一九七九年九月十八日の「ブロックウッドパーク・トーク」のテープより。

［情熱］

［出典102］一九六二年八月五日の「ザーネン・トーク」（『選集』所収）より。

［出典103］一九七三年九月四日の「ブロックウッドパーク・トーク」のテープより。

［出典104］一九六四年一月二十六日の「マドラス・トーク」（『選集』所収）より。

［出典105］一九七四年二月二十二日の「A・W・アンダーソン博士との対話」からの抜粋。

［出典106］一九五八年十一月十六日の「マドラス・トーク」（『選集』所収）より。

［出典107］一九五八年十一月二十六日の「ボンベイ・トーク」（『選集』所収）より。

［出典108］一九八五年七月二十四日の「最後のザーネン・トーク」より。

［行動］
［出典109］一九七六年四月十三日の「オーハイ・トーク」のテープより。

［学び］

［出典110］一九六五年四月二十六日の「ロンドン・トーク」（『選集』所収）より。

［出典111］一九六七年十一月三十日の「ニューデリー・トーク」（『選集』所収）からの抜粋。

［出典112］一九八一年七月十四日の「ザーネン・トーク」（『選集』所収）のテープからの抜粋。

［出典113］一九六四年十月二十八日の「ニューデリー・トーク」（『選集』所収）より。

［瞑想］
［出典114］一九五五年六月二十六日の「ロンドン・トーク」（『選集』所収）より。

第三部：行為しないことを通じた行為

［観察する］
［出典115］一九七六年七月十三日の「ザーネン・トーク」のテープより。

［「あるがまま」とともにとどまる］

［出典116］*Exploration into Insight*（邦訳なし）一三六〜一三八頁からの抜粋。

［出典117］一九七八年九月十七日の「ブロックウッドパーク・セミナー集会」からの抜粋。

［出典118］一九六八年八月四日の「ザーネン対話」のテープからの抜粋。

［出典119］一九七四年八月一日の「ザーネン対話」のテープからの抜粋。

［出典120］*Tradition and Revolution*（邦訳『伝統と革命』コスモス・ライブラリー）二十九頁からの抜粋。

［出典121］一九八五年八月二十九日の「ブロックウッドパーク・トーク」のテープより。

［出典122］*Commentaries on Living, Third Series*（邦訳『生と覚醒のコメンタリー・3』春秋社）一九六頁からの抜粋。

［出典123］一九七〇年十二月十三日の「ニューデリー・トーク」のテープより。

［出典124］一九七三年三月十七日の「サンフランシスコ・トーク」のテープより。

［出典125］一九八五年七月二十三日の「ザーネン質疑応答集会」のテープより。

［出典126］一九七八年九月十七日の「ブロックウッドパーク・セミナー集会」からの抜粋。

［出典127］一九八三年五月十九日の「オーハイ質疑応答集会」より。

［出典128］一九八五年七月十七日の「ザーネン・トーク」のテープから。

［出典129］一九八一年十一月五日の「ニューデリー・セミナー集会」のテープから。

［出典130］一九八三年四月十日の「ニューヨーク・トーク」のテープからの抜粋。

［出典131］一九八一年二月七日の「ボンベイ・トーク」（『選集』所収）のテープより。

［基本的な問いかけをするが、答えない］

［出典132］一九五五年三月十三日の「ボンベイ・トーク」（『選集』所収）のテープからの抜粋。

［出典133］一九六二年一月三日の「ベナレス・トーク」（『選集』所収）より。

［出典134］一九五五年七月七日の「オーハイ・トーク」（『選集』所収）のテープからの抜粋。

［出典135］一九五二年二月二日の「マドラス・トーク」（『選集』所収）のテープからの抜粋。

［出典136］一九六一年十二月三日の「マドラス・トーク」（『選集』所収）のテープからの抜粋。

［出典137］一九五五年七月六日の「オーハイ・トーク」（『選集』所収）より。

［出典138］一九五八年十二月十七日の「マドラス・トーク」（『選集』所収）より。

［出典139］一九六一年十二月十三日の「マドラス・トーク」（『選集』所収）のテープより。

［出典140］一九六二年一月十四日の「ベナレス・トーク」（『選集』所収）より。

［出典141］一九八五年八月二十四日の「ブロックウッドパーク・トーク」（『選集』所収）のテープより。

［知らないことの美しさ］

［出典142］一九六〇年五月二十九日の「オーハイ・トーク」（『選集』所収）のテープからの抜粋。

［出典143］一九五五年七月二十一日の「オーハイ・トーク」（『選集』所収）からの抜粋。

［出典144］一九五六年五月二十二日の「ストックホルム・トーク」（『選集』所収）のテープからの抜粋。

［出典145］一九八五年十二月七日の「リシヴァレー対話」のテープより。

［出典146］*Tradition and Revolution*（邦訳『伝統と革命』コスモス・ライブラリー）九十七頁からの抜粋。

［出典147］一九六五年四月二十六日の「ロンドン・トーク」（『選集』所収）のテープからの抜粋。

［出典148］一九五四年十二月十二日の「マドラス・トーク」（『選集』所収）より。

［出典149］一九五六年五月十五日の「ストックホルム・トーク」（『選集』所収）より。

［たびたび議論される事柄］

［出典150］一九四八年十月三日の「プーナ・トーク」（『選集』所収）より。

［出典151］一九六九年三月十六日の「ロンドン・トーク」（『選集』所収）のテープより。

［出典152］一九四八年九月十四日の「プーナ・トーク」（『選集』所収）より。

［出典153］一九六一年九月十七日の「パリ・トーク」（『選集』所収）より。

［出典154］一九七〇年八月五日の「ザーネン・トーク」のテープより。

［出典155］一九五三年三月四日の「ボンベイ・トーク」（『選集』所収）より。

［出典156］一九八二年六月二十三日の「ブロックウッドパーク・トーク」のテープより。

［出典157］一九七五年七月十七日の「ザーネン・トーク」のテープより。

［出典158］一九六八年十月八日の「ニューヨーク・トーク」のテープより。

［出典159］一九六五年の「デヴィッド・ボームとの対話」のテープより。

［出典160］一九七九年一月二日の「マドラス・トーク」のテープより。

［出典161］一九七三年八月三日の「ザーネン・トーク」のテープより。

［出典162］一九六九年三月二十三日の「ロンドン・トーク」のテープより。

［出典163］一九三八年八月四日の「オーメン・トーク」（『選集』所収）より。

付録

クリシュナムルティの死後も、彼の教育理念の実践に取り組んでいるいくつかの学校が、インド、米国および英国で引き続き運営されてきた。

英国のブロックウッドパーク・スクールは全寮制の国際的な男女共学校で、十二〜十四歳の生徒たちに中・高等教育を授けている。

クリシュナムルティ・センターは、クリシュナムルティの教えを静かな環境の中で学ぶことを望んでいる成人の訪問者に平日、週末（土日）または一週間の滞在機会を提供している。

クリシュナムルティ・ファンデーション・トラストは、クリシュナムルティ・アーカイブを運営し、書籍およびオーディオ・ビデオ記録を配布している。

以上三つの組織の住所は以下のとおりである。

Brockwood Park
Bramdean, Hampshire SO24 0LQ
England

三つの組織についてのより詳しい情報の入手先は以下のとおりである。

Brockwood Park School
Phone: (0) 1962 771 744
Fax: (0) 1962 771 875
E-mail: admin@brockwood.org.uk

The Krishnamurti Study Centre
Phone: (0) 1962 771 748
E-mail: kcentre@brockwood.org.uk

The Krishnamurti Foundation Trust
Phone: (0) 1962 771 525
Fax: (0) 1962 771 159
E-mail: kft@brockwood.org.uk

著者・訳者プロフィール

■著者プロフィール

J・クリシュナムルティ（J. Krishnamurti）

一八九五年、南インドに生まれる。神智学協会において来るべき世界教師としての教育を受け、〈星の教団〉の指導者となるが、一九二一年、「真理はそこへ通じるいかなる道も持たない領域である」として同教団を解散。以降、あらゆる権威や組織によらず、独力で真理を探究することの重要性を説き、さまざまな講話や対話を行いながら世界各地を巡った。その一貫した懐疑の精神と透徹した語りは、幅広い聴衆に深い影響を与えてきた。オルダス・ハクスレーやデヴィッド・ボームを始め、交流を深めた知識人も多い。一九八六年、カリフォルニア州にて逝去。

■共訳者プロフィール

吉田利子（よしだ・としこ）

一九四六年生まれ、埼玉県出身。東京教育大学文学部卒業。訳書に『日はまた昇る』『孫子もタマげる勝利術』（草思社）、『火星の人類学者』（早川書房）、『神の使者』（河出書房新社）、『いちばん大切なこと。』（PHP研究所）、『引き寄せの法則　エイブラハムとの対話』（ソフトバンククリエイティブ）、『ニュー・アース』『神との対話』シリーズ（サンマーク出版）などがある。

正田大観（しょうだ・だいかん）

一九五九年生まれ、東京都出身。上智大学法学部卒業。大谷大学大学院仏教科修士課程修了。著書に『ブッダのまなざし』などあり（ただし現在は絶版）。経典翻訳をライフワークとし、小部経典を全訳。現在、電子書籍（キンドル版）にて、翻訳集「ブッダの福音」（http://khuddakanikaya.evolving.asia/）、著作集「ブッダのまなざし」（http://shoda-daikan.evolving.asia/）を刊行中。関西各地でパーリ語を教えるかたわら仏教教室を開催し、初期仏教の普及につとめる。

訳者によるあとがき

クリシュナムルティの教えは広くて深く、海のように汲めども尽きない。青年時代から九十歳で死去するまで、世界各地で講話をこなし、膨大な量の著述を残した〝世界教師〟クリシュナムルティ。その教えを一冊の本に要約する。この無謀とも言える難事業に挑んだのが、本書の編集者デビッド・スキットである。

真理というものは、たしかに、単純と言ってしまえば、そう言えなくもなく、これをコンパクトな形にまとめる企ては、魅力もやりがいもある仕事ではある。なにしろ、「これこそが真理」と言えるテキストを世に残すのだから。それも、自分独自のものを、というのであれば躊躇するところだが、「クリシュナムルティの教えを要約する」という形であれば、この仕事にチャレンジしたくなるのは、彼の著述に慣れ親しんだ者であるなら、気持ちとして十二分に共感できるはず。まずは、わたしたちに先駆けてチャレンジしたスキット氏に敬意を表したい。

デビッド・スキットという名前を見て、ピンと来た方がおられるかもしれない。さきに訳者が手掛けた『ブッダとクリシュナムルティ』（コスモス・ライブラリー）の編集者でもあるからだ。『ブッダとクリシュナムルティ』の第二部において、スキット氏は、本書と同じようにクリシュナムルティの膨大なテキストからテーマに沿うものを選別して編集する作業を見事に成し遂げている。その実績があったので、本書の翻訳に取り掛かる以前の段階で、その出来栄えには期待するものがあった。そして、その期待は裏切られなかった。

編者の言う「クリシュナムルティの哲学」が（ただし、訳者としては、「哲学」というよりは「マインド・サイエンス」と呼びたいところではある）、この一冊に凝縮されている、と言っていいだろう。あるいは、濃厚な味わいの一品に仕上がっている、とも。その中身について、ここで駄弁を加えるつもりはないが、本書を訳しながら目からウロコが落ちる経験を何度もしたことだけは記しておこう。このあとがきを目にされている皆様も、そうだったのではないだろうか。もし、本文を読まれる前にこの文章をお読みであるなら、そのような方には（とくに、書店の片隅で目にされている方には）、引き続いての味読と探究をお勧めしたい。クリシュナムルティの教えを理解し、その全体像を把握するための絶好のテキスト。それが本書である。

そのようなわけで、今回は翻訳の仕事をしながら自ら学べる貴重な経験をさせていただいた。この仕事を与えてくれたコスモス・ライブラリー社の大野純一氏をはじめとする関係者各位の方々に、この場をお借りして、お礼を申し述べたい。非力ではあるが、今後とも精進を重ねて、さらなる訳業に励み、そのご恩に報いたく思う。合掌。

正田　大観

境界を超える英知：人間であることの核心
クリシュナムルティ・トーク・セレクション①
To Be Human

2017年2月1日　　第1刷発行

発行所　㈲コスモス・ライブラリー
発行者　大野純一
〒113-0033　東京都文京区本郷3-23-5　ハイシティ本郷204
電話：03-3813-8726　Fax：03-5684-8705
郵便振替：00110-1-112214
E-mail：kosmos-aeon@tcn-catv.ne.jp
http://www.kosmos-lby.com/
装幀　瀬川　潔
発売所　㈱星雲社
〒112-0012　東京都文京区水道1-3-30
電話：03-3868-3275　Fax：03-3868-6588
印刷／製本　シナノ印刷㈱
ISBN978-4-434-23002-8 C0011
定価はカバー等に表示してあります。

「コスモス・ライブラリー」のめざすもの

古代ギリシャのピュタゴラス学派にとって〈コスモス Kosmos〉とは、現代人が思い浮かべるようなたんなる物理的宇宙（cosmos）ではなく、物質から心および神にまで至る存在の全領域が豊かに織り込まれた〈全体〉を意味していた。が、物質還元主義の科学とそれが生み出した技術と対応した産業主義の急速な発達とともに、もっぱら五官に隷属するものだけが重視され、人間のかけがえのない一半を形づくる精神界は悲惨なまでに忘却されようとしている。しかし、自然の無限の浄化力と無尽蔵の資源という、ありえない仮定の上に営まれてきた産業主義は、いま社会主義経済も自由主義経済もともに、当然ながら深刻な環境破壊と精神・心の荒廃というつけを負わされ、それを克服する本当の意味で「持続可能な」社会のビジョンを提示できぬまま、立ちすくんでいるかに見える。

環境問題だけをとっても、真の解決には、科学技術的な取組みだけではなく、それを内面から支える新たな環境倫理の確立が急務であり、それには、環境・自然と人間との深い一体感、環境を破壊することは自分自身を破壊することにほかならないことを、観念ではなく実感として把握しうる精神性、真の宗教性、さらに言えば〈霊性〉が不可欠である。が、そうした深い内面的変容は、これまでごく限られた宗教者、覚者、賢者たちにおいて実現されるにとどまり、また文化や宗教の枠に阻まれて、人類全体の進路を決める大きな潮流をなすには至っていない。

「コスモス・ライブラリー」の創設には、東西・新旧の知恵の書の紹介を通じて、失われた〈コスモス〉の自覚を回復したい、様々な英知の合流した大きな潮流の形成に寄与したいという切実な願いがこめられている。そのような思いの実現は、いうまでもなく心ある読者の幅広い支援なしにはありえない。来るべき世紀に向け、破壊と暗黒ではなく、英知と洞察と深い慈愛に満ちた世界が実現されることを願って、「コスモス・ライブラリー」は読者と共に歩み続けたい。